轨道交通前沿技术丛书

道岔尖轨导波检测原理及应用

许西宁　佘祖俊　朱力强　史红梅　郭保青　著

电子工业出版社
Publishing House of Electronics Industry
北京·BEIJING

内 容 简 介

本书围绕超声导波在道岔尖轨缺陷检测中的应用，系统阐述了导波传播机理、仿真分析、检测系统设计、信号处理及智能识别方法，构建了一套完整的道岔尖轨导波检测技术体系。全书共 8 章。第 1 章重点阐述了超声导波检测的研究背景与发展现状，第 2 章分析了道岔尖轨中超声导波的基本特性，第 3 章研究了道岔尖轨导波有限元仿真技术，第 4 章分析了道岔尖轨导波的激励与采集，第 5 章提出了基于小波基线的道岔尖轨缺陷检测方法，第 6 章研究了基于机器学习的道岔尖轨缺陷检测方法，第 7 章探讨了基于主导模态的道岔尖轨缺陷检测方法，第 8 章探讨了道岔尖轨缺陷检测实验与应用。

本书适合铁路工程、无损检测、信号处理及人工智能等领域的研究人员、工程技术人员和高校师生参考使用。

未经许可，不得以任何方式复制或抄袭本书之部分或全部内容。
版权所有，侵权必究。

图书在版编目（CIP）数据

道岔尖轨导波检测原理及应用 / 许西宁等著.
北京：电子工业出版社，2025.7. -- （轨道交通前沿技术丛书）. -- ISBN 978-7-121-50567-6

Ⅰ. U213.6-39

中国国家版本馆 CIP 数据核字第 2025BC9053 号

责任编辑：张佳虹
印　　刷：中国电影出版社印刷厂
装　　订：中国电影出版社印刷厂
出版发行：电子工业出版社
　　　　　北京市海淀区万寿路 173 信箱　邮编 100036
开　　本：787×1 092　1/16　印张：12　字数：307.2 千字
版　　次：2025 年 7 月第 1 版
印　　次：2025 年 7 月第 1 次印刷
定　　价：89.00 元

凡所购买电子工业出版社图书有缺损问题，请向购买书店调换。若书店售缺，请与本社发行部联系，联系及邮购电话：(010) 88254888，88258888。

质量投诉请发邮件至 zlts@phei.com.cn，盗版侵权举报请发邮件至 dbqq@phei.com.cn。
本书咨询联系方式：(010) 88254493；zhangjh@phei.com.cn。

前　言

高速铁路的快速发展对轨道结构的可靠性和安全性提出了更高要求。道岔尖轨作为铁路轨道的关键部件，长期承受复杂交变载荷，容易产生疲劳裂纹、剥离等缺陷，严重影响行车安全。传统的无损检测技术在尖轨缺陷检测中存在效率低、精度不足等问题，而超声导波检测技术因传播距离远、覆盖范围广、灵敏度高等优势，为道岔尖轨缺陷检测提供了新的技术途径。

导波在波导介质中的传播特性主要由截面几何特征决定，不同截面形状通过约束振动自由度、调制反射路径，以及特征尺寸与波长的匹配关系共同调控导波模态的数量和类型。道岔尖轨因其独特的变截面结构，导致导波传播时的模态数量较导波在基本轨传播时的模态数量显著增加，且各模态群速度和相速度差异显著，造成严重的模态混叠现象，使波包难以区分，给信号接收、处理和分析带来极大挑战。针对这一难题，本书从激励方法入手，通过优化激励条件，选择性激发特定模态，可有效减少干扰模态数量，为提升检测效率提供了有效路径。

本书系统研究了超声导波在道岔尖轨缺陷检测中的理论方法与工程应用，通过多学科交叉融合，构建了从超声导波传播机理到智能检测的完整技术体系。全书结合理论分析、数值仿真、实验验证和机器学习方法，深入探讨了道岔尖轨导波的传播特性、模态选取、激励优化、信号处理及智能识别等关键技术，旨在为铁路无损检测领域的研究人员和工程技术人员提供系统的理论指导和实践参考。

本书是在中央高校基本科研业务费（2022JBQY002）课题经费资助下出版的。全书共 8 章，包括绪论、道岔尖轨中的超声导波、道岔尖轨导波有限元仿真技术、道岔尖轨导波的激励与采集、基于小波基线的道岔尖轨缺陷检测、基于机器学习的道岔尖轨缺陷检测、基于主导模态的道岔尖轨缺陷检测、道岔尖轨缺陷检测实验与应用。第 1 章由余祖俊、朱力强、史红梅和郭保青编写，其余章节由许西宁编写。在编写本书过程中，研究生高文、李祥、苏超明、李卓、温子谕等给予了大力协助，在此一并感谢。

由于作者水平有限，书中难免存在不足之处，恳请广大读者批评指正。

目　　录

第 1 章　绪论 ··· 1
　1.1　高速铁路道岔的疲劳损伤机理 ·· 1
　　　1.1.1　疲劳损伤形式 ··· 2
　　　1.1.2　疲劳损伤机理 ··· 3
　　　1.1.3　研究方法 ·· 3
　　　1.1.4　未来发展方向 ··· 4
　1.2　钢轨缺陷检测 ·· 5
　　　1.2.1　磁粉检测 ·· 5
　　　1.2.2　涡流检测 ·· 6
　　　1.2.3　漏磁检测 ·· 6
　　　1.2.4　机器视觉检测 ··· 7
　　　1.2.5　超声波检测 ··· 7
　　　1.2.6　声发射技术 ··· 9
　　　1.2.7　机器学习方法 ··· 9
　1.3　超声导波检测技术 ··· 11
　　　1.3.1　超声导波的传播特性 ·· 11
　　　1.3.2　超声导波模态分析与信号处理 ··· 13
　　　1.3.3　超声导波模态激励方法 ·· 16
　　　1.3.4　超声导波无损检测技术 ·· 17
　1.4　道岔尖轨超声导波检测技术 ·· 18
　1.5　本书内容结构 ·· 20

第 2 章　道岔尖轨中的超声导波 ·· 22
　2.1　超声导波的基本特性 ··· 22
　　　2.1.1　超声导波的基本概念 ·· 22

       2.1.2 超声导波的速度和模态……23
       2.1.3 超声导波的多模态和频散特性……26
   2.2 道岔尖轨中超声导波的传播特性……27
       2.2.1 道岔尖轨三维模型构建……28
       2.2.2 频散曲线求解……29
       2.2.3 振型分析……36
   2.3 基于 K-Means 聚类算法的模态分类方法……49
       2.3.1 K-Means 聚类算法的基本原理……50
       2.3.2 K-Means 聚类算法的实现及分析……51
   2.4 基于振动位移的激励节点选取……57
   本章小结……60

第3章 道岔尖轨导波有限元仿真技术……61
   3.1 道岔尖轨有限元仿真概述……61
       3.1.1 有限元分析理论基础……62
       3.1.2 三维模型构建及网格划分……63
       3.1.3 仿真流程……64
   3.2 模态振型存在性分析……66
       3.2.1 基于波数的模态分析……66
       3.2.2 基于位移的振型分析……71
   3.3 基于时域特征的接收节点优选方法……76
   3.4 质量块模拟缺陷研究……78
       3.4.1 模拟缺陷模型构建……78
       3.4.2 实验结果及分析……80
   本章小结……83

第4章 道岔尖轨导波的激励与采集……84
   4.1 系统总体方案……84
   4.2 超声导波激励与采集系统硬件……85
       4.2.1 硬件方案……85
       4.2.2 硬件电路……86
       4.2.3 超声导波换能器……90

目 录

4.3 超声导波激励与采集系统软件 ································· 91
    4.3.1 软件方案 ·· 91
    4.3.2 开发工具介绍 ·· 91
    4.3.3 激励端程序设计 ·· 93
    4.3.4 接收端程序设计 ·· 97
4.4 人机交互界面与算法 ··· 100
    4.4.1 需求分析 ·· 101
    4.4.2 界面设计 ·· 101
    4.4.3 程序设计与滤波算法 ···································· 102
本章小结 ··· 107

第 5 章 基于小波基线的道岔尖轨缺陷检测 ············· 108
5.1 数据集 ·· 108
5.2 基于时域基线的道岔尖轨缺陷检测方法 ·················· 111
    5.2.1 信号预处理 ·· 112
    5.2.2 时域基线法 ·· 114
5.3 频域基线法 ··· 118
5.4 小波基线法 ··· 122
5.5 缺陷识别 ·· 125
本章小结 ··· 128

第 6 章 基于机器学习的道岔尖轨缺陷检测 ············· 129
6.1 基于传统分类器的道岔尖轨缺陷检测方法 ··············· 129
6.2 机器学习分类结果 ··· 133
6.3 基于 CNN+LSTM 的道岔尖轨缺陷检测方法 ·········· 134
    6.3.1 信号预处理 ·· 135
    6.3.2 1D-CNN-LSTM 道岔尖轨缺陷识别模型 ·········· 136
    6.3.3 1D-ResNet-SE-LSTM 道岔尖轨缺陷识别模型 ·· 138
    6.3.4 实验结果对比 ··· 140
本章小结 ··· 143

第 7 章 基于主导模态的道岔尖轨缺陷检测 ············· 144
7.1 基于基线法的道岔尖轨缺陷检测方法 ····················· 144

7.2 超声导波传播特性分析 …………………………………………… 149
　　7.2.1 频散曲线求解 ……………………………………………… 149
　　7.2.2 振型求解 …………………………………………………… 152
　　7.2.3 基于振动位移的最佳激励节点选取 ……………………… 161
7.3 仿真分析 …………………………………………………………… 162
　　7.3.1 基于有限元仿真的模态存在验证 ………………………… 162
　　7.3.2 道岔尖轨缺陷的仿真分析 ………………………………… 166
7.4 实验验证 …………………………………………………………… 168
本章小结 ………………………………………………………………… 173

第8章　道岔尖轨缺陷检测实验与应用 ………………………………… 174
8.1 缺陷检测算法 ……………………………………………………… 174
8.2 实验室测试 ………………………………………………………… 175
8.3 铁路现场测试 ……………………………………………………… 176
本章小结 ………………………………………………………………… 179

参考文献 ………………………………………………………………… 180

第 1 章 绪论

高速铁路道岔作为轨道系统的核心组成部分，承担着列车转向与轨道切换的关键功能。道岔尖轨的结构完整性直接关系到列车转向的安全性、轨道网络的可靠性和运输系统的高效性。在时速 350km 及以上的高速工况下，道岔尖轨不仅要承受极端动态载荷的持续冲击，还需应对复杂环境应力的耦合作用。其完整性既是行车安全保障的第一道防线，又是构建智能化、网络化现代轨道交通体系的重要基础。

1.1 高速铁路道岔的疲劳损伤机理

高速铁路道岔结构复杂、工作环境恶劣，长期承受列车载荷的反复作用，容易出现疲劳损伤。道岔的疲劳损伤不仅影响其使用寿命，还可能威胁行车安全。研究高速铁路道岔的疲劳损伤机理对于指导道岔尖轨的结构健康监测具有重要的现实意义。

高速铁路道岔（见图 1-1）主要由转辙器、辙叉、连接部分等组成。其中，转辙器用于引导列车转向，辙叉使车轮能够顺利通过两条钢轨的交叉点，连接部分负责将转辙器和辙叉连接起来。各部分结构相互配合，共同完成列车的转向功能。在列车通过道岔时，道岔各部件承受着复杂的载荷。车轮与钢轨之间的接触力不仅具有垂直方向的压力，而且存在水平方向的摩擦力和横向力。同时，由于道岔结构的不连续性，车轮在通过道岔时会产生冲击载荷，这些载荷的反复作用使道岔容易产生疲劳损伤。此外，温度变化、基础变形等因素也会对道岔的受力状态产生影响，进一步加剧其疲劳损伤的程度。

图 1-1　高速铁路道岔

1.1.1　疲劳损伤形式

对高速铁路道岔来说,疲劳损伤的主要形式有钢轨磨损、表面疲劳裂纹、材料疲劳断裂等。

钢轨磨损是道岔疲劳损伤的常见形式之一。在列车运行过程中,车轮与钢轨之间的摩擦会导致钢轨表面材料逐渐磨损。尤其是在道岔尖轨、辙叉心轨等部位,由于车轮的横向力较大,钢轨磨损更为严重。长期的磨损会导致钢轨断面尺寸减小,强度降低,进而影响道岔的使用寿命和行车安全。

表面疲劳裂纹是道岔疲劳损伤的另一种重要形式。在车轮载荷的反复作用下,钢轨表面会产生微小的塑性变形,随着载荷循环次数的增加,这些微小的塑性变形逐渐积累,从而形成疲劳裂纹。疲劳裂纹一旦产生,会在载荷的继续作用下不断扩展,最终导致钢轨断裂。表面疲劳裂纹通常出现在钢轨的顶面、侧面等部位,其产生与发展与车轮载荷的大小、频率及钢轨材料的性能等因素密切相关。

道岔中的一些关键部件,如辙叉心轨、翼轨等,在长期承受复杂载荷的情况下,可能会发生材料疲劳断裂。材料疲劳断裂是由于材料内部的微观缺陷在载荷作用下逐渐扩展,最终使材料失去承载能力。材料的疲劳性能与其化学成分、组织结构、加工工艺等因素有关，因此，选择合适的材料和优化加工工艺对于提高道岔的抗疲劳性能至关重要。

1.1.2 疲劳损伤机理

剖析疲劳损伤机理，可从轮轨相互作用、材料特性与微观结构及环境因素等多个维度展开研究。

轮轨相互作用是导致道岔疲劳损伤的主要原因之一。在列车通过道岔时，车轮与钢轨之间的接触状态复杂多变，接触力的大小和方向不断变化。这种复杂的接触状态会在钢轨表面产生较大的应力，当应力超过钢轨材料的疲劳极限时，就会引发疲劳损伤。此外，车轮通过道岔时的冲击作用也会加剧轮轨之间的相互作用，进一步加速疲劳损伤的发展。

道岔的材料特性和微观结构对其疲劳性能有着重要影响。不同的材料具有不同的疲劳极限和疲劳寿命。例如，低合金高强度钢通常具有较好的抗疲劳性能。材料的微观结构，如晶粒大小、组织结构等，也会影响疲劳裂纹的萌生和扩展。细小均匀的晶粒结构有利于提高材料的抗疲劳性能，而粗大的晶粒或存在缺陷的组织结构则容易导致疲劳裂纹的产生和扩展。

环境因素（如温度、湿度、腐蚀介质等）也会对道岔的疲劳损伤产生影响。温度变化会引起道岔的热胀冷缩现象，从而产生附加应力，加剧疲劳损伤。湿度和腐蚀介质会导致道岔表面发生腐蚀，降低材料的强度和韧性，使疲劳裂纹更容易萌生和扩展。在沿海地区或工业污染严重的地区，道岔的腐蚀问题尤为突出，需要采取相应的防护措施来降低由环境因素造成的疲劳损伤。

1.1.3 研究方法

针对疲劳损伤的研究方法涵盖多个方面，主要包括理论分析、试验研究及数值模拟等。

理论分析是研究道岔疲劳损伤机理的重要方法之一。通过建立轮轨相互作用模型、材料力学模型等，运用力学理论和数学方法对道岔的受力状态和疲劳损伤过程进行分析。例如，运用弹性力学理论，对道岔各部件所受的法向力、切向力进行理论推导，确定不同工况下的受力特征，进而分析疲劳损伤的萌生机理；运用断裂力学理论，结合道岔的材料特性，研究裂纹萌生与扩展的规律，预测疲劳损伤的演化规律。

试验研究是验证理论分析结果和深入探究道岔疲劳损伤机理的关键手段。通过开展室内模拟试验和现场实测，可直接获取道岔在实际运行工况下的疲劳性能数据。室内模拟试验可精确控制试验参数，研究单一因素对道岔疲劳损伤的影响规律；而现场实测则能更真实地反映道岔的实际状态，为理论分析和工程应用提供可靠依据。

数值模拟在道岔疲劳损伤研究中具有广泛应用。借助计算机仿真技术，可对道岔结构、材料性能及轮轨相互作用等进行数值模拟，从而快速、准确地预测其疲劳损伤行为。例如，基于有限元法，可对道岔的复杂结构进行数值仿真，计算不同载荷工况下的应力分布与变形特性，进而预测疲劳损伤的萌生位置及演化趋势。数值模拟不仅能大幅降低试验成本和时间，还可复现难以通过试验实现的极端工况情况，从而为道岔的设计优化与运维决策提供重要的技术支撑。

1.1.4　未来发展方向

高速铁路道岔的疲劳损伤是多种因素耦合作用的结果，主要包括轮轨相互作用、材料特性与微观结构及环境因素等。疲劳损伤的主要形式有钢轨磨损、表面疲劳裂纹及材料疲劳断裂等。基于理论分析、试验研究与数值模拟等方法，研究人员已对道岔疲劳损伤机理形成了一定认知，但其演化规律及多因素耦合作用机制仍需进一步探究。

未来，随着高速铁路技术的持续发展，对道岔的性能与可靠性提出了更高要求。为有效应对道岔疲劳损伤问题，需重点加强以下方面的研究。

（1）深化轮轨相互作用机理研究，建立高精度轮轨接触模型。

（2）开发新型道岔材料，提高其抗疲劳与耐腐蚀性能。

（3）融合大数据与人工智能技术，实现道岔疲劳损伤的实时监测与智能预测，为运维决策提供科学支撑。

通过持续深化研究和技术创新，全面提升高速铁路道岔的设计、制造及运维水平，保障其安全、稳定运行。

道岔尖轨检测技术对保障铁路运行安全具有重要作用。从传统人工巡检、轨道检查车检测，到无损检测、视觉检测及智能检测技术的发展，检测技术正朝着高精度、实时化和智能化方向演进。当前，各类检测技术各具优势与局限性，在实际应用中需综合运用多种技术取长补短，以实现道岔尖轨状态的全面、精准检测。未来，随着新型传感技术的涌现，以及大数据、人工智能和物联网技术的深度整合，道岔尖轨检测技术将实现重大突破，为铁路发展提供更加强有力的技术保障。

1.2 钢轨缺陷检测

钢轨缺陷检测主要采用无损检测技术，包括磁粉检测、涡流检测、漏磁检测、机器视觉检测和超声波检测等方法。这些方法基于不同原理，各具特点及适用条件。

1.2.1 磁粉检测

磁粉检测是将被测物体利用磁场进行磁化后，通过磁场与磁粉的相互作用，形成较为明显的磁痕，并借助显示介质清晰显示缺陷位置、形状和尺寸的检测方法。钢轨为磁导材料，而空气属于非磁导材料，二者的磁通相差很大，因此，磁感应线折射入空气后引起磁场的改变，导致钢轨的表面产生漏磁通，从而吸引磁粉构成磁粉图，依据磁粉图的信息可以判断裂纹的位置和尺寸。近年来，随着技术进步，数字成像技术已应用于磁粉检测领域。通过数字成像和存储技术，既提高了检测精度，又提升了智能化水平。磁粉检测设备原理较为简单，缺陷的显示比较直观且对于表面的裂纹检测灵敏度较高，但无法检测内部缺陷，并且对于结构复杂物体的缺陷检测效率较低。

1.2.2　涡流检测

涡流检测与磁粉检测类似，均基于电磁感应原理，其主要用于检测导磁材料表面及近表面的裂纹。日本新川电机公司（SHINKAWA）研发的涡流式轨道检测装置采用的是一种非接触型位移传感器，已在日本新干线全天候轨道检测系统中成功应用数十年。该装置安装于新干线综合检测车上，可在 210km/h 运行速度下同步检测轨道、接触网及信号设备状态，并精确定位缺陷位置。德国学者 Thomas H M 等通过融合涡流与超声检测技术，成功实现了钢轨焊缝裂纹检测。英国学者 Edwards R S 等开发了结合电磁超声换能器和脉冲涡流传感器的双探头系统，可有效检测钢轨表面及近表面缺陷。此外，段春辉等通过分析焊缝断轨特征及现有探伤技术，将涡流检测应用于焊缝探伤，实现了表面微裂纹的快速识别，显著降低了漏检率。电子科技大学袁飞基于动生涡流原理，实现了高速钢轨滚动接触疲劳（Rolling Contact Fatigue，RCF）裂纹的快速、精准识别。涡流检测原理简单、操作便捷，但其主要适用于表面及近表面裂纹检测，对内部裂纹的检测能力有限。

1.2.3　漏磁检测

漏磁检测是一种重要的无损检测方法，其原理是当铁磁材料被磁化后，材料表面或近表面缺陷会形成漏磁场，通过检测漏磁场的变化即可识别缺陷。该方法应用广泛，与其他检测技术结合使用时，可对铁磁性工件进行快速、经济的质量评估。近年来，漏磁检测技术在铁路领域得到应用发展。美国 Sperry 公司通过融合超声与漏磁检测技术，开发出钢轨缺陷检测系统，实现了钢轨裂纹的检测定位。

南京航空航天大学基于漏磁检测原理，研制了车载高速检测装置，提升了服役钢轨表面微裂纹的检测精度。该校梁康武团队利用漏磁场差模特性，设计了非接触式检测系统，通过差分探头抑制干扰，实现了钢轨顶面裂纹的有效识别。需要注意的是，漏磁检测主要适用于表面裂纹检测，在高速检测条件下其效果会有所降低。

1.2.4　机器视觉检测

机器视觉检测是一种典型的非接触式检测技术。该技术通过采集被检物体表面图像，经图像处理后识别表面缺陷，具有高速、高精度的显著优势，近年来，机器视觉检测在无损检测领域获得广泛应用。美国 Sperry 公司基于视觉检测技术和超声波检测技术，研发了钢轨缺陷检测车，该检测车可以实现对轨道的巡检工作。Singh M 等结合图像处理和智能分析处理算法，实现了对轨道的高性能、自动化分析，以及钢轨表面的检测。国内的相关研究也较为成熟，北京交通大学基于机器视觉技术，研究了钢轨表面缺陷智能检测系统，实现了多种复杂场景的轨道图像的准确识别。湖南大学基于机器视觉检测方法，设计了一套高铁轨道表面缺陷检测系统，同时基于 Blob 分析的轨道表面缺陷检测算法，实现了钢轨表面主要缺陷的快速、准确检测。

虽然机器视觉监测速度快，但是只能针对表面有一定大小的裂纹进行识别，由于图像分辨率的限制，无法准确识别过于细小的裂纹，并且无法实现钢轨内部损伤的检测。

1.2.5　超声波检测

超声波检测基于声波传播特性，通过向钢轨发射超声波脉冲，依据反射波与透射波的幅值特征和传播时延等参数，评估钢轨内部结构的完整性。当前，超声波检测的主要激励方式包括压电超声、电磁超声和激光超声。

我国现行钢轨超声检测设备主要类型有手推式钢轨探伤小车、专用焊缝探伤仪和大型钢轨探伤车。这些设备主要采用压电超声检测技术，其核心部件压电换能器基于压电效应，能够实现电信号与机械振动的相互转换。

手推式钢轨探伤小车配有 0°、37°、70°等 7 个角度不同的探头，平时可折叠存放。当上线应用时，设备下层部分可以展开放置在钢轨上，7 个探头同时检测钢轨内部是否存在裂纹。该设备操作简单，检测灵敏度高，但占用轨道时间较长，存在轨底探伤盲区，检测结果受检测工作人员的经验、技术等因素影响较大，且无法实现全天候、全断面的钢轨裂纹的实时监测。

电磁超声检测技术通过载有高频交变电流的线圈和静磁场的共同作用，在钢轨中激发超声波，实现非接触式检测。加拿大 Tektrend 公司基于电磁超声检测方法研发了钢轨探伤车，可以实现钢轨轨头、轨腰缺陷的检测，并显示 A 超和 B 超的探伤结果。应用的电磁超声探头分别为表面波探头，以及 35°、70°和 90°入射探头，频率为 0.4MHz～1.6MHz，检测速度为 20km/h。俄罗斯 VIGOR 公司研发了钢轨探伤系统，其采用电磁超声探头在钢轨中激发表面波，利用 40°和 90°入射探头激发超声体波，从而实现钢轨缺陷的检测，工作频率分别为 0.25MHz、0.5MHz、1MHz 和 1.8MHz，最高检测速度为 3.6km/h。哈尔滨工业大学基于电磁超声检测技术研发了手推式电磁超声钢轨探伤车，该设备可以检测轨头上表面深度 12mm 范围内的缺陷，以及轨腰螺孔、通孔、轨底中心裂纹等损伤情况，但无法探测轨底角的损伤情况，存在检测盲区。

激光超声检测技术采用非接触方式，通过激光照射钢轨表面使其受热产生形变进而激发超声波，可实现钢轨全截面缺陷检测。2001 年，Kenderian 等结合激光超声与空气耦合超声技术，对比了点/线激光源对表面裂纹的检测效果，成功检出轨头纵向裂纹，但仍存在轨头内部及轨底缺陷漏检问题。Pantano 团队通过在轨头顶部和轨腰底部激发超声波，配合空气耦合换能器接收，分析了声波传播特性，并检测出轨头纵向裂纹与轨底微小缺陷。实验结果显示，其采用的显式积分法较隐式积分法具有更高的计算效率。Kim 团队则利用脉冲激光激发超声波，采用激光测振仪接收信号，通过分析振幅衰减特性实现了钢轨缺陷的判定。

超声波检测法在钢轨缺陷检测中具有穿透力强、检出率高、识别能力强和灵敏度高等优势，但仍存在轨底检测盲区，且难以实现远距离缺陷检测和实时监测。

1.2.6 声发射技术

声发射（Acoustic Emission，AE）技术通过捕捉钢轨受力时内部裂纹产生的弹性波实现缺陷检测。1950 年，德国学者对金属中的声发射现象进行了系统的研究。1964 年，美国学者率先将声发射技术应用于火箭发动机壳体的质量检验并取得成功。此后，声发射技术获得迅速发展。近年来，声发射技术凭借其动态监测、早期预警的优势，在钢轨缺陷检测领域得到了应用。日本铁路公司通过集成声发射与振动传感技术，实现了新干线钢轨的实时健康评估，其算法可有效区分车轮滚动噪声与裂纹信号。中国铁道科学研究院联合高校提出了基于深度学习的声发射信号分类模型，对钢轨表面剥离、核伤等缺陷的识别准确率较高。西南交通大学研发的分布式声发射监测系统已在成渝高铁试点应用，通过自适应滤波算法降低了现场噪声干扰。哈尔滨工业大学的冯乃章团队对基于声发射技术的钢轨缺陷检测方法进行了相关研究，分析了钢轨中声发射源的特征，并基于轮轨模拟实验设备研究了裂纹损伤声发射信号的检测方法，确定了钢轨不同损伤阶段的判别规则。声发射技术是一种动态的钢轨裂纹检测方法，具有灵敏度高、可以监测动态裂纹且不受形状限制的优点，但对于已有的静态裂纹不具有识别度，且受外界噪声影响较大。

1.2.7 机器学习方法

近年来，机器学习算法在钢轨缺陷检测领域的应用研究取得显著进展。在表面缺陷检测方面，基于计算机视觉的分类检测方法已展现出良好效果；在内部缺陷检测方面，人工神经网络、决策树和支持向量机等算法成为研究重点。随着深度学习技术的不断发展，卷积神经网络和迁移学习等先进算法也在该领域取得了令人瞩目的成果。

2017 年，王鹤学团队提出，运用主成分分析与线性判别相结合的特征降维策略来处理核伤与螺孔裂纹，并采用 BP（反向传播）神经网络结合 L-M 算法进行优化。2019 年，Ahmed 团队开发的集成学习方法通过组合多个机器学习模型，有效克服了传统威布尔分析在铁路疲劳寿命评估中的缺陷低估问题。2020 年，Wu 等基于钢轨缺陷的分布和轮廓特征建立了分类检测模型，创新性地提出基于数据分布规律的阈值动态调整方法，显著提升了检测精度。2021 年，唐志峰等研发了导波监测系统集成压电与磁致伸缩换能器，其多特征融合自动分类算法在实际监测中表现出优越性能。

近年来，深度学习技术在钢轨缺陷检测领域展现出强大优势。作为机器学习的重要分支，深度学习凭借其卓越的特征提取能力获得广泛应用，而迁移学习则有效解决了训练集与测试集分布一致性的问题。2018 年，孙次锁团队采用深度卷积神经网络对超声波 B 型图像进行损伤识别，开发的专用网络模型在准确率和误报率等关键指标上超越传统探伤系统，达到 93%的缺陷识别准确率，媲美人工分析水平。2021 年，胡文博团队运用 ResNet-50 模型实现了五类钢轨的缺陷识别，准确率高达 99.3%。同年，Damacharla 团队提出的 TLU-Net 模型通过迁移学习使缺陷分类准确率提升了 5%；Shu 团队则将 ImageNet 预训练的 ResNet 迁移至 Faster R-CNN 框架，显著提高了表面缺陷检测精度。2022 年，Zhang Bin 团队创新性地应用分布自适应深度迁移学习方法，实现了导波监测数据的跨结构应用；Harsh Mahajan 团队则基于机器学习框架开发出可检测 1mm 轨头缺陷的在线监测系统。2023 年，Liu 团队提出的 DCTL 模型采用 Inception-ResNet-V2 预训练网络，通过信号转换和数据增强技术，在复杂环境下成功实现了道岔尖轨损伤的精准识别。这些研究充分证明了深度学习与迁移学习在提升钢轨缺陷检测精度和效率方面具有巨大潜力。

我国高速铁路钢轨缺陷检测采用"大型探伤车为主、小型探伤仪为辅"的协同作业模式，但仍面临三大技术瓶颈。一是大型探伤车虽能以 80km/h 速度检测，但因惯性导航系统误差累积导致定位偏差大，需二次人工复核且漏检率较高。二是小型探伤仪检测精度虽高，但人工推行效率低下，难以满足高铁线路的日常检测需求。三是现有设备均采用轨顶耦合检测方式，存在轨底检测盲区，导致轨底裂纹和核伤等关键缺陷难以识别。为解决这些问题，新型钢轨超声导波检测技术成为重要研究方向，该技术通过多模态超声导波阵列传感器结合自适应频散补偿算法，可实现轨头、轨腰和轨底的全截面覆盖检测，不仅彻底消除了轨底盲区,而且其远距离单次检测特性能显著提升高铁钢轨全寿命周期的健康监测效能。

1.3 超声导波检测技术

关于弹性波在周期性结构中的研究可追溯至 300 年前,而对工程结构(如板、杆等)中波动现象的系统研究仅有约 60 年历史。弹性波研究的重要里程碑包括:1887 年,英国物理学家 Rayleigh 首次发现并以他的名字命名了表面波(瑞利波);20 世纪初期,Lamb H 发现了薄板中传播的导波(兰姆波),他通过推导 Rayleigh-Lamb 超越方程,首次揭示了各向同性板中频厚积与兰姆波速度的关系,证实了其多模态特性。超声导波检测技术在发展初期面临诸多挑战,经过国内外学者多年研究,已在超声导波的传播特性、模态分析与信号处理、模态激励方法及无损检测技术等方面取得了显著进展,推动了该技术的持续发展。

1.3.1 超声导波的传播特性

1876 年,Pochhammer 首次推导了杆中两种导波模态的频散方程,即纵向模态和扭转模态。但由于计算过程过于烦琐,当时无法得到频散方程的解。1950 年,Thomson 针对层状固体介质中的导波传播问题,首次提出了矩阵解析方法,根据相邻单层板截面质点的速度、法向应力和剪切应力的连续性,将多层固体平行板的方程关联起来;根据斯涅耳定律确定了导波入射各层板后的传播方向,通过设定边界条件计算模态响应结果,从理论上研究了平面弹性波斜入射到不同材料和厚度的平行板构成的层状固体介质的传播特性。1953 年,Haskell 修正了 Thomson 在公式推导过程中存在的一个小错误,并证明了矩阵解析法可以用于表面波的模态求解。1959 年,Gazis 应用数值计算方法求解了柱状波导介质中导波的频散方程。圆柱坐标系下的波动方程无法用指数函数表示,但满足 Bessel 方程或 Hankel 函数,即可以由 3 个向内传播的导波和 3 个向外传播的导波来表示 3 个圆柱坐标系的位移坐标及 3 个方向的应变,从而得到了纵向模态及扭转模态的频散曲线,初步揭示了导波在柱状波导介质中的传播特性。1964 年，Knopoff 等提出了全局矩阵法，将多层结构的所有参数及边界条件全部组装在一个矩阵中，多维度限定了方程的解，从而规避了高频状态下矩阵求解的不稳定性，但该方法仍存在一些弊端，即当结构复杂时，矩阵维度的增大会导致计算速度缓慢。1965 年，Dunkin 发现，当平板的频厚积过大时，平板中存在无法远距离传播的导波模态，由于衰减系数和增长系数的结合使矩阵出现不稳定性，于是通过重新排列方程式的方式解决了不稳定因素，保留了系统矩阵的优势。1995 年，帝国理工学院 Cawley 团队的 Pavlakovic B 等根据矩阵求解方法开发了 Disperse 软件，通过输入结构参数可以快速求解有阻尼及无阻尼条件下平板或管道中传播的超声导波的频散曲线。

21 世纪以后，面对截面形状更为复杂的波导介质，传统的矩阵计算方法受限于计算能力难以实现，学者们提出了多种求解超声导波频散曲线的方法，包括有限元法、半解析有限元法及边界有限元法等。Wilcox 等将梁结构沿长度方向划分为多个有限元网格，并根据周向对称循环边界条件，规定位移场垂直于网格方向，应用有限元法计算了超声导波在各向同性的直梁和弯曲梁中的传播特性。Mukdadi 等基于半解析有限元法，计算了多层矩形截面梁结构中超声导波的频散曲线。美国 Rose J L 团队的 Hayashi 等应用半解析有限元法，分别求解了超声导波在任意截面波导介质（如棒、杆和钢轨等）中的频散曲线，然后基于二维傅里叶变换方法进行了实验验证，实验结果与理论结果高度吻合。Bartoli 等研究了半解析有限元法在黏弹性阻尼条件下的任意截面波导介质中超声导波频散曲线的计算方法。太原理工大学曾杰等应用有限元法，模拟了超声导波的高阶模态在锚杆中的传播特性，并通过实验验证了该方法的可行性。北京交通大学武琳和北京工业大学刘青青基于有限元法，分别应用 ANSYS 和 COMSOL Multiphysics 有限元软件平台对 60kg/m 钢轨的频散曲线进行了计算。北京交通大学许西宁基于半解析有限元法，求解了频率为 100 kHz 以下的超声导波在 CHN（中国）60 型钢轨中的频散曲线，分析了超声导波模态在钢轨中的传播特性，并计算了钢轨的激励响应。王聪等通过引入温度应力参数，采用半解析有限元法分析了在温度应力作用下，钢轨中超声导波的频散特性的变化情况。美国 Rose J L 团队将混合边界元法应用于钢板中兰姆波的模态转换分析中。边界有限元法在体波的散射研究中应用相对较多，由于其求解过程较有限元法复杂，在超声导波传播计算中应用较少。

1.3.2　超声导波模态分析与信号处理

超声导波具有多模态及频散特性，为了从复杂信号中提取模态信息，国内外的学者们研究了多种辨识方法，主要包括时域信号法、短时傅里叶变换法、小波变换法、Wigner-Ville 分布、二维傅里叶变换法、希尔伯特-黄变换法及激励响应逆变换法等。

时域信号法是通过时域信号的波包到达时间计算模态速度从而确定模态类型的方法，适用于模态成分简单的信号分析。在研究工作中，时域信号法常作为判断目标模态是否存在的方法，但不适用于分析模态较多的复杂信号。

短时傅里叶变换法（又称"加窗傅里叶变换"）是最简单的时频域分析方法。通过对信号加载时间窗函数，并在时间轴上多次移动窗函数，以截取小段平稳信号进行傅里叶变换，从而分析信号的时频特性。Amjad 等应用短时傅里叶变换法对钢筋中传播的超声导波信号进行了时频域分析，成功辨识了不同的超声导波模态。Prasad 等针对复合材料结构，应用短时傅里叶变换法对兰姆波进行了信号处理，根据兰姆波的能量参数，并结合迭代层析算法重建了结构缺陷。周正干等应用短时傅里叶变换法分析了铝板内的超声导波模态成分，并通过时间变化证实了铝板内存在模态转换现象。冯占英采用短时傅里叶变换法分别对黏接良好及脱黏状态的铝蒙皮蜂窝板中的 A0 模态和 S0 模态的超声导波信号进行了时频域分析，对比了这两种情况下的模态成分。

然而，当信号中的频率成分相对复杂时，考虑到分辨率和信息的完整性，高频成分需要较窄的时间窗口，低频成分则需要较宽的时间窗口。短时傅里叶变换法的固定时间窗函数无法同时满足高频成分和低频成分的时频分辨率要求。为了弥补该方法的缺陷，学者们引入了小波变换法对超声导波信号进行时频域分析。

小波变换法是通过将时域信号在小波基下展开，从而得到信号在时域和频域之间关系的方法。相比于短时傅里叶变换法，小波变换法可以覆盖整个频域，其时间、频率窗口大小可随频率动态调整，从而实现多分辨率分析。法国地球物理学家 Morlet 首次将小波变换应用于地震波信号的时频域分析，开创了小波变换在信号处理领域应用的先河。焦敬品等应用 Gabor 小波变换对薄板上铅笔芯折断产生的声发射信号进行模态分析，通过 A0 模态和 S0 模态的群速度分别绘制其频散曲线，实验得到的结果曲线与理论计算得到的结果曲线在部分频段高度吻合。刘增华等采用连续小波变换法对厚壁管道的扫描检测信号进行时频域分析，成功获取了信号的小波系数包络图谱，实现了超声导波模态的精确辨识。基于幅值包络分析，该研究团队实现了厚壁管道缺陷的准确成像，清晰表征了缺陷的尺寸特征。

近年来，小波变换在钢轨超声导波信号模态分析中得到了广泛应用。Bartoli 等通过锤击激励钢轨轨头，并对接收信号进行小波变换，成功提取了信号中的超声导波垂直模态成分，同时分析了小波中心频率及形状对模态分析结果的影响。卢超等应用 Gabor 小波变换法对 CHN60 型钢轨中超声导波的垂直振动模态传播特性开展了实验研究。

Wigner-Ville 分布是信号瞬时相关函数的傅里叶变换，能够反映信号的瞬时时频特性，避免了时域和频域分辨率之间的矛盾，在非平稳时变信号分析中具有显著优势。该方法由 Wigner 首次提出，并于 1948 年由 Ville 改进后应用于信号处理领域。Prosser 等采用伪 Wigner-Ville 分布，对复合材料中的兰姆波信号进行分析，以研究其材料特性。他得安等探讨了 Wigner-Ville 分布在超声导波无损检测中的应用，并评估了该方法的适用性。然而，由于该方法计算过程复杂，计算结果中可能产生交叉项，从而干扰主要模态的辨识。何存富等分别应用小波变换法和 Wigner-Ville 分布对管道及空心抽油管中的超声导波传播信号进行时频域分析，实现了波导介质缺陷的检测。许桢英等利用 Wigner-Ville 分布对钢板焊缝回波信号进行了时频域分析，成功辨识了信号中的主要模态成分，验证了该方法在分析焊缝特征超声导波信号中的有效性。

二维傅里叶变换法是通过将信号分别从时域转换到频域和距离域，利用超声导波的相速度计算来确定信号中模态成分的方法。该方法由 Alleyne 等首次提出，并应用于钢板中传播的兰姆波的模态分析。该研究采用不同板厚、激励方式和接收方式，通过数值计算和实验验证了方法的有效性。结果表明，在 3mm 厚的钢板上激励 A1 模态并在距离激励位置 200mm 处接收信号，经二维傅里叶变换分析后成功识别出 A1 模态、S0 模态和 S1 模态。

刘镇清等应用二维傅里叶变换法对平板中兰姆波模态进行识别，比较了斜探头和直探头激励接收时信号模态成分的差异。研究发现，斜探头激励接收时，平板中兰姆波模态较为单一；而直探头激励接收时，平板中兰姆波模态更为丰富。同时指出，该方法对相速度相近的模态分辨能力有限。卢超等将现代谱估计与二维傅里叶变换相结合，提出了混合谱二维傅里叶变换法，并将其应用于薄板中兰姆波模态识别，有效提高了对相近相速度模态的辨识能力。刘增华等应用二维傅里叶变换法分析了激光激励产生的兰姆波，成功识别了不同激励接收方式产生的模态成分。在后续研究中，刘增华等借鉴短时傅里叶变换思想，采用短空间二维傅里叶变换法处理扫描激光接收信号，获得了扫描路径上的波数分布，实现了铝板缺陷位置的直观识别。北京交通大学王嵘应用二维傅里叶变换方法分析了钢轨中超声导波模态，建立了模态相速度与应力的关系模型，同时指出了相速度在钢轨应力检测应用中的局限性。

希尔伯特-黄变换法是一种信号处理方法，其处理过程如下：首先，对原始信号进行经验模态分解，将其解耦为多个本征模态函数；其次，通过希尔伯特变换获得函数的包络曲线；最后，使用时域信号法分析信号中的模态成分。该方法由美国宇航局科学家 Huang 在传统希尔伯特变换算法基础上改进而来，后被学者们广泛应用于超声导波模态识别领域。复旦大学罗春苟等应用希尔伯特-黄变换法分析了长骨仿体中传播的超声导波，成功获取了超声导波模态的群速度，并据此计算出长骨仿体的厚度参数，从而验证了该方法的有效性。南京航空航天大学和儒辉等采用激光激发铝板中的兰姆波，利用压电换能器采集接收信号后实施希尔伯特-黄变换，准确识别出信号中的 A0 模态和 S0 模态。

激励响应逆变换法是南非 Loveday 团队基于激励响应算法发展的一种超声导波模态定量分析方法。该方法采用在钢轨轨腰粘贴压电片进行激励，通过激光测振仪采集接收信号，结合模态振型和波数计算各模态的幅值与相位。Xing 等在此基础上提出了超声导波模态单一提取算法，并将其应用于钢轨裂纹检测，显著提高了裂纹定位精度。该方法适用于对模态辨识精度要求较高的场合，但由于检测过程需要采集大量接收信号，操作较为复杂，目前应用相对较少。

1.3.3　超声导波模态激励方法

在超声导波模态激励方法研究方面，现有成果主要集中于平板、管道等简单截面波导介质中特定超声导波模态的激励，而对于钢轨等复杂截面波导介质中特定超声导波模态激励方法的研究相对较少。

Kwun 等采用铁磁性材料研制了电磁超声换能器，在细长钢杆中成功激发出超声导波并分析了其传播特性。随后，该团队又利用金属镍设计了新型电磁式超声换能器，在管道中成功激发出扭转模态的超声导波信号。Wilcox 等开发了能在平板上以任意角度激励 S0 模态兰姆波的电磁超声换能器，但所激发超声导波的传播距离较短。Clarke 等研制了可在板材中激励 A0 模态的压电换能器。焦敬品等在此基础上优化了压电换能器的结构参数，并将其组成阵列，应用于板材的缺陷检测。

哈尔滨工业大学苏日亮针对钢轨轨底缺陷检测，分别设计了单向聚焦型斜入射 SV 波[①]电磁超声换能器和单向辐射型超声导波电磁超声换能器，成功激发出包含目标模态的超声导波信号，可检测轨底 7.5mm 以上的半圆槽形缺陷，检测距离为 120～600mm。在钢轨超声导波激励方面，朱力强等选用振型较为简单的 35kHz 频率轨腰振动模态，通过在振动最显著的轨腰中心点处进行单点激励，成功激发出较为单一的目标模态。

研究结果表明，针对特定超声导波模态研制专用的激励换能器，可在波导介质中产生模态成分相对单一的超声导波信号。然而，钢轨中高频超声导波模态数量众多且振型复杂，为每个模态单独设计激励换能器存在较大困难。通过调整换能器数量、安装位置和激励方向等参数，使用相同换能器也能在钢轨中激发出不同模态的超声导波信号，因此，对模态激励方法的研究具有重要意义。

---

① 当波的传播方向平行于介质交界面时，质点在介质交界面内与波传播方向垂直的方向上振动，称为 SV 波。

1.3.4 超声导波无损检测技术

在超声导波无损检测技术研究方面,现有工作主要集中于管道、板材等简单结构。Cawley 等通过分析含缺陷管道中超声导波模态的传播特性,发现纵向模态 L(0,2) 遇到管壁周向切槽时会产生模态转换现象,且模态反射特征与切槽尺寸和模态频率相关。Hayashi 等研究发现,模态 L(0,2) 经过管道弯曲段时同样会发生模态反射和转换现象,并建立了模态反射强度系数与频率的关系模型。

Evans 等开发了一套管道缺陷检测系统(gPIMS),该系统可固定安装于石油管道外壁以实现缺陷监测。Alleyne 等通过数值模拟和实验,研究了钢板裂纹对兰姆波的影响。结果表明,当波长与裂纹深度比值小于 40 时,兰姆波可有效检测裂纹缺陷。Rose J L 团队应用边界元法分析了兰姆波在含不同裂纹板材中的反射特性,通过透射和反射强度系数可区分尖锐裂纹与光滑凹槽。

目前,超声导波在钢轨裂纹检测中的应用尚处于起步阶段。英国 Wilcox 团队针对 BS113A 型钢轨开发了长距离阵列检测系统 G-Scan,可实现钢轨损伤探测,并在铁路道口轨道上进行了实测验证。但由于检测时需要占用轨道,该系统尚无法实现钢轨裂纹的实时在线监测。钢轨探伤设备如图 1-2 所示。

图 1-2 钢轨探伤设备

Rose J L 等通过实验证实,20~80kHz 频率范围内的超声导波能够在钢轨中长距离传播,更适合用于钢轨的缺陷检测。该研究结果表明,声波信号可通过非接触方式采集,如使用空气耦合换能器和电磁超声换能器。英国 Edwards 等采用类瑞利表面波检测钢轨表面损伤,解决了相邻缺陷难以同时检测的问题。通过在钢轨轨头表面制作人工缺陷,并利用电磁超声换能器激励和接收低频宽带表面波,成功实现了轨头缺陷的检测和深度评估。

美国 Lee C 等使用电磁超声传感器,在钢轨中激发出仅使轨头振动的特定模态,用于轨头裂纹检测。三维仿真分析结果表明,施加 100kHz 激励时,能量集中在轨头上表面；施加 60kHz 激励时，能量分布在整个轨头区域。研究团队分别对同时存在裂纹和网纹的钢轨模型，以及仅含裂纹的钢轨模型进行仿真，结果显示，低频超声导波更适合检测轨头横向裂纹，且检测结果不受网纹干扰。

近年来，国内学者在钢轨裂纹检测领域取得了一系列研究成果。西南交通大学周源利用 Abaqus 三维仿真软件模拟轨头裂纹，通过数值计算验证了超声导波检测裂纹的可行性。浙江大学胡剑虹针对钢轨轨底缺陷，开发了专用的超声导波检测系统，设计了基于磁致伸缩原理的超声导波换能器，并开展了轨底损伤检测实验。实验通过在轨底制作超过钢轨截面积 5%的人工缺陷，采用梳状换能器阵列激励方式，成功实现了 20m 长钢轨轨底损伤的检测。北京交通大学朱力强团队研制了一套断轨监测预警系统，可实现 2.5km 范围内钢轨断裂的实时监测。南昌航空大学盛华吉研究了激励参数对轨底超声导波模态的影响，结果表明 60～120kHz 频率范围内的横向和垂向振动模态最适合检测轨底裂纹。

在缺陷定位方法研究方面，郭霞生等针对管道微小损伤，采用时间反转法对非线性超声导波成分进行聚焦，在半径为 3.75cm 的平面上，通过位移和应力分布成功呈现裂纹图像。武静等提出了基于 Lyapunov 指数曲线的管道缺陷检测方法，通过时间窗截取信号并分析指数曲线突变点识别缺陷回波，结合直达波与回波时差定位缺陷，定位精度达 92%以上。王伟等通过有限元仿真研究了 T(0,1)扭转模态对管道纵向裂纹的检测性能，结果表明，27kHz 中心频率的低频超声导波对 20mm、60mm、80mm 长度裂纹的定位误差分别为 5.03%、3.16%和 12.5%。杨斌团队针对压力容器筒体和封头部位的损伤检测，采用滤波降噪方法处理超声导波信号，将定位误差控制在 5%以内。

1.4 道岔尖轨超声导波检测技术

道岔作为铁路轨道结构的关键组成部分，同时是轨道系统的薄弱环节之一。其结构具有以下特点：固定型辙叉存在轨线中断现象；尖轨、护轨和翼轨的冲击角显著大于曲线轨道；道岔区轨道在竖向和横向的刚度变化远高于普通轨道。这些结构特性导致道岔承受更大的横向和竖向冲击力,设备状态变化较快,轨件容易出现疲劳损伤和裂纹。此外,由于道岔的截面形式和几何尺寸与标准钢轨的截面形式和几何尺寸存在差异,若不能采用多种探伤方法配合检测,极易产生损伤漏检,进而威胁行车安全。因此,采用有效的道岔轨件探伤方法,预防道岔轨件断裂,对确保铁路运输安全具有重要意义。

目前,正线道岔的探伤工作每月进行一次全面检查。具体检测方法如下:对于轨面宽度超过50mm的区域,采用钢轨探伤仪(手推式)进行检测;对于轨面宽度小于50mm的区域,主要采用人工检查与手持仪器相结合的方式进行检测,包括目视检查、锤击检查、反光镜检查及手持探头检测等方法。针对超声尖轨轨底等检测盲区,还需使用通用式焊缝探伤仪进行正反向扫查检测,通常选用2.5P13×13K1型探头对轨底外侧区域实施探伤检查。

道岔尖轨因其横截面形状不规则,导致内部传播的超声导波模态众多且频散特性复杂。2016年,中国铁道科学院范振中推导了道岔尖轨在不同厚度情况下的Rayleigh-Lamb频散方程,绘制了相速度和群速度频散曲线,通过仿真分析道岔尖轨中超声导波的声场特性并实现缺陷定位;在实际信号处理中,采用小波包变换、HHT时频域分析和EMD分解等方法,实现了对缺陷的精确定位。

西南交通大学Chen R团队研究了超声导波在变截面道岔尖轨中的传播特性,通过分析不同位置截面的模态振型,发现频散特性沿纵向呈缓慢变化趋势,而在局部范围内与等截面钢轨的频散特性相似,这为超声导波检测的频率选择和模态分析提供了理论依据。Hu CY等求解了60D40钢轨在100kHz频率以下的频散曲线,建立了时域仿真模型模拟超声导波传播瞬态过程,验证了基于能量密度的频散特性曲线在激励频率选择和超声导波模式激励方面具有指导作用,并成功应用于钢轨损伤识别。

暨南大学宋振华和严寅中等开展了道岔尖轨超声导波探伤研究。他们采用SC330型加长直线道岔尖轨建立三维模型,使用HyperMesh软件进行网格划分,分别以10kHz和50kHz频率激励道岔尖轨并分析其波形特征,实现了损伤识别。实验研究结果表明,超声导波在不同位置传播时存在最优激励频率。浙江大学胡剑虹设计了线性传感器用于激发和接收超声导波,有效提高了能量集中度;通过

Abaqus/Explicit 求解器仿真，证实了低频超声导波更适合检测道岔尖轨轨底缺陷，最终自主研发系统成功检出占轨底截面 5%以上的缺陷，与有限元仿真结果一致。西安理工大学王洋将锆钛酸铅（PZT）压电陶瓷片安装在道岔尖轨轨头外侧，经多频率实验对比后，选用 180kHz 频率监测轨头缺陷，采用互相关算法分析采集信号与参考信号的相关性，实现了轨头缺陷的有效识别。

香港理工大学王凯团队提出基于频散超声的道岔尖轨结构健康监测方法，利用列车载荷引起缺陷扩展导致超声波传播特性变化的原理，通过比较列车通过前后信号的互相关程度来识别缺陷，验证了该方法在实际道岔尖轨检测中的可靠性和有效性。浙江大学唐志峰等开发了滑动窗口动态时间序列温度补偿技术，解决了道岔尖轨轨底缺陷检测中的温度漂移问题。浙江大学 Liu 等提出基于多特征集成与机器学习的超声导波监测方法，通过时域、功率谱域及时频域多维度特征提取分析，克服了单一特征表征损伤类型的局限性，实现了道岔尖轨轨底缺陷的准确检测。

当前，超声导波钢轨无损检测已取得丰硕成果。然而，与基本轨相比，道岔尖轨的变截面特性导致超声导波传播时激发出更多模态。多模态信号混叠会使缺陷回波被背景噪声淹没，大幅增加了缺陷的识别难度和漏检风险。因此，道岔尖轨内部缺陷检测面临更大挑战，亟须深入研究以提高检测准确性和可靠性。

1.5　本书内容结构

本书系统研究了超声导波在道岔尖轨缺陷检测中的理论方法与工程应用，通过多学科交叉融合，构建了从超声导波传播机理到智能检测的完整技术体系。

全书共 8 章，分别是绪论、道岔尖轨中的超声导波、道岔尖轨导波有限元仿真技术、道岔尖轨导波激励与采集、基于小波基线的道岔尖轨缺陷检测、基于机器学习的道岔尖轨缺陷检测、基于主导模态的道岔尖轨缺陷检测、道岔尖轨缺陷检测实验与应用。

第 1 章：绪论。本章介绍了高速铁路道岔的疲劳损伤形式、机理及研究方法，综述了钢轨缺陷检测技术（包括磁粉、涡流、漏磁、机器视觉、超声波、声发射及机器学习等方法），重点阐述了超声导波检测技术的传播特性、模态分析方法和激励技术，最后引出了道岔尖轨导波检测技术的研究背景。

第 2 章：道岔尖轨中的超声导波。本章阐述了超声导波的基本特性（概念、速度模态、多模态和频散特性），深入研究了道岔尖轨中超声导波传播特性，建立了道岔尖轨三维模型，求解了频散曲线和振型，介绍了基于 K-means 聚类算法的模态选取算法和基于振动位移的激励节点选择方法。

第 3 章：道岔尖轨导波有限元仿真技术。本章概述了道岔尖轨有限元仿真方法，包括理论基础、三维建模、网格划分和仿真流程；开展了模态振型存在性分析，从波数和位移角度进行研究，提出了基于时域特征的接收节点选取方法，并通过了质量块模拟缺陷进行实验验证。

第 4 章：道岔尖轨导波激励与采集。本章提出了系统总体设计方案，详细介绍了检测系统硬件（包括电路设计和超声导波换能器）和软件（开发工具、激励/接收端程序设计、人机交互界面等）。

第 5 章：基于小波基线的道岔尖轨缺陷检测。本章介绍了实验数据集，阐述了时域基线法和频域基线法，重点研究了小波基线法及其在缺陷识别中的应用，通过方法对比凸显了小波基线法的技术优势。

第 6 章：基于机器学习的道岔尖轨缺陷检测。本章比较了传统分类器的检测效果，深入研究了 CNN+LSTM 混合模型（包括信号预处理、1D-CNN-LSTM 和 1D-ResNet-SE-LSTM 模型），通过实验对比评估了不同模型的性能优势。

第 7 章：基于主导模态的道岔尖轨缺陷检测。本章分析了基线法的局限性，研究了超声导波传播特性，通过频散曲线和振型矩阵求解，基于 3σ 准则选取主导模态，利用有限元仿真和实验验证了该方法的有效性和可靠性。

第 8 章：道岔尖轨缺陷检测实验与应用。本章综合前述研究内容，设计了道岔尖轨缺陷检测算法，并通过实验室测试和现场应用验证了道岔尖轨缺陷检测系统性能。

第 2 章　道岔尖轨中的超声导波

道岔尖轨具有变截面特性，超声导波在道岔尖轨内部传播时，频散效应及由异形截面几何突变引发的模态转换现象极为显著。这一状况导致缺陷回波信号严重混叠，极大地增加了道岔尖轨缺陷的辨识难度。因此，对超声导波在道岔尖轨内的传播特性展开深入探究，成为后续顺利开展仿真分析及研发裂纹识别算法的关键先决条件。针对道岔尖轨，本章选取了具有代表性的道岔尖轨特征截面，运用半解析有限元法，求解了超声导波在道岔尖轨中的频散曲线与振型矩阵。在此基础上，借助聚类方法，依据振动能量的分布情况，对道岔尖轨中的模态振动特性展开了全面、深入的分析与系统归类。

2.1　超声导波的基本特性

2.1.1　超声导波的基本概念

声波本质上是一种机械振动，产生声音的物体称为声源。人耳可感知的声波频率范围大致为 20Hz～20kHz，这一频段的声波称为可闻声波。频率超过 20kHz 的声波则称为超声波。本书中探讨的导波属于超声波的范畴。

应力波是应变与应力扰动的传播形式。弹性波作为应力波的一种，指的是在弹性介质中，由外力作用或扰动引发的应变与应力传递的形式。在弹性介质中，质点间存在相互作用的弹性力，这是弹性介质在外力作用下发生形变后产生的恢复力。当某个质点偏离其平衡位置，与其他质点的相对位置改变并产生应变时，该质点会在弹性力作用下开始振动。与此同时，周围质点也会相继产生应变并随之振动，这种振动的传播过程就形成了弹性波。

第 2 章 道岔尖轨中的超声导波

在无限均质介质中传播的弹性波，根据其振动方向与传播方向的关系，可分为纵波（也称胀缩波、初波或 P 波）和横波（也称畸变波、剪切波、次波或 S 波），这两种波统称体波。

在无限均匀的理想介质中，体波的传播互不影响、互不耦合。但在实际环境中，由于介质的不连续性及性质变化，超声波传播到波导介质表面时会发生反射和透射现象。导波是声波在波导介质中传播时，与介质边界不断发生反射、折射及纵横波转换而形成的一种特殊声波。在波导介质中传播的超声波称为超声导波。其中，部分典型的导波以其发现者的名字命名，如兰姆波（Lamb 波）、瑞利波（Rayleigh 波）等。

平板中传播的超声导波称为兰姆波，其实质是在平板边界约束下由多次反射波叠加形成的弹性波。其传播具有平面应变特性，且在平板边界反射过程中形成特定频散规律。平板中导波的形成示意如图 2-1 所示。道岔尖轨作为从根部到尖端截面渐变的复杂波导介质，其非均匀截面导致超声导波传播时存在模态耦合、频散畸变等复杂现象，传统规则波导理论难以直接适用。因此，需通过研究导波在道岔尖轨中的传播特性（如模式演化、能量衰减等），为后续选择有效的检测模态、建立信号分析方法提供理论依据，这对轨道交通关键部件的无损检测技术开发具有重要意义。

图 2-1 平板中导波的形成示意

2.1.2 超声导波的速度和模态

1. 超声导波的相速度与群速度

相速度和群速度是研究超声导波传播特性的基础，也是进行超声导波模态选取及识别的重要参数指标。其中，相速度（C_p）是单模态振动信号的相位传播速度，即通常理解的波的传播速度，可以通过计算超声导波的某一恒定相位点的传播速度得到；而群速度（C_g）是指超声导波在波导介质中传播时，一簇频率相近的波叠加后形成的波包的传播速度，可以用波包的峰值点的速度表示，也是这组波包的能量传播速度。

相速度和群速度示意如图 2-2 所示。在图 2-2 中，信号 A 与信号 B 为两个振幅一致、频率略有差别的简谐波信号。

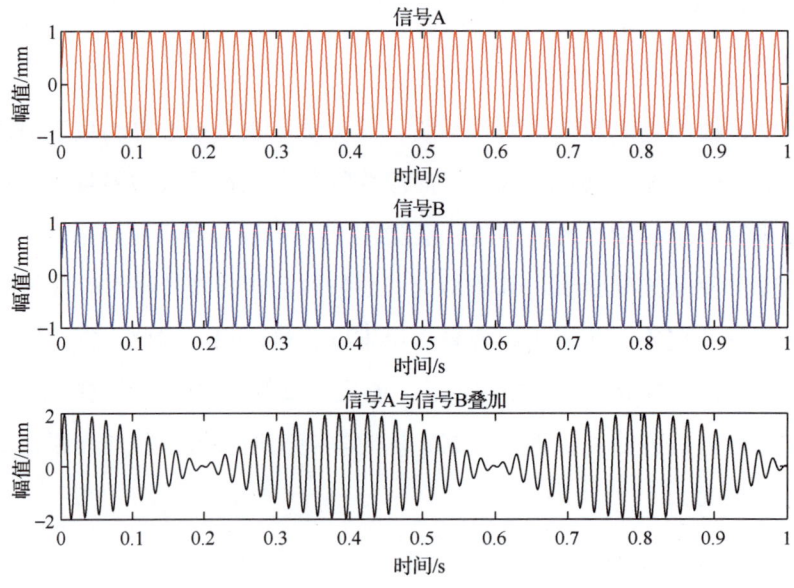

图 2-2　相速度和群速度示意

信号 A 与信号 B 一起传播时的波动方程可表示为

$$u(x,t) = A\cos(k_1 x - \omega_1 t) + A\cos(k_2 x - \omega_2 t) \tag{2-1}$$

式中，A 为振幅；ω_1、ω_2 分别为信号 A 和信号 B 的角频率；$k_1 = \omega_1/c_1$；$k_2 = \omega_2/c_2$。其中，c_1、c_2 分别为信号 A 与信号 B 单独传播时的相速度。从图 2-2 中可以明显看出，信号 A 与信号 B 叠加在一起传播时形成波包，而群速度则是描述这种波包传播时的速度。对式（2-1）采用三角恒等式展开后可得

$$u = 2A\cos\left(\frac{1}{2}\Delta kx - \frac{1}{2}\Delta \omega t\right)\cos(kx - \omega t) \tag{2-2}$$

式中，$\Delta k = k_2 - k_1$；$\Delta \omega = \omega_2 - \omega_1$；$k = (k_2 + k_1)/2$；$\omega = (\omega_2 + \omega_1)/2$。

由于信号 A 与信号 B 的频率较近，因此，式（2-2）中前一个余弦函数为低频项，后一个余弦函数为高频项。由此可知，低频项的传播速度为群速度，而高频项的传播速度为相速度，即

$$C_\mathrm{g} = \frac{\Delta \omega}{\Delta k} = \frac{\mathrm{d}\omega}{\mathrm{d}k} \tag{2-3}$$

$$C_\mathrm{p} = \frac{\omega}{k} \tag{2-4}$$

式中，ω 为角频率；k 为波数，$k = 2\pi/\lambda$；λ 为波长。

通过以上分析可知，不同的谐波以不同的相速度 C_p 传播，叠加后的波包会以群速度 C_g 传播。在实际中，不只有两个频率信号叠加，而是存在多个相近频率波的叠加，即

$$u(x,t) = \sum_{i=1}^{n} A_i \cos(k_i x - \omega_i t) \tag{2-5}$$

式中，k_i 与 ω_i 只是略有差异。

群速度 C_g 与相速度 C_p 之间的关系存在以下三种情况：

（1）当 $C_\mathrm{p} > C_\mathrm{g}$ 时，为正常频散情况，起源于波群后面，向前移行，而后消失。

（2）当 $C_\mathrm{p} = C_\mathrm{g}$ 时，无频散现象。

（3）当 $C_\mathrm{p} < C_\mathrm{g}$ 时，为异常频散情况，发生在波群前面，向后移行，而后消失。

2．超声导波的模态

模态是振动中的重要概念之一，指一系列互相独立、互不影响的分量，是结构系统固有的振动特性。每种模态都具有固定的振型、频率及阻尼比等参数，无

约束自由振动可以解耦为多个正交的单自由度振动系统。超声导波的模态即指超声导波在波导介质中传播时的不同振动形态。根据超声导波的形成过程可知，波导介质的几何结构对超声导波的传播有很大影响，因此，超声导波的模态数量与波导介质的形状、尺寸及材料属性密切相关，而与外界环境关系不大。道岔尖轨尖端截面面积为其尾端截面面积的85%，结构变化显著，因此，超声导波在道岔尖轨中传播时会产生多种模态，且不同截面处的模态存在差异。为此，需要针对不同截面开展超声导波传播特性研究，掌握道岔尖轨各截面超声导波的模态分布情况，从而选择更有利于检测的模态。

2.1.3　超声导波的多模态和频散特性

1. 多模态特性

超声导波的多模态特性是指在同一频率下，超声导波传播时存在多种不同振动形态的现象。不同模态对应的波导介质振动状态存在显著差异，这种特性源于超声导波形成过程的特殊性，表现为同一频率下会出现具有不同相速度的波。超声导波的多模态特性增加了信号处理的难度，难以完全解析传播过程中的所有模态成分，因此，合理选择有效模态并降低无关模态的占比，对缺陷检测至关重要。

模态的数量除与波导介质本身有关外，还与频率有关。通常来讲，当激励频率越高时，产生的模态数量越多。例如，当激励频率为35kHz时，CHN60型钢轨中存在20种模态；而当激励频率为60kHz时，CHN60型钢轨中存在33种模态。而道岔尖轨由于其结构的复杂性与不对称性，超声导波在其内传播时产生的模态数量更多，并且不同模态对道岔尖轨的不同部位会有影响。因此，在进行检测时需要选取合适的激励频率及激励位置以激发出合适的模态，使其对道岔尖轨的轨头、轨腰及轨底都能产生影响，更有利于减少盲区，提高检测效率。

2. 频散特性

频散是指波在波导介质中传播时，由于相速度随频率变化而产生波形展宽的现象。当存在频散时，由多频成分构成的波包会在传播过程中逐渐展宽，使接收信号的波形相对于发射信号的波形产生畸变。超声导波的多模态特性使波包传播时包含多个相速度不同的模态，随着传播距离增加，这些模态因频散效应而逐渐分离，最终导致波包形态改变并出现多个子波包。在时域上表现为波包宽度增加、幅值降低，随着传播距离增大可能分离成多个独立波包。超声导波的频散现象如图 2-3 所示。当传播距离足够长时，各模态将完全分离传播。

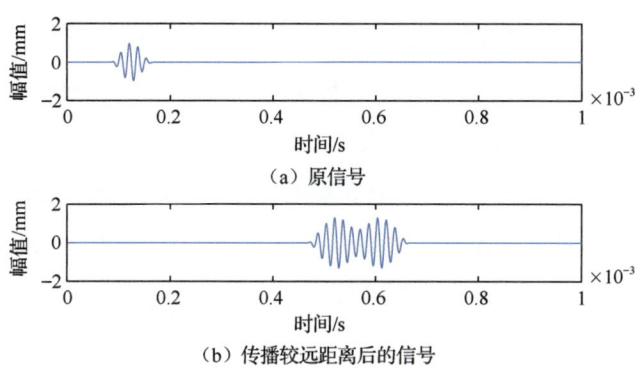

图 2-3　超声导波的频散现象

超声导波的多模态特性与频散特性给实际检测工作带来一定困难，特别是在道岔尖轨这种存在多个孔洞的复杂结构中。为有效检测缺陷，需要合理选择激励模态和激励位置，以最大限度提高缺陷信号在接收信号中的占比。

2.2　道岔尖轨中超声导波的传播特性

超声导波对缺陷检测的成功与否主要取决于模态的选择和信号的分析质量。由于波导介质中存在多种超声导波模态，这显著增加了检测方案设计和信号分析的复杂性。在应用超声导波检测道岔尖轨裂纹时，首要任务是分析超声导波在道岔尖轨中的传播特性，具体流程如下：首先，求解超声导波的频散特性；其次，分析模态振动特征；最后，确定检测缺陷的敏感模态。值得注意的是，道岔尖轨作为变截面钢轨，其结构与基本轨存在显著差异，因此，不能仅分析单一截面超声导波的频散特性。为此，需要先构建道岔尖轨三维模型，选取建模时的基础截面作为主要分析对象,采用半解析有限元法求解其频散曲线,再通过模态分析获得振型特征。

2.2.1 道岔尖轨三维模型构建

根据道岔尖轨的尺寸图纸和实际测量数据,选取 9 个主要截面构建道岔尖轨三维模型。道岔尖轨基准面如图 2-4 所示,这 9 个基准截面沿道岔尖轨长度方向的分布位置分别为距尖端 0mm(第 1 基准面)、距尖端 397mm(第 2 基准面)、距尖端 1589mm(第 3 基准面)、距尖端 2781mm(第 4 基准面)、距尖端 3972mm(第 5 基准面)、距尖端 5641mm(第 6 基准面)、距尖端 6663mm(第 7 基准面)、距尖端 11880mm(第 8 基准面)和距尖端 12480mm(第 9 基准面)。其中,第 7 基准面至第 8 基准面之间为等截面区段。第 1 基准面至第 9 基准面的截面序号分别为①~⑨。

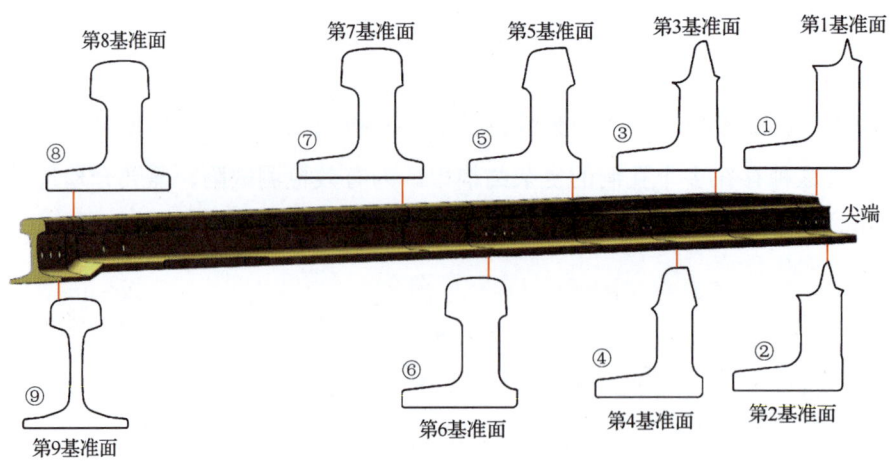

图 2-4 道岔尖轨基准面

采用 SolidWorks 软件构建道岔尖轨三维模型时,首先基于 9 个基准面,通过拉伸和切除操作逐段完成建模;随后根据实际测量的孔洞位置数据,在实体模型中进行相应切除;最终获得完整的道岔尖轨三维模型。在建模过程中,考虑到较小的圆角对计算结果的影响有限,为简化后续分析流程,模型中对部分次要圆角特征进行了简化处理。图 2-5 展示了最终完成的道岔尖轨三维模型示意。

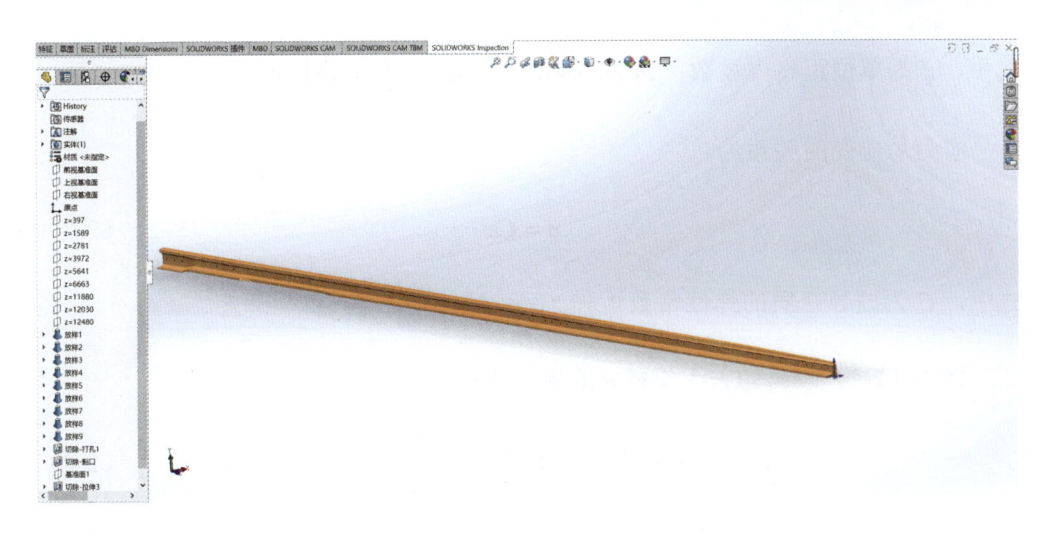

图 2-5 道岔尖轨三维模型示意

2.2.2 频散曲线求解

在工程数值计算中，有限元法是一种常用方法，其核心思想是将整体结构离散为有限个小单元，通过分析每个单元的物理参数，再根据单元间关系组合求解整体物理量的数值解。该方法虽广泛应用于声传播和振动分析，但在高频情况下存在计算烦琐且结果不理想的局限性。为此，半解析有限元法近年来被广泛用于求解超声导波传播问题。相较于传统有限元法，半解析有限元法对道岔尖轨这类复杂截面的均匀波导介质具有更高效、更准确的分析优势。该方法的特点在于在横截面上采用有限元网格离散，而在波传播方向上则采用解析解，即假设超声导波沿轴向以简谐振动形式传播。这种处理方式将三维问题简化为二维问题，在保证结果准确性的同时显著降低了计算量，特别适用于求解复杂结构的频散曲线。

以下详细推导利用半解析有限元法求解频散曲线的过程。

假设超声导波信号以简谐波形式沿道岔尖轨纵向（z 轴方向）传播，则道岔尖轨中任意一点的时间序列表达式可以由式（2-6）来表示。

$$\boldsymbol{u}(x,y,z,t) = \begin{bmatrix} u_x(x,y,z,t) \\ u_y(x,y,z,t) \\ u_z(x,y,z,t) \end{bmatrix} = \begin{bmatrix} U_x(x,y) \\ U_y(x,y) \\ U_z(x,y) \end{bmatrix} e^{i(\xi z - \omega t)} \quad (2\text{-}6)$$

式中，ξ 为单位距离内波数；ω 为角频率；$U(x,y)$ 为位移幅值的空间分布函数。

应力与应变的关系为

$$\boldsymbol{\sigma} = \boldsymbol{C}\boldsymbol{\varepsilon} \tag{2-7}$$

式中，$\boldsymbol{C}$ 为波导介质的弹性常数矩阵。

将式（2-7）改写为关于位移 $\boldsymbol{u}$ 的表达式：

$$\boldsymbol{\varepsilon} = \left[\boldsymbol{L}_x \frac{\partial}{\partial x} + \boldsymbol{L}_y \frac{\partial}{\partial y} + \boldsymbol{L}_z \frac{\partial}{\partial z}\right]\boldsymbol{u} \tag{2-8}$$

式中，

$$\boldsymbol{L}_x = \begin{bmatrix} 1 & 0 & 0 \\ 0 & 0 & 0 \\ 0 & 0 & 0 \\ 0 & 0 & 0 \\ 0 & 0 & 1 \\ 0 & 1 & 0 \end{bmatrix}, \quad \boldsymbol{L}_y = \begin{bmatrix} 0 & 0 & 0 \\ 0 & 1 & 0 \\ 0 & 0 & 0 \\ 0 & 0 & 1 \\ 0 & 0 & 0 \\ 1 & 0 & 0 \end{bmatrix}, \quad \boldsymbol{L}_z = \begin{bmatrix} 0 & 0 & 0 \\ 0 & 0 & 0 \\ 0 & 0 & 1 \\ 0 & 1 & 0 \\ 1 & 0 & 0 \\ 0 & 0 & 0 \end{bmatrix} \tag{2-9}$$

在波导介质中，任意一点都同时具有应变能（E）与势能（P），这些能量状态可以通过哈密顿原理来描述系统可能的运动。根据哈密顿原理，对于质点系在任意两个时刻之间的运动过程，在所有满足约束条件的可能路径中，只有使哈密顿作用量取得极值的路径才是物理上能真实实现的运动路径。

根据哈密顿原理，波导介质中任意一点满足以下关系式：

$$\delta H = \int_{t_1}^{t_2} \delta(E - P)\,\mathrm{d}t = 0 \tag{2-10}$$

式中，H 是哈密顿量，即系统的总能量，通常表示为动能与势能的差。δH 是对 H 的泛函求导，但针对的是能量泛函（积分形式）。

$$E = \frac{1}{2}\int_V \boldsymbol{\varepsilon}^{\mathrm{T}} \boldsymbol{C} \boldsymbol{\varepsilon}\,\mathrm{d}V \tag{2-11}$$

$$P = \frac{1}{2}\int_V \dot{\boldsymbol{u}}_t^{\mathrm{T}} \rho \dot{\boldsymbol{u}}_t\,\mathrm{d}V \tag{2-12}$$

式中，ρ 为波导介质密度，即道岔尖轨密度；$\dot{\boldsymbol{u}}_t$ 为位移对时间的一阶导数；V 为介质体积，即离散后的每个小单元体积。

将式（2-11）和式（2-12）代入式（2-10）可得

$$\delta H = \int_{t_1}^{t_2} \left[\int_V \delta(\boldsymbol{\varepsilon}^{\mathrm{T}}) \boldsymbol{C}\boldsymbol{\varepsilon} \mathrm{d}V + \int_V \delta(\boldsymbol{u}^{\mathrm{T}}) \rho \ddot{\boldsymbol{u}} \mathrm{d}V \right] \mathrm{d}t = 0 \quad (2\text{-}13)$$

基于式（2-13）可以求解超声导波在波导介质中传播时各截面的频散曲线。采用半解析有限元法分析时，单元划分方式至关重要，在此选用三角形单元进行离散化处理，其中，任意点的位移可通过三角形 3 个顶点的位移来描述，见式（2-14）。

$$\boldsymbol{u}^e(x,y,z,t) = \boldsymbol{N}(x,y)\boldsymbol{q}^e \mathrm{e}^{\mathrm{i}(\xi z - \omega t)} \quad (2\text{-}14)$$

式中，$\boldsymbol{N}(x,y)$ 代表三角形的形函数矩阵；上角标 e 表示三角形离散后的一个小单元；$\boldsymbol{q}^e$ 为节点位移矢量，$\boldsymbol{q}^e = [U_{x1}\ U_{y1}\ U_{z1}\ U_{x2}\ U_{y2}\ U_{z2}\ U_{x3}\ U_{y3}\ U_{z3}]^{\mathrm{T}}$。

三角形单元形函数矩阵如式（2-15）所示。

$$\boldsymbol{N}(x,y) = \begin{bmatrix} N_1 & & & N_2 & & & N_3 & & \\ & N_1 & & & N_2 & & & N_3 & \\ & & N_1 & & & N_2 & & & N_3 \end{bmatrix} \quad (2\text{-}15)$$

对于如图 2-6 所示三角形单元，其每个节点的坐标分别为 (x_1,y_1)、(x_2,y_2)、(x_3,y_3)。

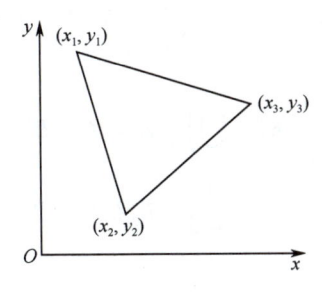

图 2-6　三角形单元

根据推导可得该三角形单元的形函数如式（2-16）所示。

$$N_i = \frac{1}{2A}(\alpha_i + \beta_i x + \gamma_i y) \quad (2\text{-}16)$$

式中，i 取 1、2、3；A 为三角形面积；α、β、γ 为中间系数。

$$A = \frac{1}{2}[x_1(y_2 - y_3) + x_2(y_3 - y_1) + x_3(y_1 - y_2)]$$

$$\begin{aligned}
&\alpha_1 = x_2 y_3 - x_3 y_2, \quad \beta_1 = y_2 - y_3, \quad \gamma_1 = x_3 - x_2 \\
&\alpha_2 = x_3 y_1 - x_1 y_3, \quad \beta_2 = y_3 - y_1, \quad \gamma_2 = x_1 - x_3 \\
&\alpha_3 = x_1 y_2 - x_2 y_1, \quad \beta_3 = y_1 - y_2, \quad \gamma_3 = x_2 - x_1
\end{aligned} \quad (2\text{-}17)$$

将式（2-14）代入式（2-8）可得

$$\boldsymbol{\varepsilon}^e = \left[\boldsymbol{L}_x \frac{\partial}{\partial x} + \boldsymbol{L}_y \frac{\partial}{\partial y} + \boldsymbol{L}_z \frac{\partial}{\partial z}\right]\boldsymbol{u} = (\boldsymbol{B}_1 + \mathrm{i}\xi \boldsymbol{B}_2)\boldsymbol{q}^e \mathrm{e}^{\mathrm{i}(\xi z - \omega t)} \quad (2\text{-}18)$$

式中，$\boldsymbol{B}_1 = \boldsymbol{L}_x \boldsymbol{N}_{,x} + \boldsymbol{L}_y \boldsymbol{N}_{,y}$；$\boldsymbol{B}_2 = \boldsymbol{L}_z \boldsymbol{N}$；$\boldsymbol{N}_{,x}$、$\boldsymbol{N}_{,y}$ 分别为形函数矩阵在 x、y 方向的导数。

将式（2-14）和式（2-18）代入（2-13），进行离散整理后可得道岔尖轨截面的波动方程为

$$(\boldsymbol{K}_1 + \mathrm{i}\xi \boldsymbol{K}_2 + \xi^2 \boldsymbol{K}_3 - \omega^2 \boldsymbol{M})\boldsymbol{U} = 0 \quad (2\text{-}19)$$

式中，

$$\begin{aligned}
\boldsymbol{K}_1 &= \bigcup_{e=1}^{m} \boldsymbol{K}_1^e = \bigcup_{e=1}^{m} \int_{\Omega_e} [\boldsymbol{B}_1^\mathrm{T} \boldsymbol{C} \boldsymbol{B}_1] \, \mathrm{d}\Omega_e \\
\boldsymbol{K}_2 &= \bigcup_{e=1}^{m} \boldsymbol{K}_2^e = \bigcup_{e=1}^{m} \int_{\Omega_e} [\boldsymbol{B}_1^\mathrm{T} \boldsymbol{C} \boldsymbol{B}_2 - \boldsymbol{B}_2^\mathrm{T} \boldsymbol{C} \boldsymbol{B}_1] \, \mathrm{d}\Omega_e \\
\boldsymbol{K}_3 &= \bigcup_{e=1}^{m} \boldsymbol{K}_3^e = \bigcup_{e=1}^{m} \int_{\Omega_e} [\boldsymbol{B}_2^\mathrm{T} \boldsymbol{C} \boldsymbol{B}_2] \, \mathrm{d}\Omega_e \\
\boldsymbol{M} &= \bigcup_{e=1}^{m} \boldsymbol{m}^e = \bigcup_{e=1}^{m} \int_{\Omega_e} [\boldsymbol{N}^\mathrm{T} \rho_e \boldsymbol{N}] \, \mathrm{d}\Omega_e
\end{aligned} \quad (2\text{-}20)$$

式中，$\boldsymbol{K}_1$、$\boldsymbol{K}_2$、$\boldsymbol{K}_3$ 为总体刚度矩阵，在波导介质材料已知时可直接算出；Ω 为尖轨的横截面，Ω_e 为离散后的单元；ρ 为尖轨的密度。

第 2 章 道岔尖轨中的超声导波

通过对式（2-19）的分析可以看出，该式是波数与频率的函数关系式。超声导波的频散特性表现为在特定频率下，随着波的传播会出现波包展宽（波数变化）的现象。因此，求解式（2-19）可采用固定频率求波数的方法，从而获得频率与波数的对应关系并绘制频散曲线。考虑到超声导波在高频段（100kHz 以上）会出现模态数量剧增、分析难度加大的情况，因此，将激励频率范围限定为 0～100kHz。通过枚举法对该频率范围内所有可能存在的波数进行系统求解，最终可获得波导介质特定截面的完整频散特性曲线。

考虑到道岔尖轨具有变截面特性，其分析不能像基本轨那样仅研究单一截面，而需要对多个特征截面进行系统求解。为此，选取了构建道岔尖轨三维模型时确定的 9 个代表性基准面进行分析。

在确定分析截面后，首先使用 MATLAB 软件的偏微分方程（PDE）工具箱对各截面进行三角形网格划分。具体采用 initmesh 三角形网格分割函数，通过合理设置划分参数，确保网格分布尽可能对称。图 2-7 展示了完成网格划分的 9 个截面示意，各截面的详细网格参数见表 2-1。

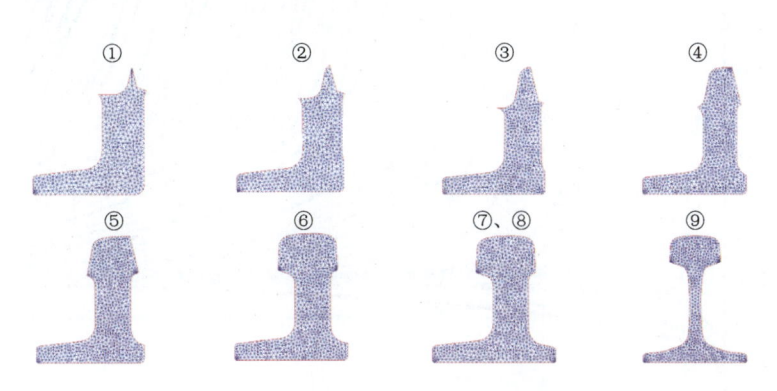

图 2-7 道岔尖轨横截面离散网格

表 2-1 道岔尖轨横截面离散参数

截面序号	节点数/个	三角单元数/个
①	516	910
②	550	969
③	591	1059

续表

截 面 序 号	节点数/个	三角单元数/个
④	664	1195
⑤	737	1334
⑥	806	1458
⑦、⑧	818	1479
⑨	667	1145

完成网格划分后，基于式（2-19）求解特征方程，可获得波数 ξ 与频率 ω 的数值解，据此绘制频散曲线，从而直观展示了超声导波在道岔尖轨内各模态成分的频率与相速度关系。实际计算采用 MATLAB 软件实现，频率范围为 0～100kHz，步长设置为 100Hz。通过计算获得了 9 个特征截面的频散曲线，其中，截面①的计算结果见图 2-8，图中不同颜色的曲线分别代表各模态在不同频率下的相速度变化。从图 2-8 可以清晰观察到模态数量随频率升高而增加的趋势。各截面存在的模态数量统计结果见表 2-2。

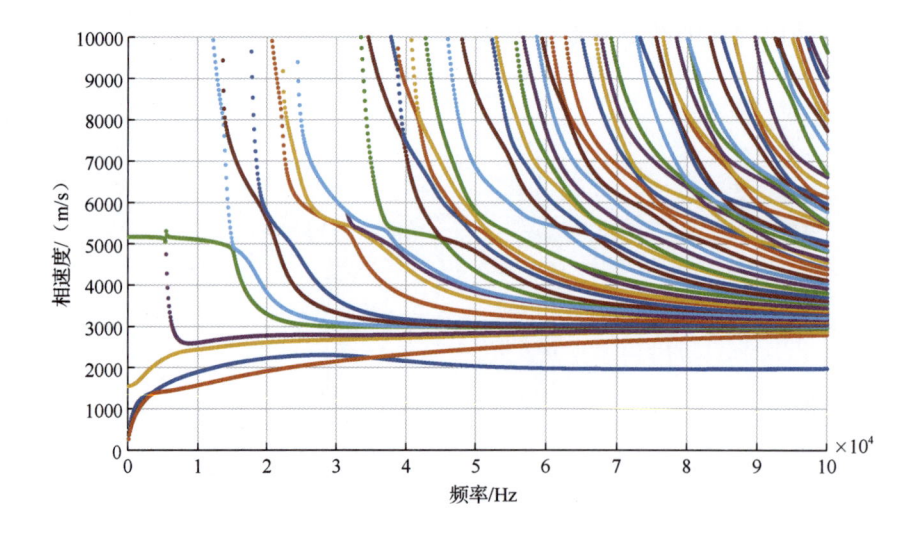

图 2-8 道岔尖轨截面①的频散曲线

表 2-2 各截面存在的模态数量

截 面 序 号	模态数量/个
①	54

续表

截 面 序 号	模态数量/个
②	57
③	61
④	66
⑤	72
⑥	76
⑦、⑧	78
⑨	66

在获得所有截面的频散曲线后,为确定不同截面中超声导波模态间的对应关系,对各截面的频散曲线进行了系统比对分析。以截面②和截面③为例,其频散曲线如图 2-9 所示。红色曲线代表截面②中超声导波的频散曲线,蓝色曲线代表截面③中超声导波的频散曲线。分析表明,高频段模态密集且分布杂乱,而低频段(频率和相速度较低时)存在明显的曲线重合区域,这表明截面②和截面③可能具有相同的模态特征。若该模态在这两个截面上的振型相似,且能激发整个截面的均匀振动,则特别适合选作用于检测道岔尖轨缺陷的模态。这种模态的选择标准在于其既能保持截面间的一致性,又能确保检测信号的有效传递。

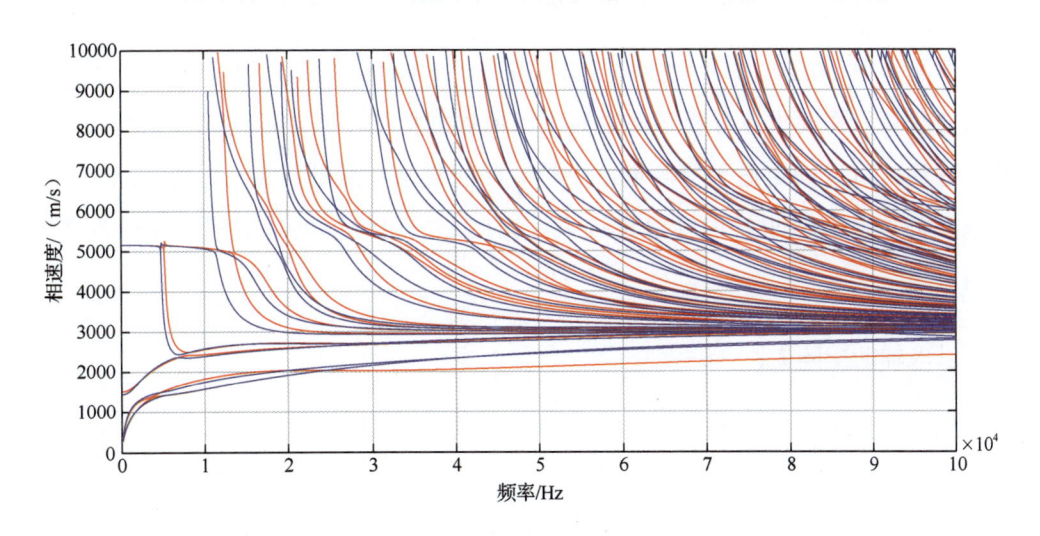

图 2-9 截面②与截面③的频散曲线

从图 2-9 可以看出,当截面尺寸和形状相近时,各截面的频散曲线具有高度相似性。尽管由于截面面积和形状的差异会产生新的模态成分并引起相速度的微小偏差,但各截面仍保持着若干基本相同的模态特征。通过对截面②~截面⑨的频散曲线进行系统对比,发现确实存在特性相近的模态。这表明,虽然道岔尖轨具有渐变截面特性,但仍可能存在某种贯穿所有截面的共同模态。若能通过有效的模态分类方法识别并激发出该特定模态用于道岔尖轨裂纹检测,将显著减少传播过程中的模态数量,从而降低模态分离和信号处理的复杂度,最终提高裂纹检测的准确性和可靠性。

2.2.3 振型分析

超声导波在波导介质中传播时会引起介质振动,表现为各截面的特定振动形态,因此,振型分析至关重要。振型分析能直观展示不同超声导波模态的特征差异。由于道岔尖轨截面形状复杂且不规则,其内部传播的模态数量众多,频散曲线呈现高度复杂性。在选取各截面共有模态时,首先需要确定合适的分析频率。考虑到道岔尖轨缺陷检测的实际需求:频率过低可能导致漏检,而频率过高又会增加模态数量并加剧频散效应,最终选定30~60kHz作为激励频率。

下面基于60kHz的激励频率(以下简称"60kHz频率")进行研究,在获得频散曲线后,需要重点分析该激励频率下的振型特征。通过振动能量分析和模态特征评估,可以确定适于检测道岔尖轨缺陷的模态及激励位置。针对式(2-19)的求解问题,直接求解的计算量过大,因此,采用特征向量求解方法更为高效实用。

引入辅助矩阵 T:

$$T = \begin{bmatrix} 1 & & & & & & \\ & 1 & & & & & \\ & & i & & & & \\ & & & \ddots & & & \\ & & & & i & & \\ & & & & & 1 & \\ & & & & & & i \end{bmatrix} \quad (2\text{-}21)$$

第 2 章 道岔尖轨中的超声导波

辅助矩阵 T 在道岔尖轨纵向（z 轴方向）的分量取值为虚部 i，其余方向的分量取值为 1。引入辅助矩阵不会改变矩阵 K_1、K_3 和 M 的特性，但可以实现以下重要变换：

$$T^T K_1 T = K_1, \quad T^T K_3 T = K_3, \quad T^T M T = M, \quad K_2 T = -i\hat{K}_2 \quad (2\text{-}22)$$

式中，$\hat{K}_2$ 为无损耗介质的对称矩阵。

经过这一变换，式（2-19）可以写为

$$(K_1 + i\xi \hat{K}_2 + \xi^2 K_3 - \omega^2 M)\hat{U} = 0 \quad (2\text{-}23)$$

通过辅助矩阵 T 的引入，原方程可简化为实对称矩阵方程，进而转化为标准特征值问题求解。

$$(A - \xi B)Q = 0 \quad (2\text{-}24)$$

式中，

$$A = \begin{bmatrix} 0 & K_1 - \omega^2 M \\ K_1 - \omega^2 M & \hat{K}_2 \end{bmatrix}, \quad B = \begin{bmatrix} K_1 - \omega^2 M & 0 \\ 0 & -K_3 \end{bmatrix}, \quad Q = \begin{bmatrix} \hat{U} \\ \xi \hat{U} \end{bmatrix} \quad (2\text{-}25)$$

通过求解式（2-24）的特征方程，可获得波数 ξ 与 Q 的对应关系及其特征向量。其中，特征向量 $[\hat{U} \quad \xi\hat{U}]^T$ 的上半部分 $\hat{U}$ 表示道岔尖轨横截面所有节点在 3 个自由度方向的振动位移向量，利用这些位移值即可确定各模态在 60kHz 频率下的振型。振型能够直观反映超声导波传播对截面的影响特征，借助频散曲线求解过程中生成的中间变量，可以快速计算获得截面振型。

图 2-10（a）～（e）分别展示了 60kHz 频率下道岔尖轨截面①、截面②、截面④、截面⑥、截面⑦处超声导波模态振型。模态振型描述了超声导波在道岔尖轨中传播时的特定振动模式及其空间分布特征，表现为超声导波在道岔尖轨横截面上质点位移或应力的分布规律，反映了不同频率下导波的动态振动行为。

超声导波在波导中的传播特性主要由截面的几何特征决定。不同截面形状通过约束振动自由度、调制反射路径及特征尺寸与波长的匹配关系，共同决定了超声导波模态的数量和类型。因此，在道岔尖轨这类变截面结构中，不同位置的横截面中超声导波模态的数量也不同。例如，截面①中超声导波模态的数量为 24 个，截面②中超声导波模态的数量为 28 个，截面④中超声导波模态的数量为 31 个，截面⑥中超声导波模态的数量为 37 个，截面⑦中超声导波模态的数量为 38 个。

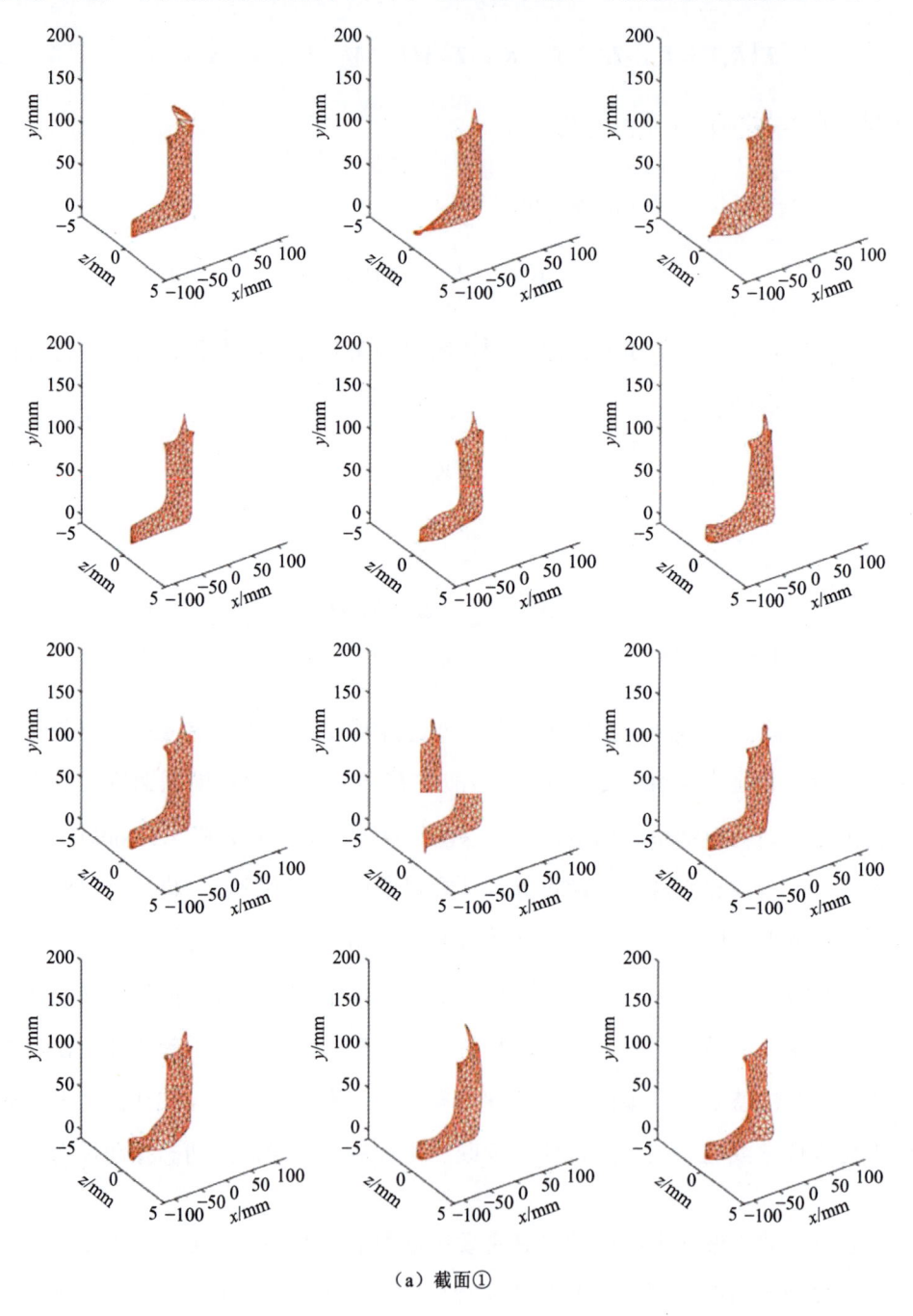

（a）截面①

图 2-10 60kHz 频率下道岔尖轨不同截面处超声导波模态振型

(a) 截面①

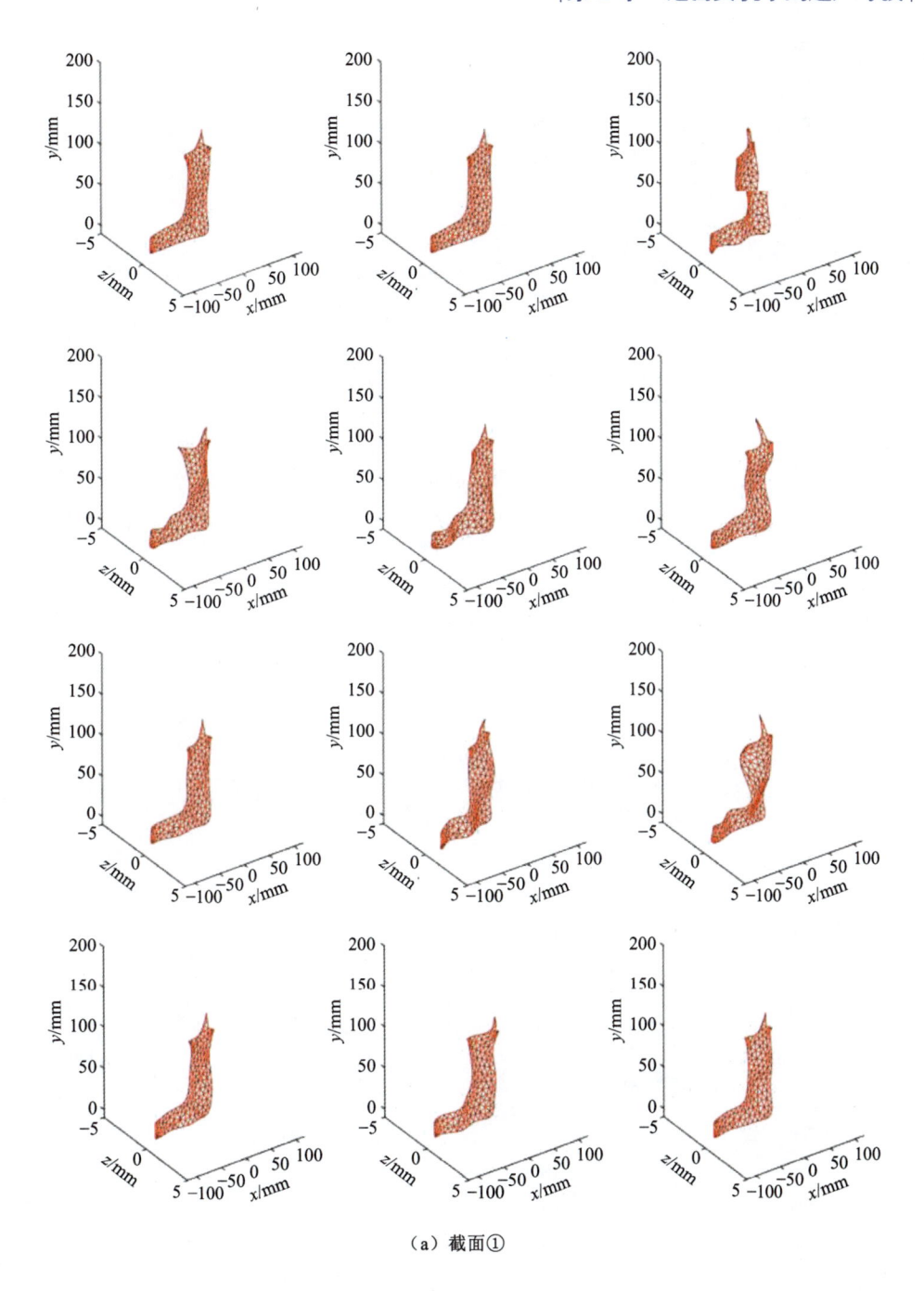

图 2-10　60kHz 频率下道岔尖轨不同截面处超声导波模态振型（续）

(b) 截面②

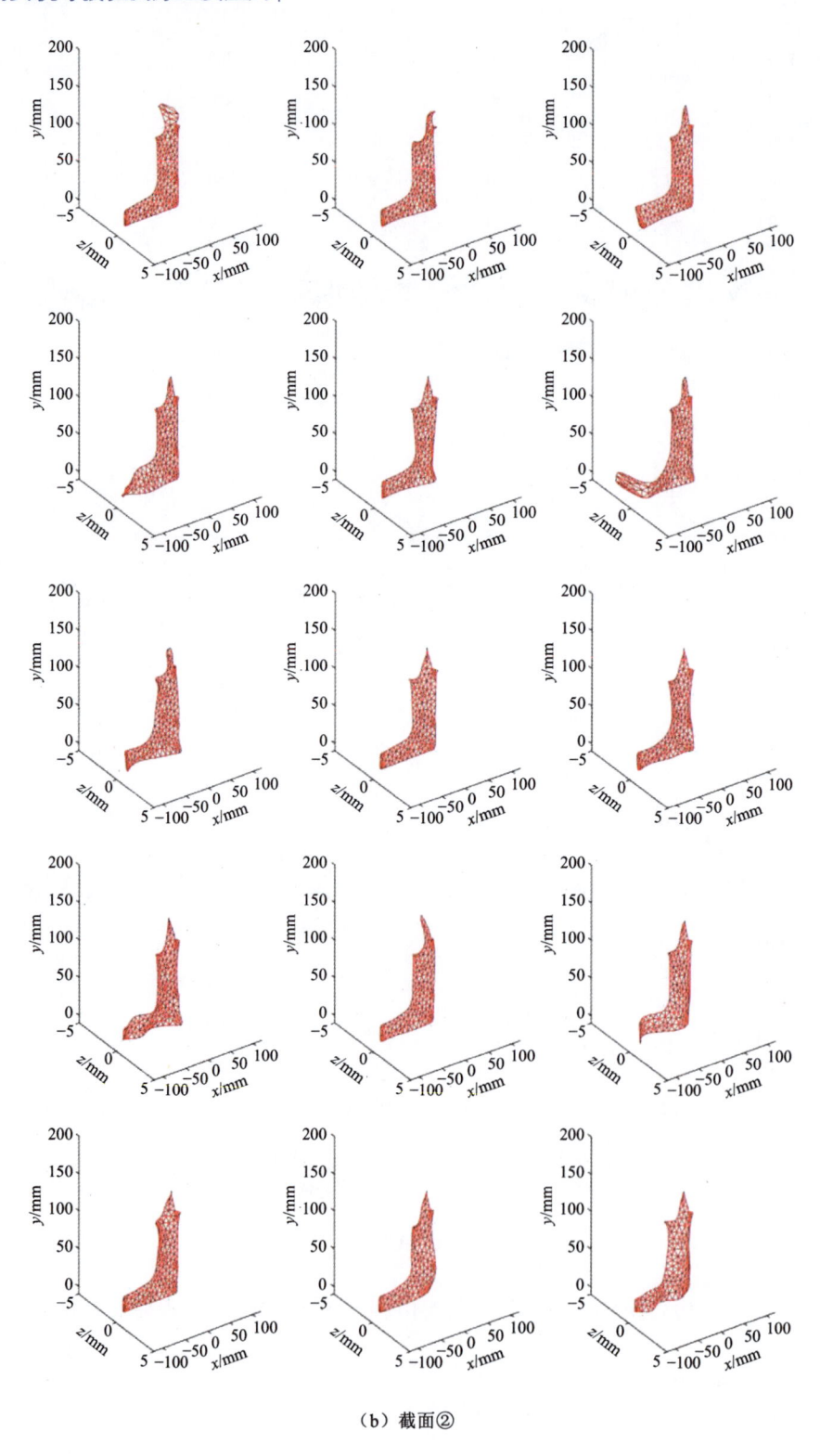

图 2-10 60kHz 频率下道岔尖轨不同截面处超声导波模态振型（续）

第 2 章　道岔尖轨中的超声导波

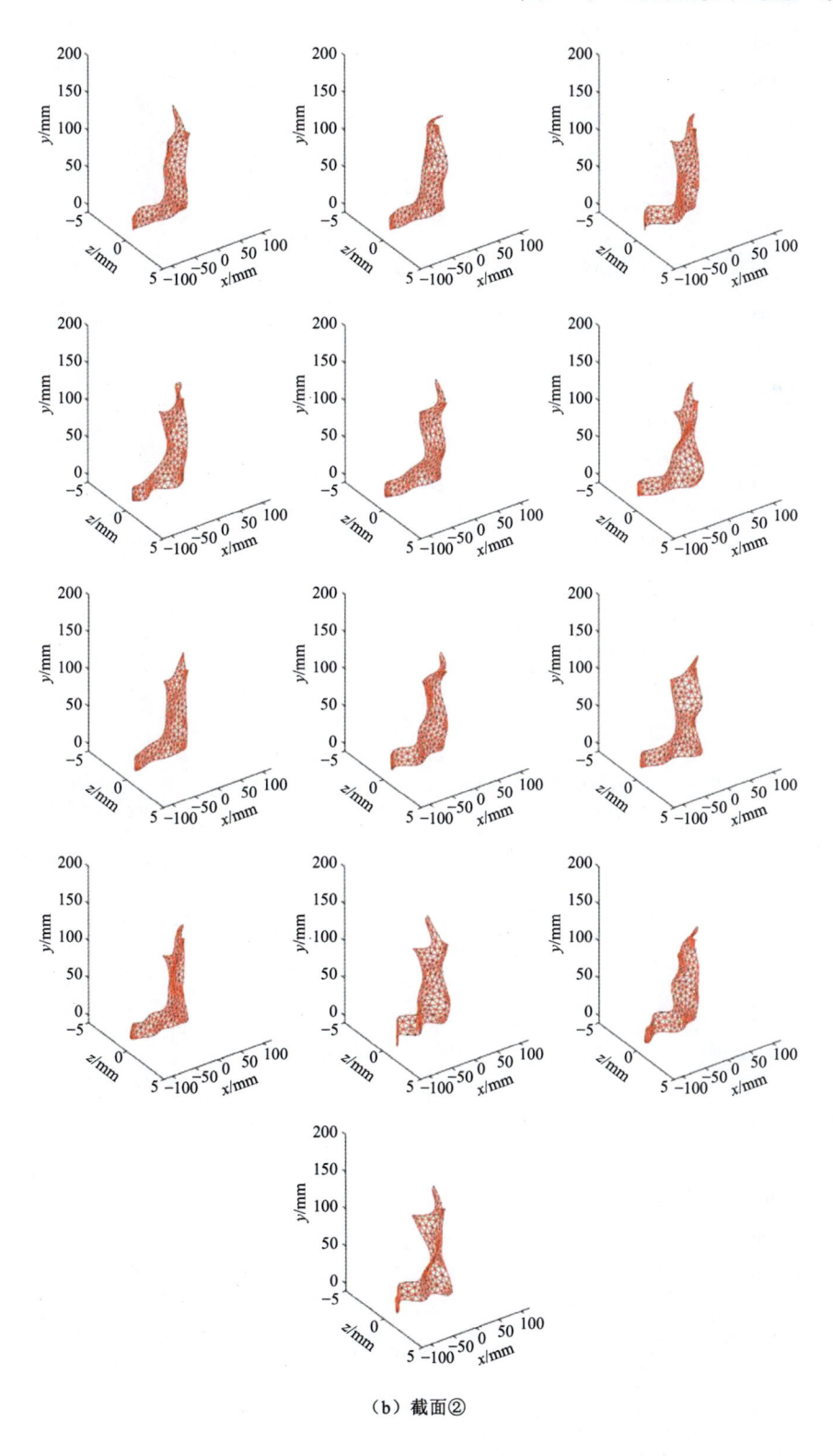

（b）截面②

图 2-10　60kHz 频率下道岔尖轨不同截面处超声导波模态振型（续）

(c) 截面④

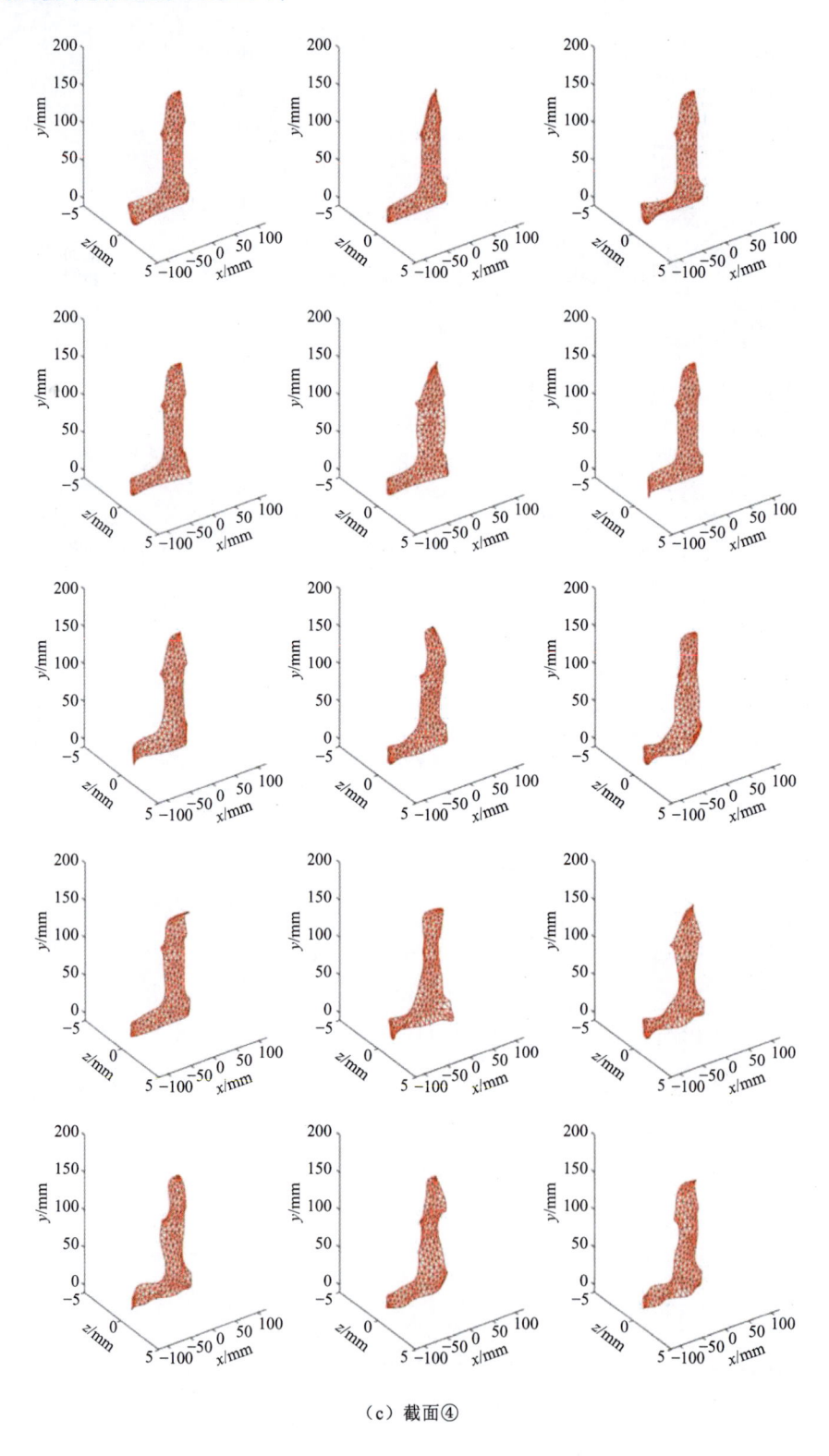

图 2-10 60kHz 频率下道岔尖轨不同截面处超声导波模态振型（续）

（c）截面④

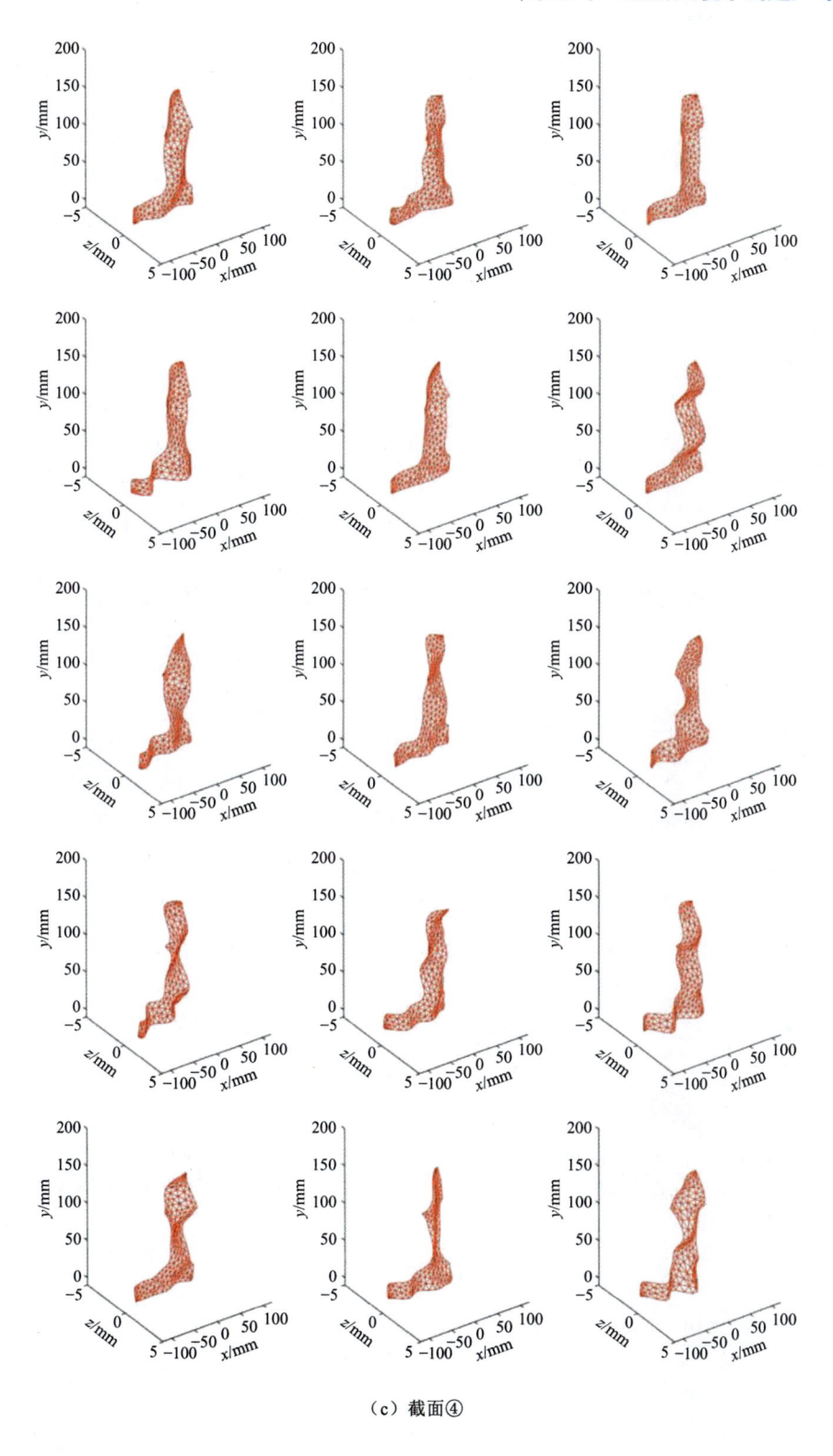

图 2-10　60kHz 频率下道岔尖轨不同截面处超声导波模态振型（续）

(c) 截面④

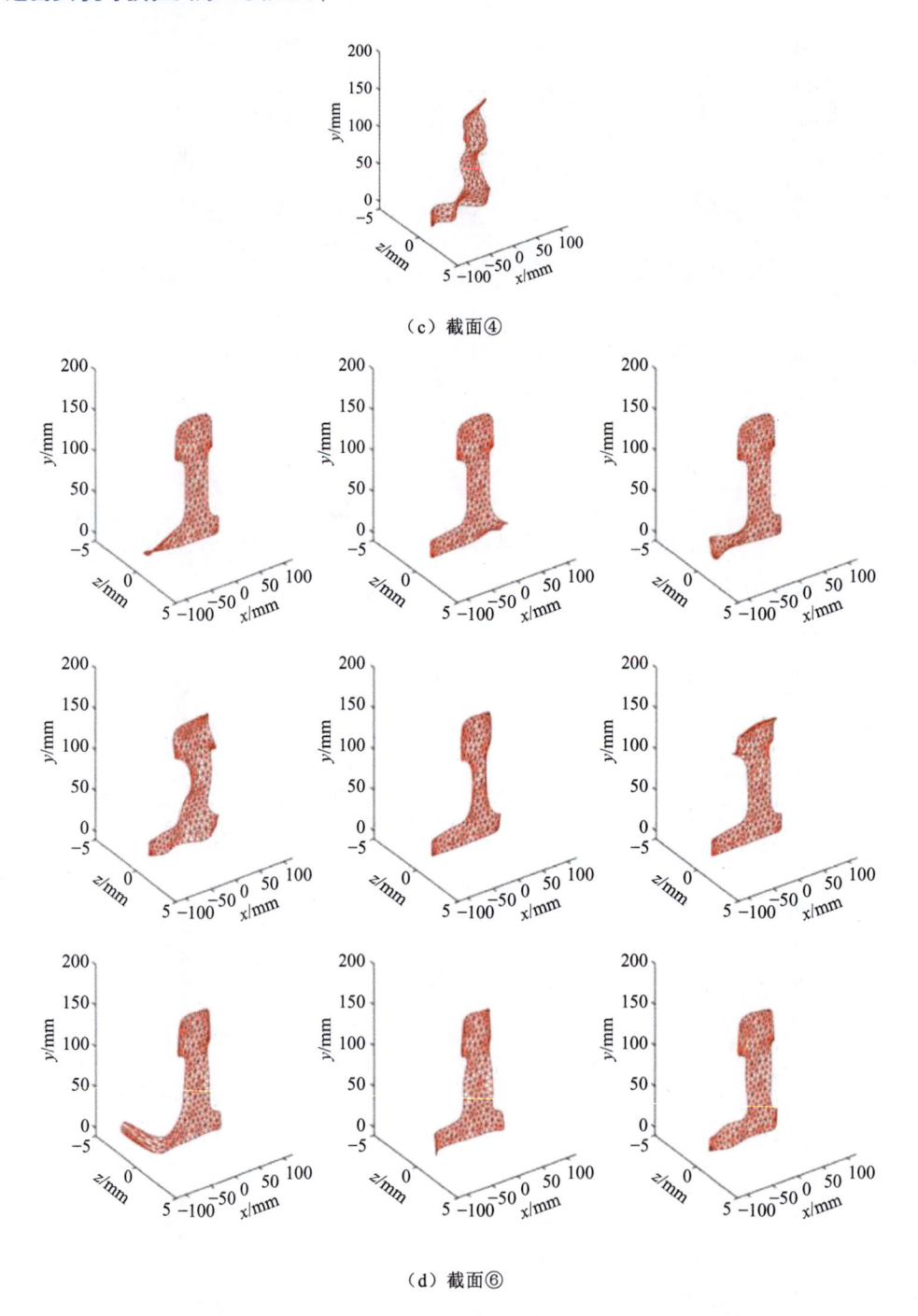

(d) 截面⑥

图 2-10　60kHz 频率下道岔尖轨不同截面处超声导波模态振型（续）

第 2 章　道岔尖轨中的超声导波

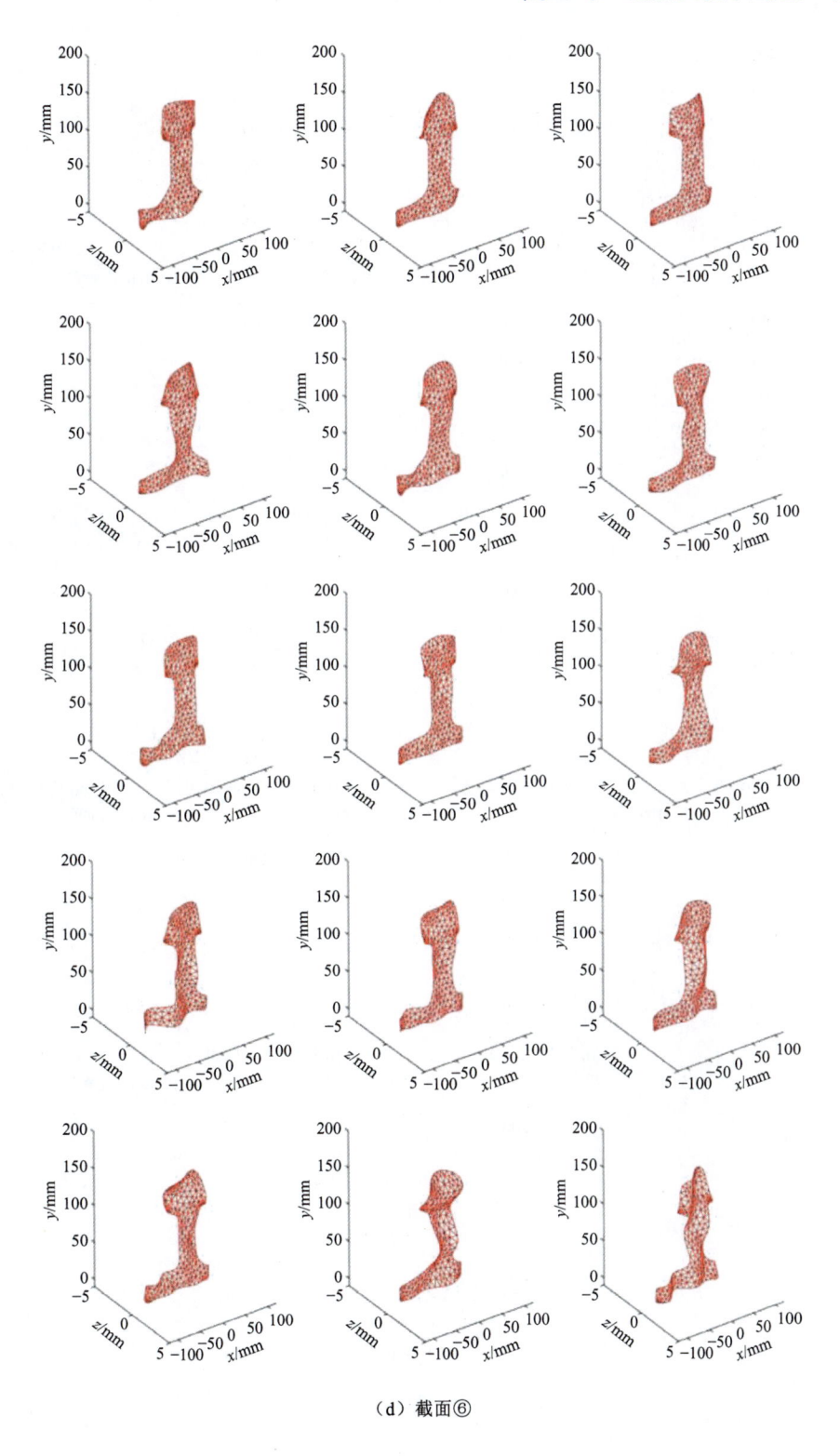

（d）截面⑥

图 2-10　60kHz 频率下道岔尖轨不同截面处超声导波模态振型（续）

（d）截面⑥

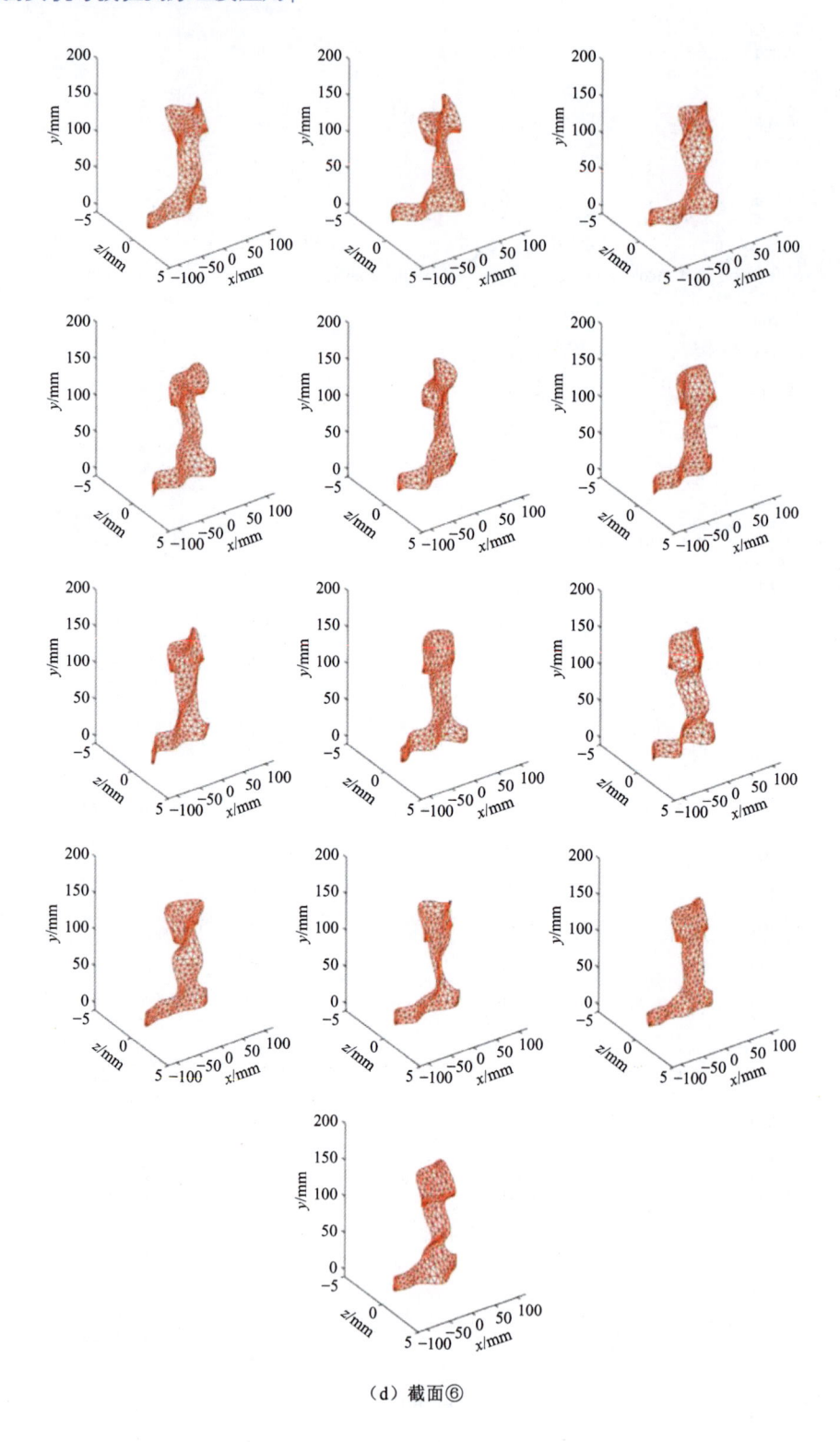

图 2-10 60kHz 频率下道岔尖轨不同截面处超声导波模态振型（续）

(e)截面⑦

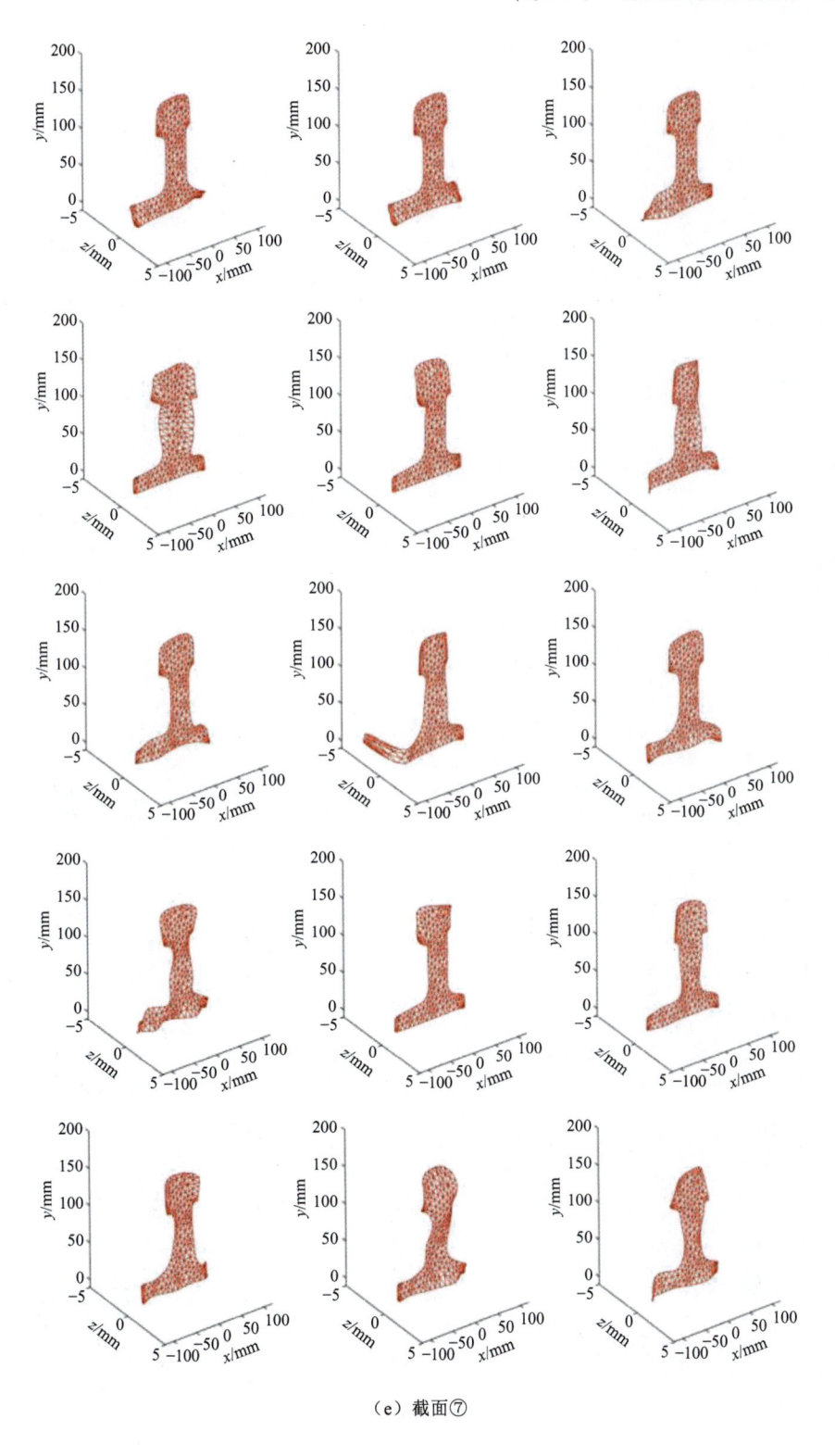

图 2-10 60kHz 频率下道岔尖轨不同截面处超声导波模态振型（续）

（e）截面⑦

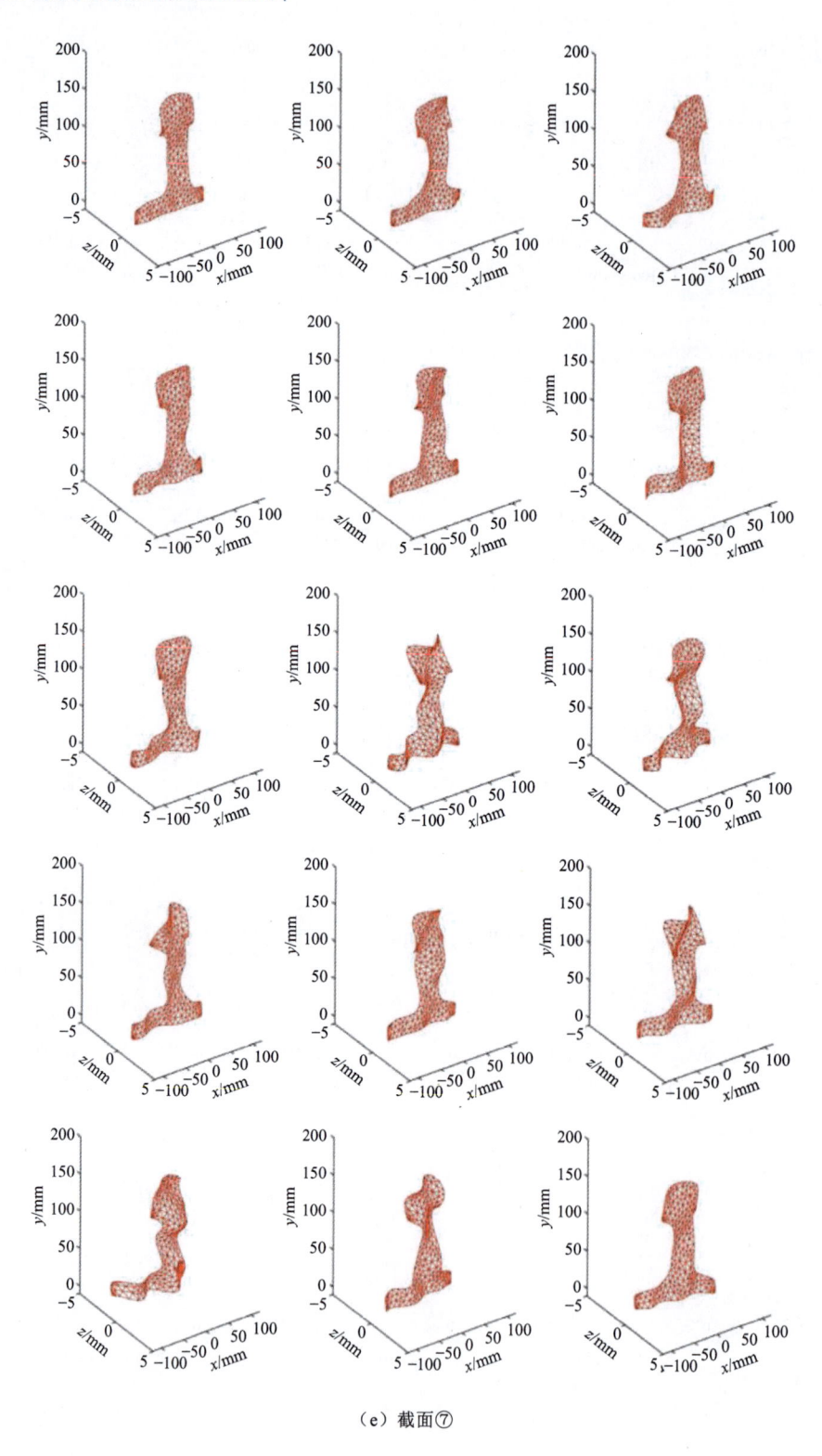

图 2-10　60kHz 频率下道岔尖轨不同截面处超声导波模态振型（续）

(e) 截面⑦

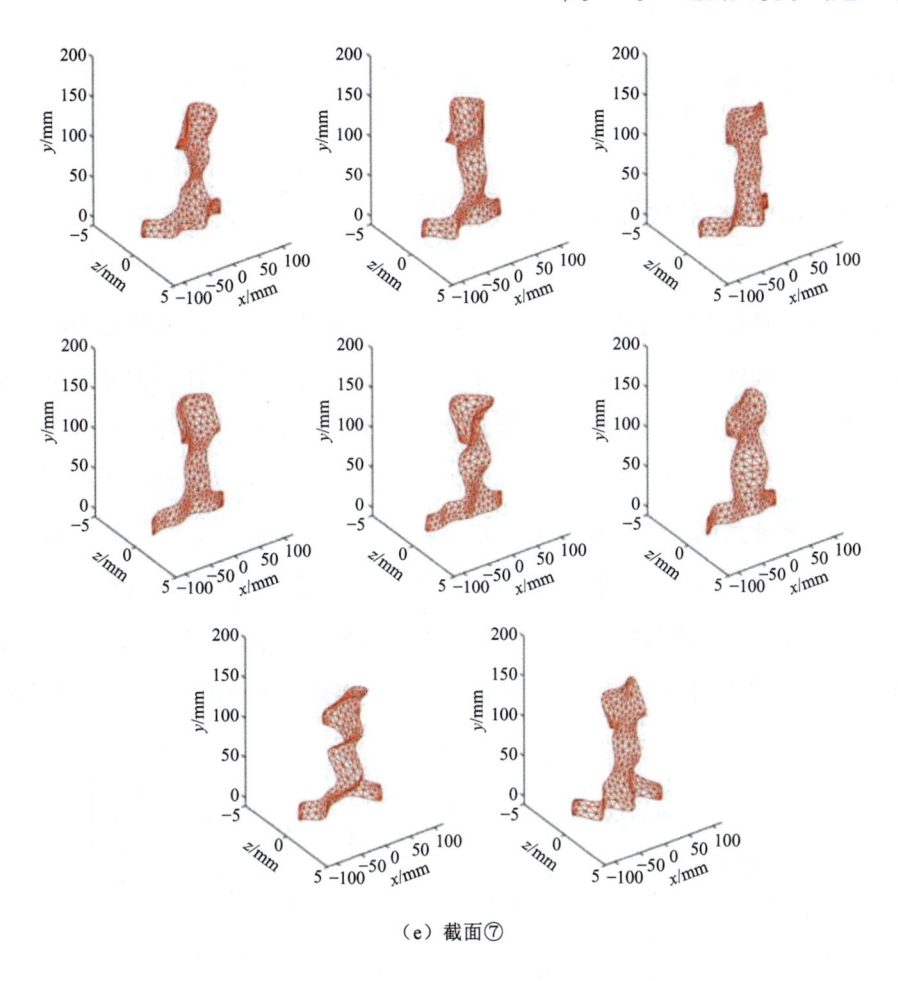

图 2-10 60kHz 频率下道岔尖轨不同截面处超声导波模态振型（续）

通过对道岔尖轨 9 个典型截面的频散曲线进行综合分析，发现在 60kHz 频率下共存在 262 个模态。其中，大量模态表现出相似的振型特征，可归为同一模态类别。鉴于这种情况，必须进行系统的模态分类研究，以便从中筛选出最适合用于道岔尖轨裂纹检测的理想激励模态。

2.3 基于 K-Means 聚类算法的模态分类方法

在模态选取过程中，需要综合考虑截面整体振动特性，以及轨头、轨腰和轨底等关键区域的局部振动特征。为筛选出在所有截面振动分布最均匀的模态作为激励对象,采用 K-Means 聚类算法对 262 个模态进行系统分类。

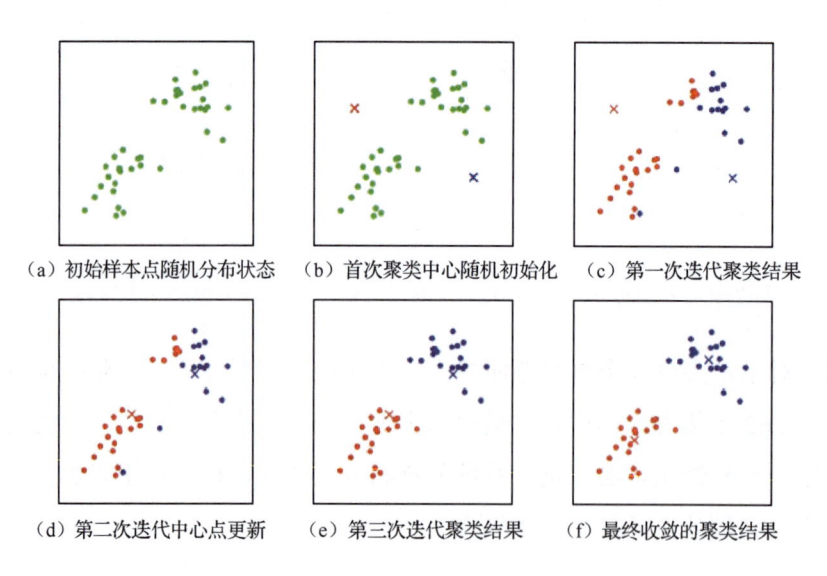

2.3.1　K-Means 聚类算法的基本原理

K-Means 聚类算法是机器学习中典型的无监督学习方法,其核心特征在于聚类标准具有主观性——针对同一数据集,可以从不同角度设计新的分类标准来改进算法,在实际应用时可根据具体需求灵活调整算法参数。该算法的基本原理:首先,随机选取 k 个初始聚类中心;其次,计算所有数据点到这些中心的距离,将各数据点划分到最近的聚类中心;再次,完成初始分类后,重新计算每个聚类的中心位置,并迭代执行数据点重新分配和中心点更新的过程,直到中心点位置变化小于阈值或达到最大迭代次数为止;最后,得到的每个聚类都包含具有相似特征的数据点。图 2-11 展示了当 $k=2$ 时对 n 个样本点进行 K-Means 聚类算法的流程。

(a) 初始样本点随机分布状态　　(b) 首次聚类中心随机初始化　　(c) 第一次迭代聚类结果

(d) 第二次迭代中心点更新　　(e) 第三次迭代聚类结果　　(f) 最终收敛的聚类结果

图 2-11　K-Means 聚类算法流程

该算法的核心计算环节包括数据点与聚类中心的距离度量,以及中心点的迭代更新。距离度量通常采用欧氏距离公式:

$$\text{dis}(X_i, C_j) = \sqrt{\sum_{t=1}^{n}(X_{it} - C_{jt})^2} \qquad (2\text{-}26)$$

式中，X_i 表示第 i 个聚类中的数据点；C_j 表示第 j 个聚类中心；t 表示数据的特征维度。

聚类中心的更新则通过计算各类别内所有数据点各维度的均值来实现。

$$C_i = \frac{\sum X_i}{N_i} \quad (2\text{-}27)$$

式中，C_i 表示第 i 个聚类中心；N_i 表示第 i 个聚类中的数据点个数。

2.3.2　K-Means 聚类算法的实现及分析

采用 K-Means 聚类算法进行道岔尖轨模态筛选时，须综合考虑各截面模态的相速度特征，以及轨头、轨腰、轨底区域能量占整体能量的比例等关键参数，将全部模态划分为若干类别。具有相似特征的模态会被归为同一类别，最终根据各类别的能量分布特性选取最优激励模态。在模态分类过程中，定义的能量指标与振动位置直接相关，具体表达式为

$$E \propto \sum_{k=1}^{n} (\Delta x_k^2 + \Delta y_k^2 + \Delta z_k^2)/n \quad (2\text{-}28)$$

式中，E 代表能量均值；k 为节点序号；n 为截面中节点的个数；Δx_k、Δy_k、Δz_k 分别为第 k 个节点在 x 轴、y 轴和 z 轴方向的位移，其中，位移采用模态振型求解时的特征向量的上半部分 $\hat{U}$。

为提高模态分类精度，将道岔尖轨横截面划分为 3 个特征区域：轨头、轨腰和轨底。各区域的能量分布值作为分类数据集的重要特征参数分别计算。图 2-12 展示了截面⑦的典型区域划分示意。

在构建分类数据集时，将每个模态的相速度与 12 个振动能量值组合构成特征向量，每个特征向量作为一个独立的数据点参与聚类分析。具体表示为

$$[E_x^H \ E_y^H \ E_z^H \ E_x^W \ E_y^W \ E_z^W \ E_x^B \ E_y^B \ E_z^B \ E_x \ E_y \ E_z \ C_p]^T \quad (2\text{-}29)$$

式中，上标 H、W、B 分别代表轨头（Rail Head）、轨腰（Rail Web）、轨底（Rail Bottom）区域；无上标时代表整个截面区域；下标 x、y、z 表示在 x 轴、y 轴和 z 轴 3 个方向上的分量；C_p 为模态相速度。

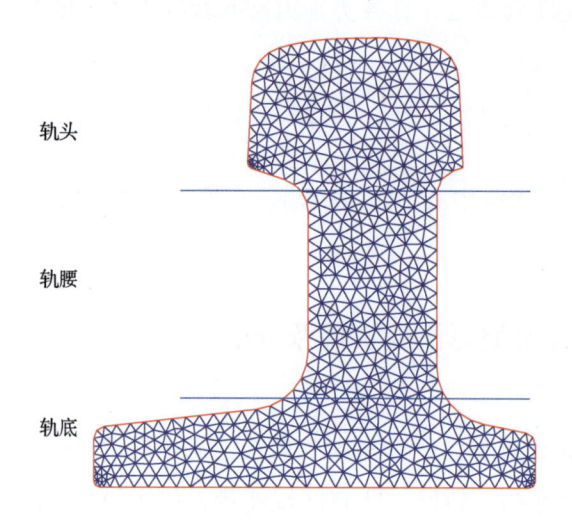

图 2-12　截面⑦的典型区域划分示意

E_x、E_y、E_z 代表截面所有节点在 x 轴、y 轴和 z 轴 3 个方向上的能量均值，与振型的位移相关，定义如下：

$$E_x \propto \sum_{k=1}^{n}(\Delta x_k^2)/n, \quad E_y \propto \sum_{k=1}^{n}(\Delta y_k^2)/n, \quad E_z \propto \sum_{k=1}^{n}(\Delta z_k^2)/n \tag{2-30}$$

在 60kHz 频率下对 262 个模态进行分类时，分类数量 k 的取值略大于所有截面中模态数量最少的截面所含模态数量。这种设置既能确保所选模态覆盖全部截面，又能保证分类的精细度。其中，距离度量采用欧氏距离计算。K-Means 聚类算法的初始聚类中心随机选取会导致结果波动，故通过多次分类选取出现频率最高的结果作为最终分类方案。

完成分类后需进行预处理，为检测所有截面的裂纹，所选模态类别必须至少包含各截面的一个代表性模态。为此，引入评价指标 D 来评估分类质量，其定义如下：

$$D = \bigcup_{j=1}^{9} m_j \tag{2-31}$$

式中，j 为该分类中截面的序号；m_j 为该分类中第 j 个截面的模态数量。

当评价指标 $D>0$ 时,表明该分类结果至少包含每个截面的一个模态;当评价指标 $D=0$ 时,则存在某些截面模态缺失的情况。根据频散曲线分析可知,理论上存在某种特殊模态,其在所有截面中均存在且具有相似的振型特征。因此,在分类过程中排除了不满足全截面覆盖条件的分类结果,最终获得 10 组有效分类(见表 2-3)。在表 2-3 中,首列为 10 个分类类别,后续各列对应各截面在不同类别中的模态分布情况。以截面①为例,类别 1 包含 2 个模态,类别 8 包含 4 个模态,其余类别各包含 1 个模态。

表 2-3 分类结果

分类类别	模态数量/个							
	截面①	截面②	截面③	截面④	截面⑤	截面⑥	截面⑦、⑧	截面⑨
类别 1	2	2	2	3	3	2	1	2
类别 2	1	2	2	2	1	1	2	1
类别 3	1	1	2	2	2	3	3	3
类别 4	1	1	1	1	1	1	1	1
类别 5	1	2	2	2	4	3	3	2
类别 6	1	1	1	1	1	3	3	1
类别 7	1	1	2	1	1	1	2	3
类别 8	4	4	4	4	4	5	6	6
类别 9	1	1	1	1	1	1	1	1
类别 10	1	1	1	1	1	1	1	1

在获得 10 组有效分类后,需要从中筛选出最优分类结果,该分类中包含的相似模态将作为道岔尖轨裂纹检测的优选模态。考虑到不同区域包含的节点数量存在差异,若直接采用总振动能量进行表征,会导致节点密集区域能量值偏大。因此,首先对 10 组分类中的所有模态节点位移数据进行标准化处理,采用区域振动能量均值来表征各区域及整体振动特性。每个模态的能量均值记为 E_{ij},其计算公式如式(2-32)所示。

$$E_{ij} \propto \sum_{k=1}^{n_{ij}} (\Delta x_k^2 + \Delta y_k^2 + \Delta z_k^2)/n_{ij} \qquad (2\text{-}32)$$

式中,j 为该分类中截面的序号;i 为该截面中模态的序号;E_{ij} 为第 j 个截面中的第 i 个模态整体的能量均值;Δx_k、Δy_k、Δz_k 分别为第 k 个节点在 x 轴、y 轴和

z 轴 3 个方向的位移。同时，分区域计算轨头、轨腰和轨底的能量均值，并将其记作 E_{ij}^{H}、E_{ij}^{W} 和 E_{ij}^{B}。

在筛选最优模态分组时，需同时考量各截面模态能量均值与方差两个关键指标。能量均值反映截面的整体振动强度，数值越大则表明振动幅度越显著，检测效果越好；反之，则表明振动响应较弱。理想的检测模态应满足以下特征：整体能量均值需达到较高水平；振动能量在轨头、轨腰和轨底 3 个区域应呈现均衡分布。因此，在评估过程中需重点排除那些能量过度集中于单一区域（如仅轨头振动强烈而其他区域几乎无响应）的模态，确保所选模态能够全面激发整个截面的振动响应。

在求解截面振型时，首先计算各节点位移的平方值作为节点振动能量，根据图 2-12 所示的区域划分方法，将节点按轨头、轨腰和轨底 3 个区域分类。分别计算各区域能量的平均值，累加后即获得整体能量均值。完成各截面的区域和整体能量计算后，对同一分类中所有截面振型进行统计分析，求得该分类的整体能量均值 $\overline{E}$，以及轨头（$\overline{E^{H}}$）、轨腰（$\overline{E^{W}}$）和轨底（$\overline{E^{B}}$）的能量均值，具体计算公式如式（2-33）所示。

$$\overline{E} \propto \left(\sum_{j=1}^{9}\sum_{m=1}^{m_j} E_{jm} \right) / \sum_{j=1}^{9} m_j \quad (2\text{-}33)$$

式中，j 为该分类中截面的序号；i 为该截面中模态的序号；E_{jm} 为第 j 个截面中的第 m 个模态整体的能量均值，求得的 10 类能量均值见图 2-13。

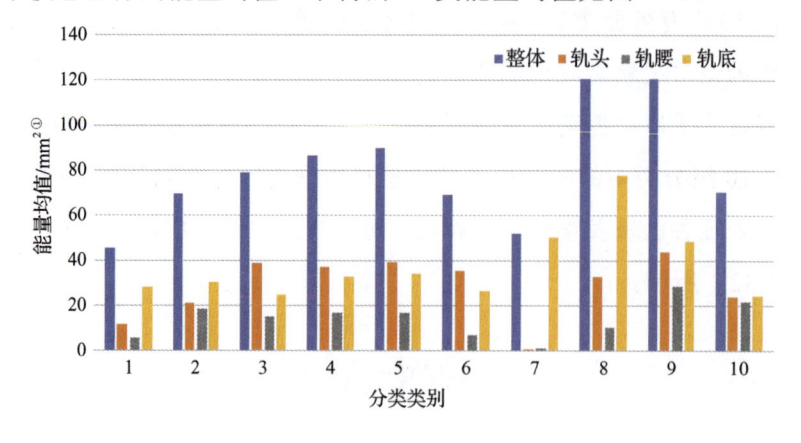

图 2-13 模态分类能量均值

① 在振动分析中，某些能量相关的量可以用 mm^2 来表示。

第 2 章 道岔尖轨中的超声导波

由图 2-13 可知,部分分类结果存在振动能量区域集中的现象。以类别 7 为例,其振动能量主要集中在轨底,即轨底的振动响应较强,而轨头和轨腰的振动响应较弱,因此,该类别不适合作为全截面检测模态。相比之下,类别 8 和类别 9 无论是整体振动强度,还是各区域能量分布方面都表现良好,故将类别 8 和类别 9 作为预选模态进行后续评估。

能量均值虽不能作为模态优劣的唯一判据,但可有效排除振动效果不佳或能量分布不均的模态。对预选模态还需分析各类别内模态振动能量均值的方差特性:若方差较大,则表明该类模态在不同截面的振动效果差异显著,可能导致检测盲区;若方差较小,则反映模态在各截面的振动响应较为一致,有助于降低实际检测中的误报和漏检概率。因此,方差分析是确定最终适用模态的重要依据。

记 S^2 为某一类中的能量值方差,S_H^2、S_W^2、S_B^2 分别为轨头、轨腰、轨底能量值的方差,如式(2-34)所示。

$$S^2 = \left(\sum_{j=1}^{9} \sum_{m=1}^{m_j} (E_{jm} - \overline{E})^2 \right) / \sum_{j=1}^{9} m_j \qquad (2\text{-}34)$$

经过计算得到 10 组类别的轨头、轨腰、轨底及整体能量均值方差见图 2-14。

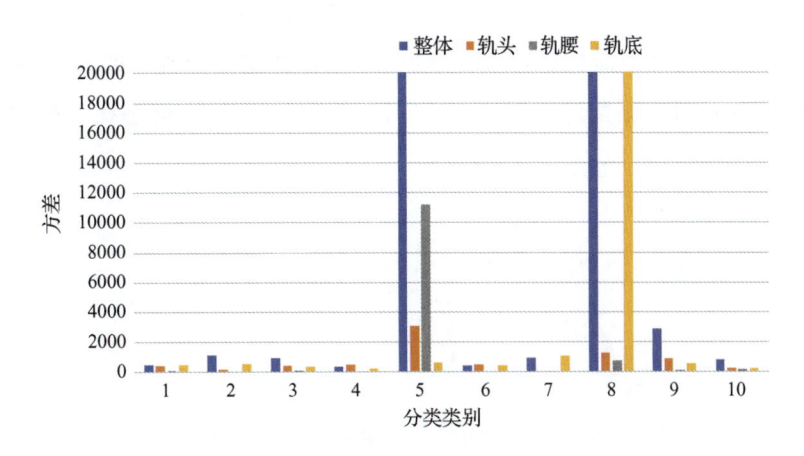

图 2-14 模态分类的能量均值方差

由图 2-14 可知,在所有分类中,类别 5 和类别 8 的模态间能量分布差异最为显著,尤其是类别 8 在整体和轨底表现出明显的分布不均匀性。这表明该类模态在不同截面的轨底振动能量存在较大波动,可能导致某些截面振动响应强烈而其他截面振动响应微弱,从而影响检测可靠性。相比之下,其他类别的能量均值方差相对较小，说明其包含的模态在各截面的振动响应较为一致，更适合作为检测模态。

基于能量均值和方差的双重评估标准，通过系统比较各类模态的能量特征，最终选定类别 9 作为最优激励模态。类别 9 具有以下优势：整体能量均值较高，轨头、轨腰和轨底的能量分布均衡，且类别内模态间的能量方差最小。图 2-15 展示了类别 9 模态在各截面的振型。

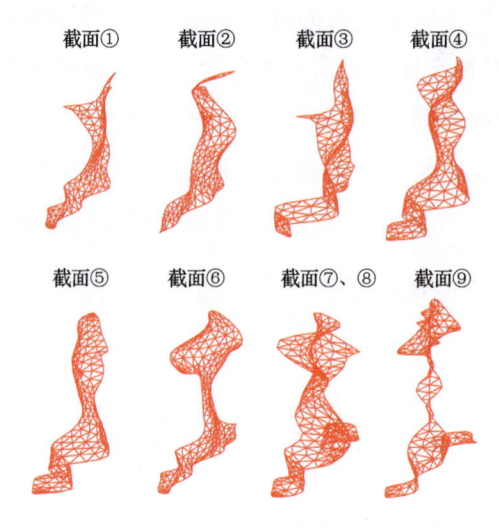

图 2-15　类别 9 模态在各截面的振型

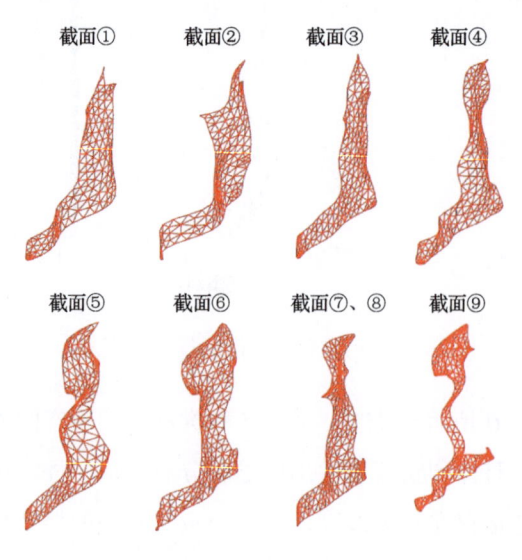

为验证模态选择的最优性，同时分析了类别 10 模态在各截面的振型，并与类别 9 模态在各截面的振型进行对比。图 2-16 所示为类别 10 模态在各截面的振型。

图 2-16　类别 10 模态在各截面的振型

通过对比可见，类别 9 模态在整体振动强度和各区域（轨头、轨腰、轨底）能量分布方面均显著优于类别 10 模态的相关结果。更重要的是，类别 9 模态的振型能够完整覆盖整个道岔尖轨横截面，这意味着其对道岔尖轨任意位置的裂纹都能保持较高的检测灵敏度，因此，最终确定类别 9 模态作为检测道岔尖轨缺陷的优选模态。下面通过在各截面选取最佳激励节点，确保激励产生的超声导波中有效包含类别 9 模态成分。

2.4 基于振动位移的激励节点选取

在选取激励节点时，考虑到实际系统只有一个激励探头，无法实现阵列激励，而在单节点激励时通常选择最大振动位移节点作为激励节点。因此，选择模态激励节点时，首先，分析类别 9 模态在各截面处的整体振动能量，选择整体振动能量较大的截面作为预选截面；其次，分析截面在 x 轴、y 轴和 z 轴 3 个方向的振动位移；最后，确定激励节点。

在选择模态激励节点时，需先确定激励的纵向位置，即激励截面位置。根据类别 9 模态在道岔尖轨各截面的能量分布，选定能量值较高的截面，求得各截面的能量分布如图 2-17 所示。通过图 2-17 中能量对比可以发现，截面⑦的整体能量和各区域能量明显高于其他截面，因此，选择截面⑦进行激励。分析道岔尖轨形状发现，截面⑦位于道岔尖轨离尖端 6663mm 处，且 6663~11880mm 为等截面段，截面差异较小。因此，选取等截面段的中心位置进行激励，以确保更有可能激发出所选模态，最终确定 9000mm 处截面作为激励截面。

截面⑦振型图如图 2-18 所示。从图 2-18 可以看出，整个截面振动较大，更有利于检测道岔尖轨缺陷。对于截面⑦，需先确定实际可安装探头的节点。由于需要对道岔尖轨进行实时监测，探头安装时不能影响列车正常运行。考虑到列车轮对尺寸，若在轨头处激励，可能导致设备与列车干涉，引发脱轨或设备损毁的风险。而轨底处连接有附属结构件，会导致能量衰减，不利于超声导波传递。因此，初步选择在轨腰处进行激励。

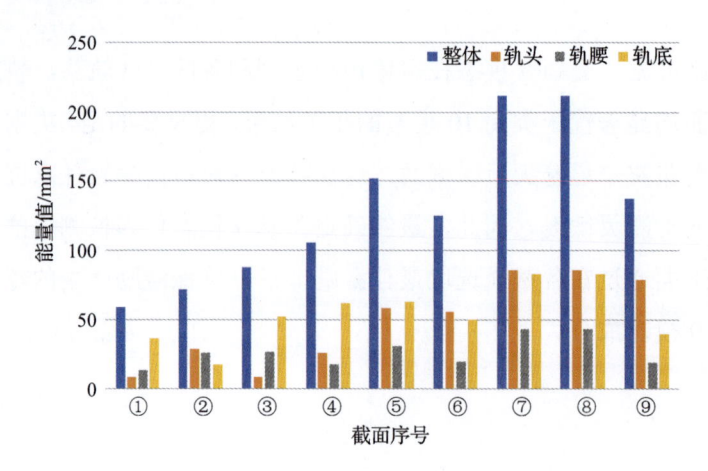

图 2-17　各截面的能量分布

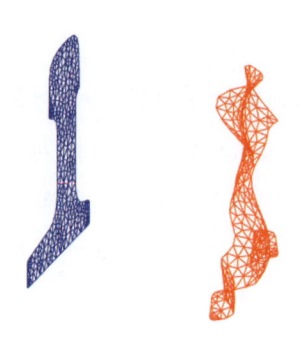

图 2-18　截面⑦振型图

选取的轨腰区域能够安装探头的节点见图 2-19，共计 19 个节点。对这 19 个节点的振动位移进行分析，得到可安装探头的节点位移（见表 2-4）。

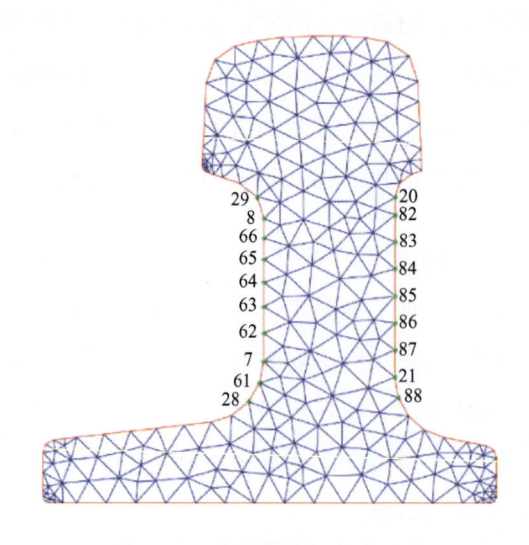

图 2-19　截面⑦轨腰节点分布

表 2-4　可安装探头的节点位移

节 点 序 号	总体位移/mm	x 轴方向/mm	y 轴方向/mm	z 轴方向/mm
29	1.07	0.72	0.79	0.04
8	1.21	0.62	0.87	0.56
66	1.31	0.46	0.91	0.83
65	1.23	0.14	0.82	0.90
64	0.95	0.22	0.56	0.73
63	0.69	0.53	0.17	0.40
62	0.67	0.62	0.26	0.04
7	0.81	0.46	0.65	0.18
61	0.86	0.26	0.80	0.19
28	0.77	0.29	0.70	0.10
20	1.13	0.48	0.91	0.46
82	0.96	0.40	0.82	0.28
83	0.65	0.12	0.63	0.13
84	0.53	0.21	0.44	0.19
85	0.64	0.41	0.27	0.42
86	0.79	0.37	0.05	0.69
87	0.89	0.17	0.17	0.86
21	0.92	0.08	0.47	0.79
88	0.91	0.16	0.68	0.58

依据轨腰外部边缘各节点在空间中的振动位移计算节点振动能量。节点振动能量值越大，意味着在该节点的激励效果越强，且选定模态在总体超声导波成分中的占比也越高。因此，选择所有节点中振动能量值最大的节点。各节点振动能量值如图 2-20 所示。

根据各节点振动能量值和实际道岔尖轨结构中的节点位置分析，66 号和 20 号节点是较为理想的激励位置。考虑到 20 号节点过于靠近轨头，可能影响行车安全，最终选择 66 号节点作为激励节点。通过上述对道岔尖轨超声导波传播特性的分析，确定了理论上的最佳激励位置。

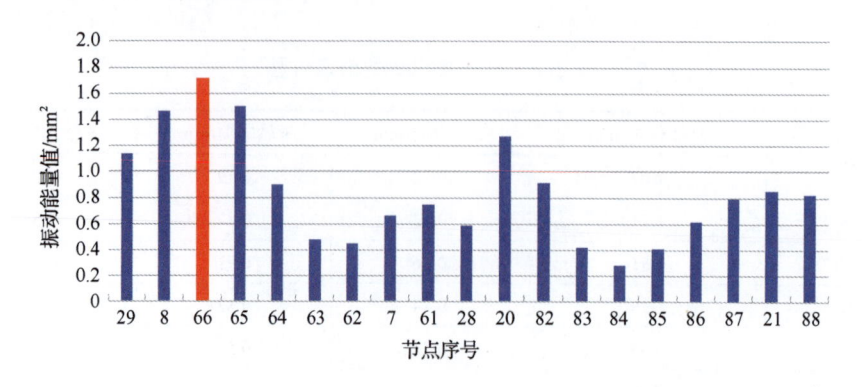

图 2-20　各节点振动能量值

本章小结

本章基于半解析有限元法求解的频散曲线和振型矩阵，选取了超声导波模态及激励位置。首先，介绍了超声导波的基本特性，包括相速度、群速度等基本概念及其相互关系，并解释了超声导波的频散特性及其对激励与信号处理的影响。其次，建立了道岔尖轨三维模型，选取了 9 个基本截面进行分析。通过半解析有限元法求解了各截面的超声导波频散曲线，分析发现，存在一种模态在所有截面的频散曲线中均存在，并通过振型分析为模态分类提供了数据支持。最后，采用 K-Means 聚类算法，根据模态在不同截面的振动能量差异进行分类，以整体、轨头、轨腰和轨底区域的 x 轴、y 轴和 z 轴 3 个方向维度的振动能量值与相速度构成的特征向量进行分类。分类后，依据各类别的能量均值及方差选取适合的模态，并结合实际安装条件确定激励节点，最终确定了最优激励位置。

第 3 章　道岔尖轨导波有限元仿真技术

道岔尖轨的变截面特性使超声导波在其中传播时，频散效应和模态转换现象十分明显。有限元仿真能够精确模拟这一传播过程，有助于深入理解超声导波的传播特性，分析频散曲线和振型特征，为实际检测工作提供可靠的理论依据。通过有限元仿真，可以在虚拟环境中测试各种激励节点与接收节点的组合方案，从而优化检测工艺参数。有限元仿真还能模拟实际条件下难以复现的复杂工况，如各类裂纹缺陷及环境影响因素。在实验条件受限时，有限元仿真可以替代通过质量块模拟等简化实验方法，为实际检测提供重要的数据支持。此外，该方法能显著降低实验成本和时间成本，其仿真结果可与理论分析相互验证和补充，不仅推动了相关理论的发展，而且为超声导波在道岔尖轨缺陷检测与识别领域的深入研究提供了有力支撑。

3.1　道岔尖轨有限元仿真概述

为验证第 2 章中选取的激励位置能够有效激发出类别 9 超声导波模态，采用 ANSYS 有限元仿真方法进行验证。首先，利用 SolidWorks 软件建立道岔尖轨三维模型；其次，通过 HyperMesh 软件进行网格划分和材料参数设置；最后，利用 ANSYS 软件完成数值仿真分析。仿真流程如图 3-1 所示。

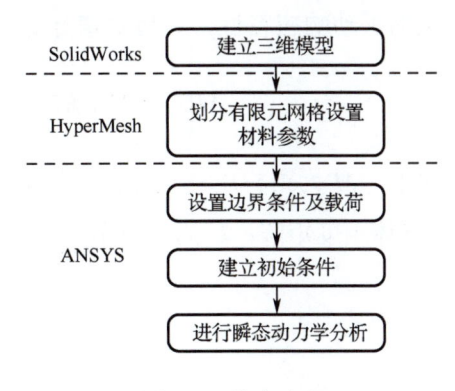

图 3-1　仿真流程

3.1.1　有限元分析理论基础

有限元法（Finite Element Method，FEM）是分析声传播及振动问题的常用方法，能够为复杂且无解析解的微分方程提供准确快速的计算结果。该方法的基本原理是将模型离散为若干小单元，通过单元分析和单元间关系推导整体特性。由于计算量较大，通常采用 ANSYS、Abaqus、COMSOL 等专业软件实现。

其中，ANSYS 软件具有以下优势：支持并行计算，可充分利用多核 CPU（中央处理器）性能提升计算效率；配备多种专用求解器，适用于不同类型的问题求解；提供丰富的软件接口（如 Autodesk、SolidWorks、MATLAB 等），便于模型导入和结果分析；具备良好的二次开发环境，可根据需求开发定制模块。

基于上述优势，选用 ANSYS 软件对道岔尖轨超声导波激励问题进行有限元分析。仿真流程主要包括以下步骤：首先，进行问题分析，明确实际物理问题；其次，建立数学物理模型，包括几何模型的构建；再次，划分有限元网格，根据计算精度要求确定合适的网格尺寸；最后，完成有限元分析，该过程分为前处理（模型导入、材料参数和边界条件设置）、数值计算（求解参数设定和方程组求解）及后处理（结果可视化与分析）3 个阶段。

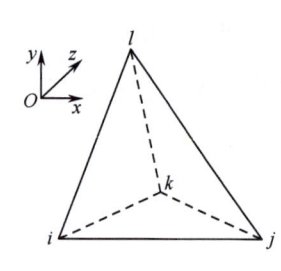

针对道岔尖轨三维模型，采用四面体网格进行离散化处理，如图 3-2 所示，通过节点坐标和形函数确定单元内任意点的位移分布，并基于控制方程[式（3-1）]求解模型的振动响应特性，具体数值计算由 ANSYS 软件完成。

$$M\ddot{U} + C\dot{U} + KU = F \quad (3\text{-}1)$$

图 3-2　四面体单元

式中，M 为结构质量矩阵；C 为阻尼矩阵（理想振动条件下取值为零矩阵）；K 为整体刚度矩阵；U 为所有节点位移矢量；F 为外力矢量。

3.1.2 三维模型构建及网格划分

仿真采用的道岔尖轨三维模型全长为 12.48m，使用 SolidWorks 软件对其建立三维模型后导出并进行网格划分。在 HyperMesh 软件中进行网格划分时，网格尺寸的选择尤为关键。较小的网格能更精确描述模型特征，提高计算结果的准确性，但会显著增加网格数量和计算量，对计算机性能要求更高；过大的网格则无法准确表征模型特征，导致计算结果失真。为兼顾计算精度和效率，根据超声导波分析经验和大量实验结果，网格尺寸选择需满足式（3-2）的要求。

$$L_e \leqslant \frac{\lambda_{\min}}{10} \tag{3-2}$$

式中，$\lambda_{\min}$ 为波导介质中传播的超声导波的最小波长。

由第 2 章中选用的模态在所有截面处的频散曲线可知，相速度下限约为 4000m/s。波长计算公式为

$$\lambda = \frac{C_p}{f} \tag{3-3}$$

根据式（3-2）和式（3-3）的计算结果，当中心频率为 60kHz 时，超声导波波长为 66.7mm，网格单元尺寸应控制在 6.6mm 以内。因此，采用 5mm 的网格尺寸对 12.48m 长的道岔尖轨三维模型进行离散化处理，划分网格后的模型如图 3-3 所示，共生成 728184 个节点和 3578501 个网格单元。

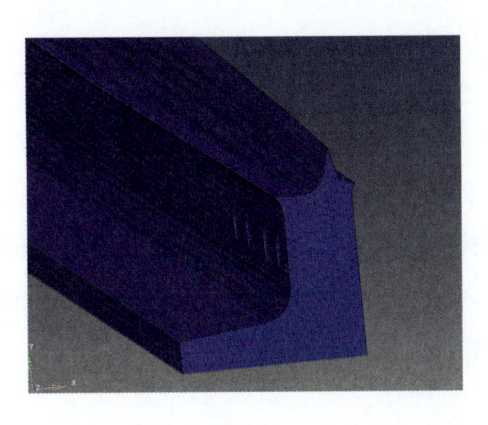

图 3-3 划分网格后的模型

完成道岔尖轨三维模型构建后，对网格单元设置材料属性。根据文献资料，道岔尖轨的材料参数如表3-1所示。选用8节点三维实体单元SOLID45，材料密度为7800kg/m³，弹性模量为210GPa，泊松比为0.25，采用各向同性材料MAT1且不考虑温度影响。

表3-1 道岔尖轨的材料参数

弹性模量 E/GPa	泊松比 ν	密度 ρ/（kg/m³）
210	0.25	7800

网格划分完成后，通过修改网格结构可模拟裂纹缺陷和质量块等特征。最终将处理好的模型导出为cdb格式文件，供ANSYS软件进行后续仿真分析。

3.1.3 仿真流程

采用ANSYS的完全瞬态动力学方法进行仿真，在第2章确定的激励节点处施加激励信号，具体位置见图3-4。设置仿真参数并求解后，提取各模型节点的位移数据作为仿真结果。

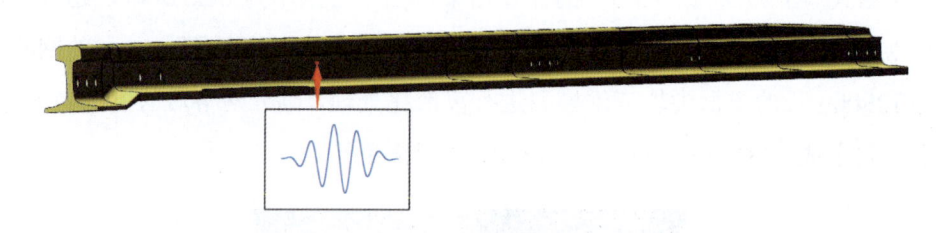

图3-4 激励位置示意

激励信号选用汉宁窗调制的5周期60kHz正弦波，见图3-5。该调制方式能有效减少频谱泄漏并抑制超声导波频散效应。由于道岔尖轨全长为12.48m，超声导波往返传播距离约为25m，采用多周期信号可增强信号能量，提高远距离传播能力，从而更有利于检测远端裂纹缺陷。

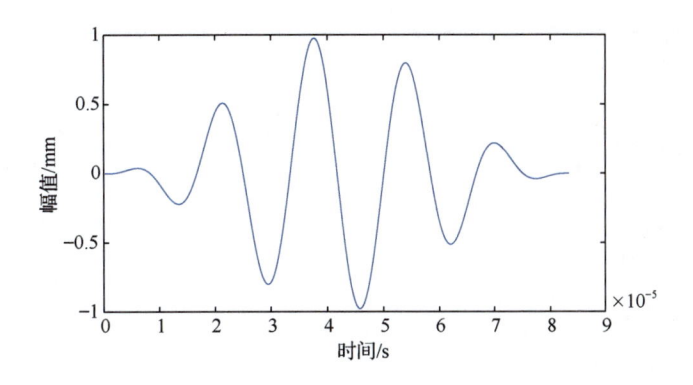

第3章 道岔尖轨导波有限元仿真技术

图 3-5 激励信号示意

在 ANSYS 瞬态动力学分析中，仿真总时长和仿真步长是两个关键参数。仿真总时长需保证超声导波能在道岔尖轨中完成往返传播，确保所有位置的信号都能被接收，具体时长根据激励位置和传播速度确定。仿真步长直接影响结果精度，仿真步长过大会丢失信号特征导致结果失真，仿真步长过小则会显著增加计算量和资源消耗。依据 Moser 准则，仿真步长应满足

$$\Delta t \leqslant \frac{1}{20 f_{\max}} \tag{3-4}$$

式中，$f_{\max}$ 为激励信号的最大频率。

对于汉宁窗调制的 5 周期 60kHz 正弦波激励信号，计算得到步长需满足 $\Delta t \leqslant 8.33 \times 10^{-7}$s。因此，仿真选取时间步长为 $\Delta t = 8 \times 10^{-7}$s。

仿真完成后，可通过 TimeHist Postpro 后处理菜单查看单节点位移时程曲线，或使用命令流提取多节点数据用于后续分析。图 3-6 展示了激励节点仿真结果的位移-时间曲线。

图 3-6 显示的时间范围为 0～0.083ms，后续时间段的位移信号保持为零。观察可见，激励节点的位移响应与输入的汉宁窗调制的 5 周期 60kHz 正弦波激励信号完全吻合，这验证了仿真参数设置的正确性。同时，信号波形的高保真度重现也表明，所选时间步长满足采样要求，能够准确捕捉信号特征。

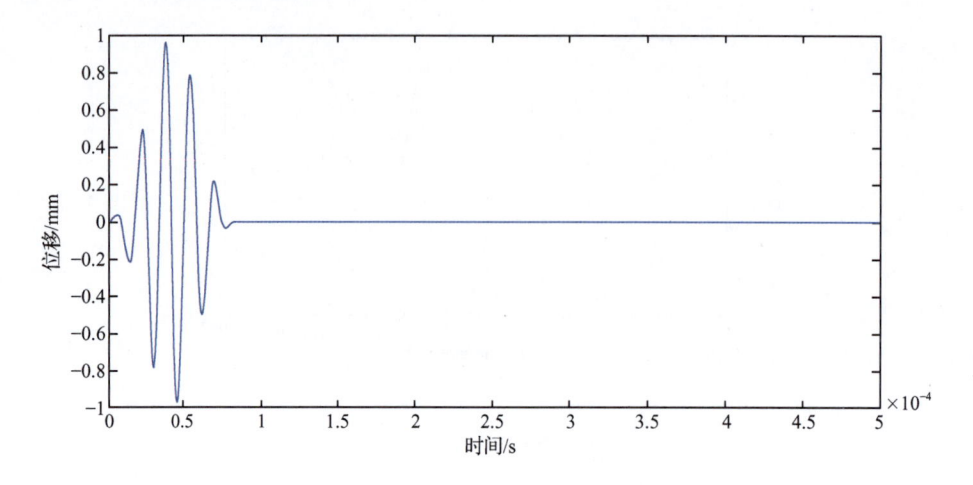

图 3-6　激励节点仿真结果的位移-时间曲线

3.2　模态振型存在性分析

获得仿真结果后，首先分析道岔尖轨中超声导波模态的模态特性，以验证第 2 章所选模态能够被成功激励。通过提取多节点仿真数据，结合波数分析和截面振型分析，根据波数分布和振型相似度来确认模态存在性。

3.2.1　基于波数的模态分析

在超声导波传播过程中，即使频率相同，不同模态也会表现出显著的相速度差异。相速度与波长直接相关，这种相速度的差异必然导致各模态波长的不同。考虑到波数[①]$k = 2\pi/\lambda$，不同模态将具有各自特征性的波数值。因此，通过精确测量和分析波数分布特征，可以实现对超声导波模态的有效识别。

波数分析方法与时域信号的频域分析在数学本质上具有同构性。为阐明这一原理，在此可以通过类比时域傅里叶变换来建立空间域傅里叶变换的理论框架。正如时域傅里叶变换将时间信号分解为不同频率的正弦分量，空间域傅里叶变换

---

① 波数表示空间单位长度内的相位变化。

则可将波场分布分解为不同波数的空间谐波分量。基于这种对应关系，可以将成熟的频域分析方法拓展应用于波数域，从而实现超声导波模态的有效识别。

超声导波信号的频域特性可以通过对固定空间位置处采集的时域信号进行傅里叶变换来表征。具体而言，在超声导波传播路径上选定某一观测点，通过该位置处随时间变化的位移（或应变、速度等）响应信号的频谱分析，即可获取超声导波在该位置所包含的各频率成分，以及其幅值、相位等频域特征。

式（3-5）为有限长序列 $x(n)$ 离散傅里叶变换公式。

$$F(k) = \sum_{i=0}^{N-1} x(n) W_N^{nk}, \quad 0 \ll k \ll N-1 \qquad (3\text{-}5)$$

式中，$W_N^{nk} = e^{-j\frac{2\pi k}{N}n}$；$N$ 为采样点的数量。

通过傅里叶变换可以解析信号所包含的各频率成分及其对应的幅值特征，其中，频率域与时间域存在倒数关系（$f=1/T$）。类似地，若将波场沿传播路径的空间分布视为"空间信号"，对其进行傅里叶变换即可获得波数域特征。这种时空对称性表明，正如时域傅里叶变换能揭示频率成分，空间傅里叶变换则能提取波数（$k=2\pi/\lambda$）成分及其幅值信息，从而完整表征超声导波传播的波数-幅值特性。

因此，基于时空对称性原理，可将超声导波在波导介质中的空间传播过程类比为时域信号的演化过程。具体而言，一方面，超声导波沿传播路径的空间分布可类比为时域信号的时间变化；另一方面，以固定采样频率进行空间位置采样，相当于在时域中以固定时间采集信号数据。通过对这些空间采样数据进行傅里叶变换，即可获得超声导波的波数域特征。

进一步地，通过对不同时刻的超声导波场重复进行上述分析，可以动态追踪超声导波在特定区域的传播特性。当某一超声导波模态在传播过程中占主导地位时，其在采样区域对应的波数幅值将呈现显著增强的特征。结合第2章确定的模态相速度和群速度，可以精确预测该模态到达采样区域的时间。这一分析方法为超声导波模态的时空演化特性研究提供了量化依据。

根据奈奎斯特采样定理，在空间域采样时需满足采样波数 k_s 大于被采样波场

最大波数 k_{max} 的两倍，才能确保采样后的离散数据完整保留原始波场的空间频率信息。在此设定采样间隔 $\Delta x=5mm$，对应的采样波数为 200（空间采样频率为 200）。该采样配置可有效分辨波数小于 100 的超声导波模态。通过波数-速度转换关系可知，该采样方案可分辨的相速度下限为 600m/s（当 $f=60kHz$ 时）。

由第 2 章获得的 60kHz 频率下频散曲线分析可知，该频率下所有超声导波模态的相速度均高于此阈值。因此，5mm 采样间隔严格满足空间采样定理要求，能够准确表征超声导波传播过程中的波数分布特性。

在仿真激励源右侧 100mm 处（沿道岔尖轨 z 轴方向）设置波场采集起始点。为准确获取超声导波的一个完整波长周期内的波动特性，采样区域长度需满足 $L>\lambda_{max}$（λ_{max} 为最大波长）。实验采用 256 个等间距采样点，沿 1.28m 长度均匀分布（采样间距 $\Delta z = 5mm$），该配置既可确保完整捕获波长信息，又符合奈奎斯特采样准则。第一次采样节点示意如图 3-7 所示。

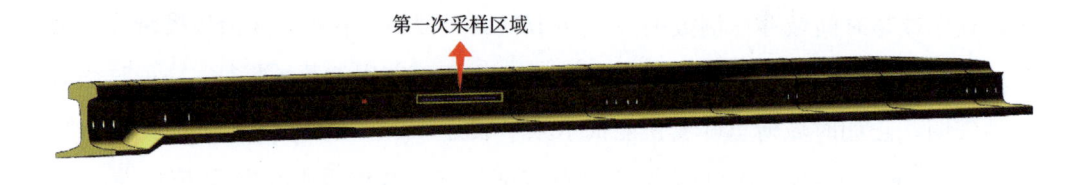

图 3-7 第一次采样节点示意

通过对 256 个等距采样节点的时间序列位移数据进行波数-频率联合分析，可动态表征超声导波传播过程中的模态演化特性。具体处理方法：对每个时间步的 256 个等距采样节点的空间分布数据进行离散傅里叶变换，获得瞬时波数谱分布；通过时序叠加分析，最终得到第一次采样时波数随时间的变化情况（见图 3-8）。图 3-8 可直观反映不同超声导波模态的波数特征、各模态能量随传播时间的演变规律，以及模态间的相互作用特性。

图 3-8 中的三维坐标分别对应时间、波数和位移（幅值）。从图中可以观察到，超声导波传播过程中存在波数较小（对应相速度较大）的模态成分，这些模态的产生可能与超声导波的频散特性和多模态特性有关，同时，图 3-8 中也显示出多种模态共同传播的现象。进一步分析波数大于 10（相速度小于 6000m/s）的区域，

可以发现，在标记位置 A 处存在一个显著的幅值波峰，且该波峰在空间上具有唯一性。随着时间的推移，该波峰逐渐消失，但在特定时间节点达到最大幅值，这表明此时该波数附近的超声导波模态成为主要传播成分。通过分析该超声导波成分的特征，可以确定超声导波传播过程中的主导模态。

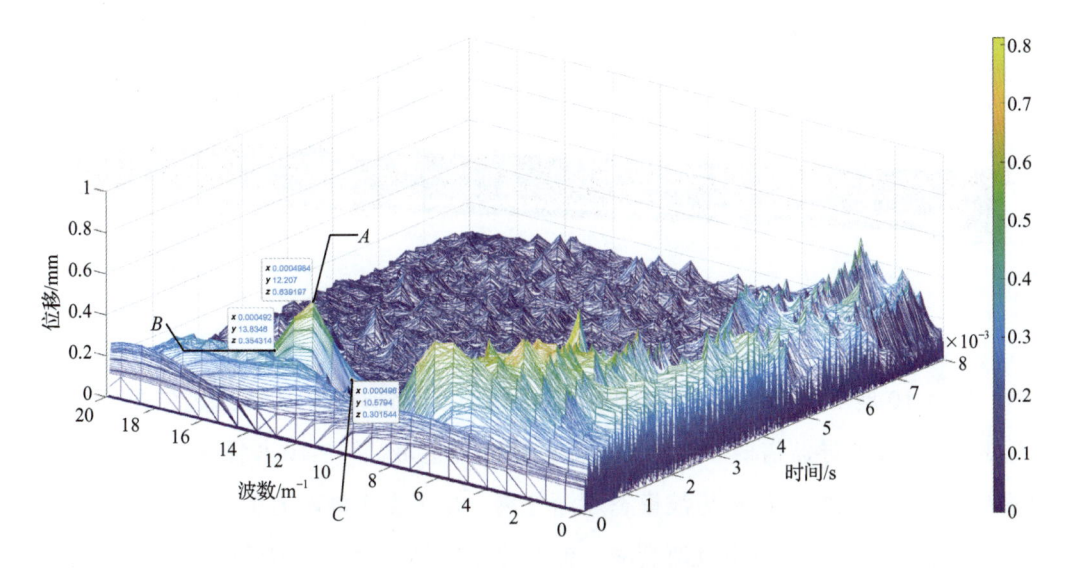

图 3-8　第一次采样时波数随时间的变化情况

选取当前时间节点波峰幅值一半的区域进行分析（如图 3-8 标记位置 ABC 覆盖的区域），结果表明，波数范围为 10.5～13.8，此刻该波数范围内的超声导波模态已传播至采样节点位置。根据波峰形态特征可以判断，波数接近 13.8 的超声导波成分所占比例更高。根据波数定义及波长与频率的关系：

$$\xi = \frac{1}{\lambda} = \frac{f}{C_p} \quad (3\text{-}6)$$

式中，f 为频率，C_p 为相速度。

计算结果表明，当波数为 13.8 时，在 60kHz 频率下对应的模态相速度为 4347.8m/s。第 2 章所选模态类别的平均相速度约为 4300m/s，同时考虑到采样点位于截面⑦区域，该类别模态在此截面的理论相速度为 4589m/s。由于这些数值均接近 4347.8m/s，可以确定该波峰对应的模态成分包含第 2 章所选的模态。由此证明，在第 2 章确定的激励位置施加激励能够有效激发出目标模态。

通过波数分析证实第 2 章所选模态已被成功激发。由于采样节点距离激励源较近，各超声导波模态尚未发生明显分离。为进一步验证该模态的存在性并研究其传播过程中的能量变化规律，选取截面②～截面④的 256 个采样节点，通过分析这些采样节点的时间序列位移数据，计算得到随时间变化的波数分布情况。第二次采样节点示意如图 3-9 所示。

图 3-9　第二次采样节点示意

图 3-10 展示了第二次采样时波数随时间的变化情况。在 0.002s 之前幅值基本为零，表明超声导波需要一定时间才能传播到该区域。图 3-10 与图 3-8 对比发现，随着传播距离增加，超声导波模态逐渐分离，出现多个波峰且幅值降低，说明超声导波能量在传播过程中逐渐衰减。值得注意的是，第一个波峰幅值最大，且该波数对应的相速度计算值为 4267.4m/s，与第 2 章所选模态的平均相速度 4300m/s 相近。考虑到截面②～截面④采样节点处该模态的理论相速度分别为 4312.2m/s、4345.4m/s 和 4291.3m/s，均与实测值接近，可以确认该波峰对应第 2 章所选模态，其较大幅值表明该模态能量占优。然而，图 3-10 中明显可以看到模态分离现象，传播过程中包含多个模态成分，这给信号分析带来较大挑战。

通过两个区域的信号采集和波数域分析验证，可以确认在第 2 章选定的激励节点能够有效激发出目标模态。研究结果表明，在超声导波传播初期，该模态是主要传播模态；随着传播距离增加，各模态逐渐分离且信号能量衰减，但目标模态仍保持较强的传播能量。需要注意的是，由于采用单点激励方式，无法完全抑制其他模态的产生，因此，激励信号中仍包含多种模态成分。为进一步验证目标模态的存在性，后续将对仿真结果进行振型分析，通过与类别 9 振型的相似度比较来进行补充验证。

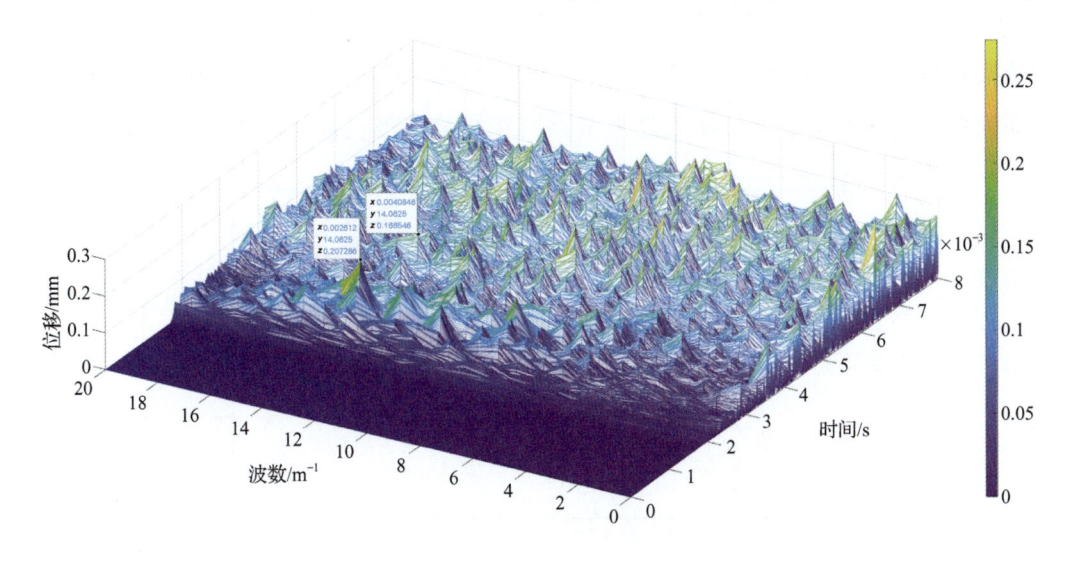

图 3-10　第二次采样时波数随时间的变化情况

3.2.2　基于位移的振型分析

基于位移的振型分析仿真得到的数据是随时间变化的位移情况。在一个超声导波模态随时间传播到不同截面时，理论上，由于受到超声导波模态的影响，其截面振型应与半解析有限元法求解得到的截面振型相似。因此，通过对比截面振型的相似度可以分析不同截面的模态情况，从而验证激励方式的可行性。

在进行数据提取前，必须精确测定超声导波传播至各截面的到达时间。由于超声导波的多模态传播特性，不同模态的叠加使群速度难以通过纯理论方法准确计算。为此，采用仿真数据分析方法获取超声导波群速度，先基于数值模拟结果提取特征波包，进而确定各模态的群速度参数。值得注意的是，在实际试验中同步测量超声导波群速度，可为仿真结果的可靠性提供重要验证依据，从而实现数值模拟与物理实验的相互印证。这种双重验证机制有效确保了研究结果的准确性。

为准确获取超声导波群速度，在距离激励源 1～7m 范围内，以 1m 为间距设置 7 个监测节点。具体求解方法如下：以 1m 节点信号为例，先采用 Hilbert 变换提取信号包络线，获得清晰的波包能量分布特征；随后，根据包络峰值确定头波到达时刻，结合已知传播距离即可计算得到超声导波群速度（群速度=传播距离/

传播时间）。图 3-11 展示了典型信号的包络提取结果，其中，包络峰值对应时刻即为头波到达时间。该方法通过多节点同步测量有效提高了群速度的计算精度。

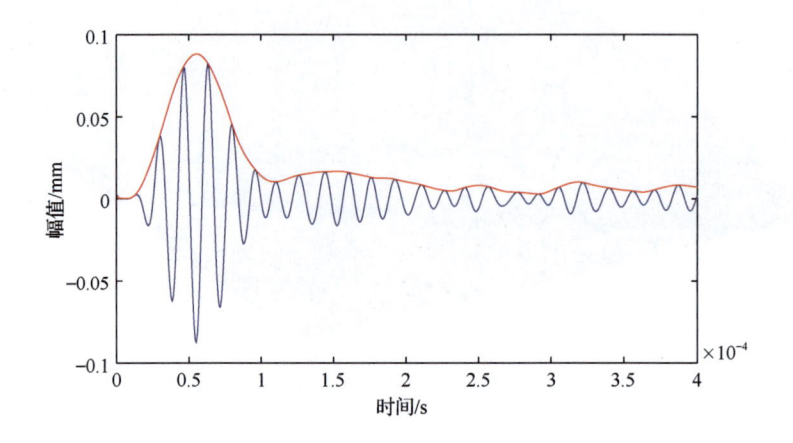

图 3-11　典型信号的包络提取结果

在获取头波包络信号后，需精确确定波包到达时间，以进行群速度计算。采用第一波包的最大幅值点作为超声导波到达的基准时刻，各采样节点超声导波到达的具体时间数据详见表 3-2。通过该时间数据与已知传播距离的关系，可进一步计算得到超声导波在各传播路径上的群速度分布特性。

表 3-2　超声导波到达时间表

与激励节点距离/m	时间/ms
1	0.3326
2	0.6568
3	0.9936
4	1.2784
5	1.5425
6	1.9392
7	2.2612

对上述数据进行一阶线性拟合得到的速度拟合曲线如图 3-12 所示，曲线斜率即为超声导波的群速度。经计算，在仿真情况下，超声导波的群速度为 3140.4m/s。根据该群速度值可计算出超声导波到达各截面的具体时间。通过提取对应时间点

截面节点的位移值，即可获得各截面的振型特征。

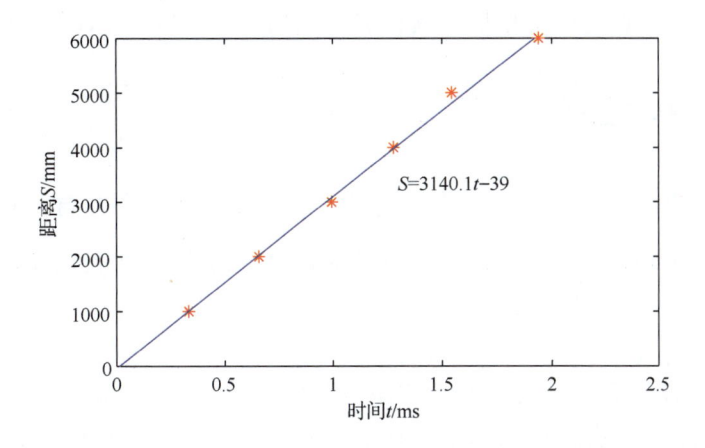

图 3-12　速度拟合曲线

以截面⑦为例，该截面位于 6663mm 处，距离激励节点 2317mm。根据 3140.4m/s 的群速度计算，超声导波传播至该截面的时间为 0.0007378s。考虑到仿真步长为 0.0000008s，最终选取 0.0007384s 时刻的截面节点三维振动数据。基于该时刻的三维振动数据及节点坐标，绘制出截面⑦的原始截面形状及截面振型图如图 3-13 所示。

（a）原始截面形状　　（b）基于仿真数据获得的截面振型图　　（c）半解析有限元法计算得到的截面振型图

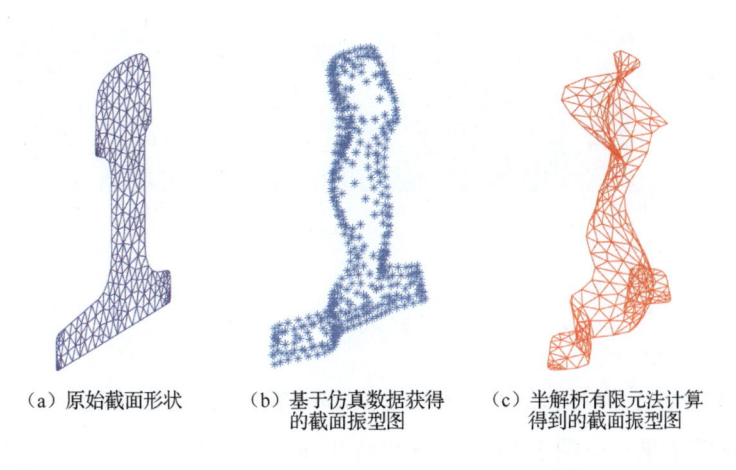

图 3-13　截面⑦的原始截面形状及截面振型图

图 3-13 展示了截面⑦的 3 种形态对比，分别是原始截面形状、基于仿真数据获得的截面振型图和半解析有限元法计算得到的截面振型图。通过观察可以发现，基于仿真数据获得的截面振型图与半解析有限元法计算得到的截面振型图在形态

特征和变化趋势上具有高度一致性。为定量分析二者之间的吻合程度，采用位移欧氏距离总和 D_E 作为评价指标，其计算公式如式（3-7）所示。

$$D_E = \sum_{i=1}^{N} \sqrt{(x_i^A - x_i^{SAFE})^2 + (y_i^A - y_i^{SAFE})^2 + (z_i^A - z_i^{SAFE})^2} \qquad (3-7)$$

式中，i 为节点序号；x、y、z 分别为 x 轴、y 轴和 z 轴 3 个方向上的位移；上角标 SAFE 表示半解析有限元法计算得到的数据，上角标 A 代表 ANSYS 仿真得到的数据。

采用欧氏距离分析法对截面⑦的振型匹配度进行定量评估：将半解析有限元法计算得到的 38 种特征振型分别与基于仿真数据得到的结果进行欧氏距离计算，通过最小距离准则确定仿真数据的主导模态成分。欧氏距离分析结果如图 3-14 所示，当欧氏距离达到最小值时，对应的理论振型即为该仿真工况下的主导振动模态，这一匹配结果直观展示了数值仿真与理论分析的一致性。

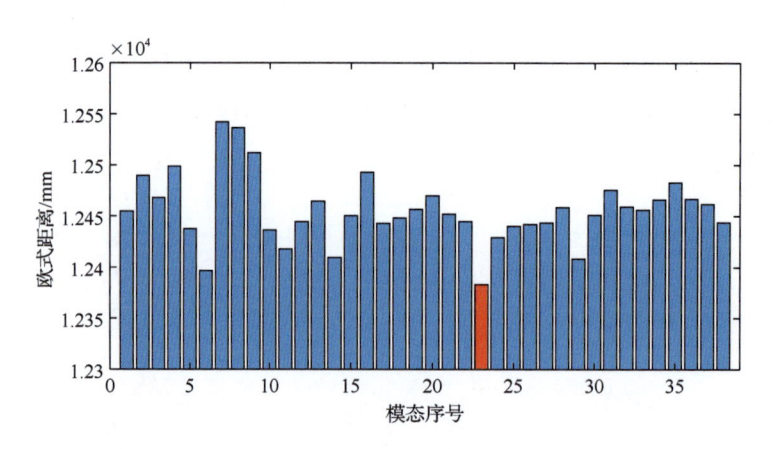

图 3-14　欧氏距离分析结果

图 3-14 展示了截面⑦的 38 种理论模态振型与基于仿真数据获得的截面振型的匹配度分析结果。在图 3-14 中，横坐标表示模态序号，纵坐标对应的柱状图高度反映各理论模态振型与仿真结果之间的节点位移欧氏距离总和。分析结果表明，存在多个模态（如模态 6、模态 14、模态 23、模态 29 等）与基于仿真数据获得的截面振型具有较高的相似性，这一现象证实了在激励过程中确实同时激发了多个模态分量。其中，模态 23 的欧氏距离最小，表明其理论模态振型与仿真结果

最为吻合。通过对比图 3-13 中的振型分布可以确认，该模态正是截面⑦的目标振型。这一量化分析结果充分验证了第 2 章所设计的激励方案的有效性：当超声导波传播至截面⑦时，目标模态（模态 23）确实占据主导地位，且截面振型的主要特征均由该特定模态决定。

采用相同分析方法，对截面②、截面④、截面⑥和截面⑨的基于仿真数据获得的截面振型图与半解析有限元法计算得到的截面振型图进行对比研究。图 3-15（a）～（d）分别展示了这 4 个截面的振型对比结果。通过可视化对比，可以直观地观察到各截面仿真结果与理论模态振型之间的吻合程度，为验证激励方法的普适性提供了重要依据。

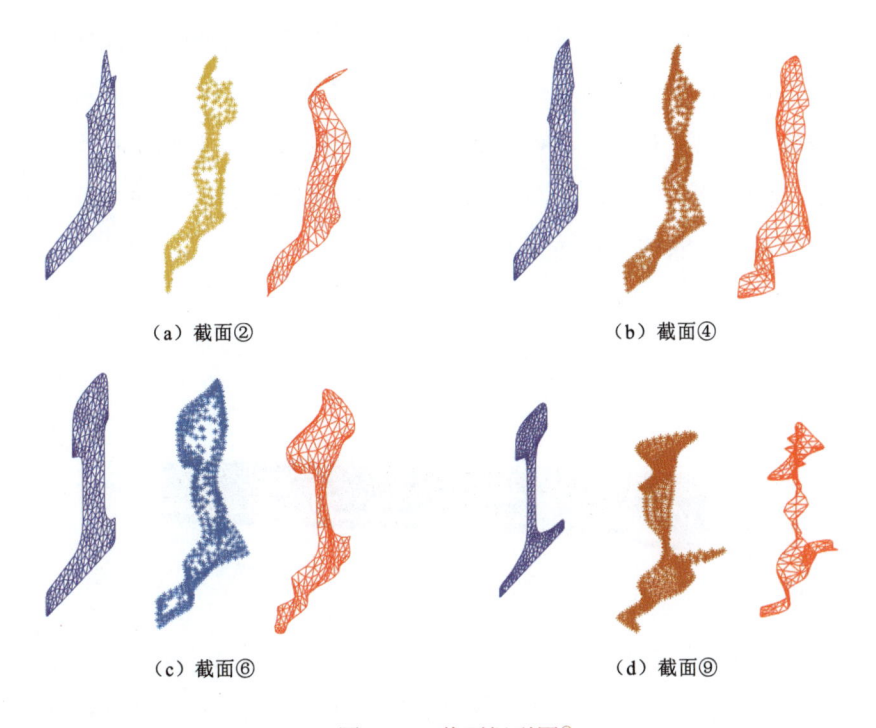

(a) 截面②

(b) 截面④

(c) 截面⑥

(d) 截面⑨

图 3-15　截面振型图[①]

基于波数分析和振型特征研究，第 2 章确定的激励位置被证实能够有效激发目标模态。研究结果表明，在超声导波传播的初始阶段，模态 9 占据主导地位；虽然随着传播距离的增加会出现模态分离现象，但该模态仍保持较强的能量传播

---

① 图 3-15（a）～（d）中，从左至右依次为原始截面形状、基于仿真数据获得的截面振型图和半解析有限元法计算得到的截面振形图。

特性。这一特性使其特别适用于道岔尖轨的裂纹检测应用。综合上述分析，最终确定采用该激励方案作为道岔尖轨检测的优选方法。

3.3 基于时域特征的接收节点优选方法

在验证激励方式可行性后，需合理选择接收节点用于采集超声导波信号。理论上，道岔尖轨表面任意可安装探头的位置均可作为接收节点，但实际选择需考虑以下因素：距离激励节点过远会导致信号传播时间延长和信息丢失，同时信号能量衰减加剧。因此，优先选择靠近激励节点的位置作为接收节点。初步考虑在激励节点的上、下、左、右及对称表面布置探头，但受限于超声导波探头尺寸的实际安装要求，上、下方位难以实现有效安装。经综合评估，最终确定在对称表面，以及激励节点左、右两侧10cm处共设置3个接收节点（如图3-16蓝色标记所示），将其分别编号为接收节点①、接收节点②和接收节点③。该布置方案在保证信号质量的同时，兼顾了实际安装的可行性。

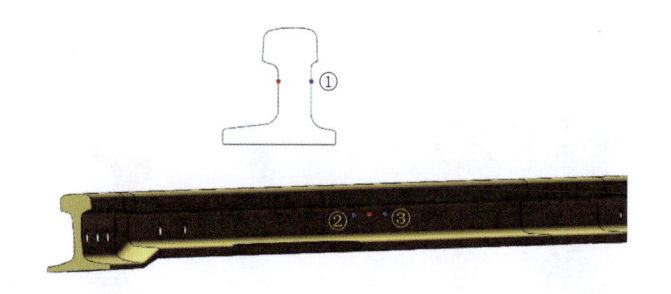

图 3-16 接收节点示意

在接收节点的选取中，需要满足两个核心要求：一是接收信号应具有足够强的能量强度，二是对结构状态变化需保持较高的敏感度。为定量评估接收节点信号的质量，在此引入机械故障诊断领域广泛采用的3个时域特征指标：峰值指标 C（表征信号峰值强度）、脉冲指标 I（反映信号冲击特性）和裕度指标 L（描述信号幅值分布特征）。通过对接收节点①、接收节点②和接收节点③处的信号进行这3个指标的量化分析，可系统评估节点的信号接收性能。各指标的具体数学表达式定义如下。

第 3 章 道岔尖轨导波有限元仿真技术

$$C = \frac{\hat{X}}{X_{\text{rms}}} \tag{3-8}$$

$$I = \frac{\hat{X}}{\overline{|X|}} \tag{3-9}$$

$$L = \frac{\hat{X}}{X_r} \tag{3-10}$$

式中，$\hat{X}$ 为峰值；X_{rms} 为均方根值；$\overline{|X|}$ 为绝对平均幅值；X_r 为方根幅值。

峰值指标能有效表征信号主成分的激励强度，反映超声导波主要模态的能量分布特征；而脉冲指标和裕度指标对振动信号的异常成分具有更高的敏感性，可准确识别由结构缺陷引起的信号畸变。为直观展示接收节点的信号特征，图 3-17 给出了 3 个接收节点的完整波形图，其中包含超声导波传播过程中的典型波包结构及其幅值变化特征。通过结合这 3 个时域指标的综合分析，可以全面评估接收节点信号的质量及其对结构缺陷的响应特性。

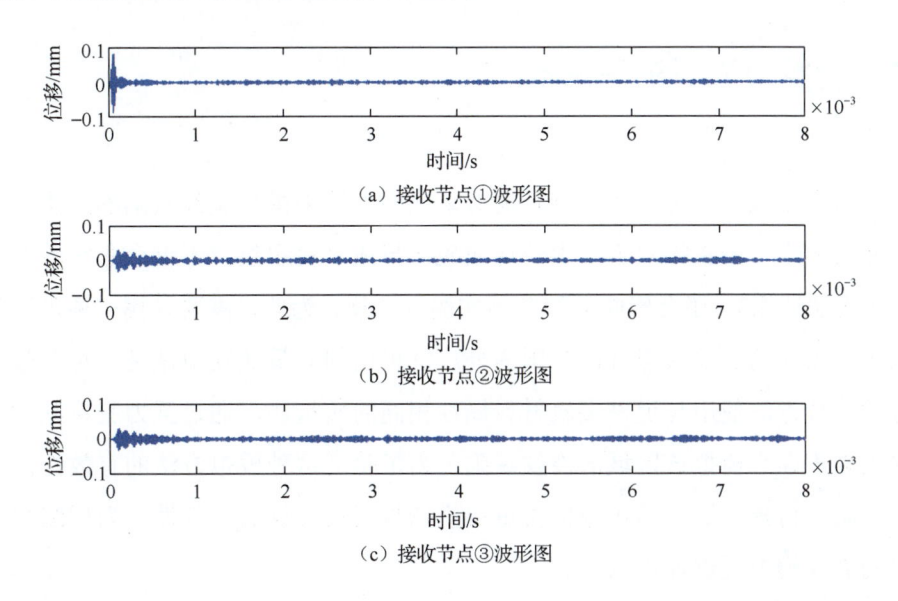

图 3-17　节点波形图

由图 3-17 可以看出，接收节点①信号的峰值明显大于其他接收节点信号的峰值。求得 3 个接收节点信号的整体能量值 E、峰值指标 C、脉冲指标 I、裕度指标 L 结果对比见表 3-3。

表 3-3 指标对比表

接收节点序号	整体能量值 E/mm	峰值指标 C	脉冲指标 I	裕度指标 L
①	0.2601	17.2182	34.9233	45.1289
②	0.2107	6.9279	9.8160	12.2197
③	0.2386	6.5710	8.7071	10.4211

注：峰值指标、脉冲指标和裕度指标是无量纲参数，用于表征信号的时域特征。

通过表 3-3 可知，接收节点①的整体能量值 E、峰值指标 C、脉冲指标 I 及裕度指标 L 均大于接收节点②和接收节点③的相关指标，说明接收节点①的时域信号特征优于接收节点②和接收节点③的时域信号特征，其对振动信号的敏感度和采集到的信号能量较好，因此，选择接收节点①作为最终确定的接收节点。

基于上述分析，最终确定了最优的激励与接收节点配置方案。该方案采用汉宁窗调制 5 周期 60kHz 正弦波作为激励信号，其中心频率与目标模态特性相匹配，窗函数调制可有效抑制频散效应。

3.4 质量块模拟缺陷研究

在仿真模拟中，可以通过删除模型单元的方法来模拟裂纹缺陷的产生。然而在实际实验中，若直接对道岔尖轨造成破坏形成真实裂纹，不仅会永久改变试件状态（无法还原），还会影响后续其他实验的开展。为此，需要寻找一种可逆且不造成永久损伤的裂纹模拟方法。国内外广泛采用的质量块模拟法是一种有效的解决方案，该方法使用与道岔尖轨材料属性相同的质量块，通过强力胶将其粘贴在道岔尖轨表面来模拟该区域的裂纹缺陷。为了验证这种模拟方法的有效性，本节通过有限元仿真方法，系统分析质量块模拟与真实裂纹的等效性，为后续实际实验中的裂纹模拟提供理论依据。

3.4.1 模拟缺陷模型构建

利用 HyperMesh 软件建立两种对比模型：先基于无缺陷道岔尖轨基准模型，

第3章 道岔尖轨导波有限元仿真技术

通过删除指定区域的网格单元，构建真实裂纹模型；随后，在相同位置添加特定质量块单元，建立缺陷模拟模型。为确保模拟准确性，质量块的材料参数与道岔尖轨基体的材料参数保持一致。裂纹尺寸与对应质量块的几何参数严格匹配，具体规格参数详见表3-4。这种建模方法既实现了真实裂纹的数值模拟，又建立了可对比的质量块模拟方案。

表3-4 裂纹位置及大小情况

模型序号	裂纹区域	裂纹与尖端间距/mm	裂纹大小/mm	裂纹方式
1	轨底	65	40×20×5	真实裂纹
2	轨底	65	40×20×5	质量块模拟
3	轨腰	6436	30×5×5	真实裂纹
4	轨腰	6436	30×5×5	质量块模拟
5	轨头	3014	20×5×5	真实裂纹
6	轨头	3014	20×5×5	质量块模拟

表3-4中列出的两种裂纹模拟方法具有明确区分，其中，真实裂纹模型采用网格单元删除法精确再现实际裂纹的几何特征，而质量块模拟则通过表面附加质量块的方式等效模拟缺陷效应。图3-18以模型1和模型2为例，直观展示了两种模拟方法下的裂纹区域形貌。图3-18（a）为单元删除法构建的真实裂纹模型，图3-18（b）为对应位置粘贴质量块的等效模拟模型（以下简称"质量块模拟模型"），二者的几何尺寸严格匹配表3-4所列参数。这种可视化对比为后续分析两种模拟方法的等效性提供了直观依据。

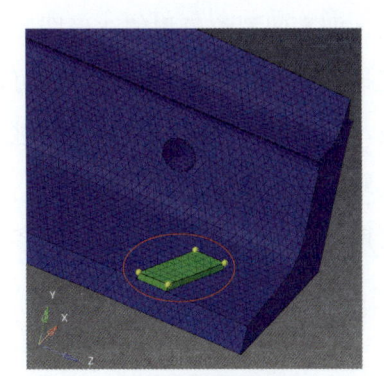

（a）真实裂纹模型　　　（b）质量块模拟模型

图3-18　模拟缺陷示意

3.4.2 实验结果及分析

使用 ANSYS 软件对上述 6 组模型进行仿真分析,通过预设接收节点采集响应数据,获得了质量块模拟模型与真实裂纹模型的对比结果。图 3-19 为两种裂纹模拟方法的仿真结果对比,即真实裂纹模型和质量块模拟模型两种情况的超声导波响应特征。其结果直观呈现了两种缺陷模拟方法在相同位置、相同尺寸条件下的信号差异。

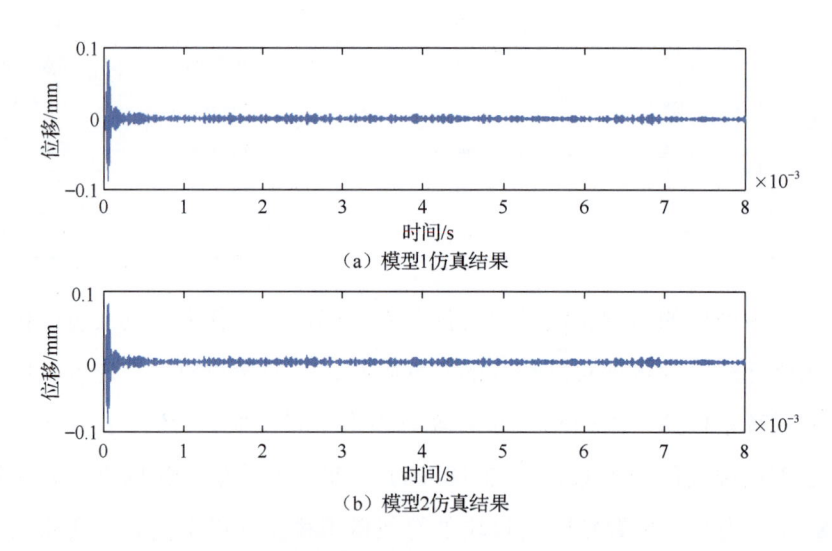

图 3-19 两种裂纹模拟方法的仿真结果对比

图 3-19 展示了两种裂纹模拟方法的仿真结果对比。图 3-19(a)为模型 1 仿真结果,即真实裂纹模型的波形图;图 3-19(b)为模型 2 仿真结果,即对应质量块模拟模型的波形图。通过对比可以发现,这两种模拟方法得到的波形特征基本一致,肉眼难以找出其差异。为进一步量化分析,表 3-5 列出了 6 组模型的 4 个关键统计特征参数:信号峰峰值、整体能量值、均值及方差。这些量化指标为两种模拟方法的等效性验证提供了客观依据。

表 3-5 统计特征参数

模型序号	信号峰峰值/mm	整体能量值/mm²	均值/mm	方差
1	0.1701	0.2602	-6.688×10^{-7}	2.6020×10^{-5}

续表

模型序号	信号峰峰值/mm	整体能量值/mm²	均值/mm	方差
2	0.1701	0.2601	-5.2274×10^{-7}	2.6012×10^{-5}
3	0.1701	0.2602	-6.2418×10^{-7}	2.6023×10^{-5}
4	0.1701	0.2588	-6.575×10^{-7}	2.5885×10^{-5}
5	0.1701	0.2599	-6.4965×10^{-7}	2.5991×10^{-5}
6	0.1701	0.2602	-7.0749×10^{-7}	2.6022×10^{-5}

注：信号峰峰值，是指信号在一个周期的最大值与最小值之差，单位为 mm。

根据表 3-5 的数据可以看出，各组数据的统计特征参数变化幅度较小。具体表现为模型 1 与模型 2、模型 3 与模型 4、模型 5 与模型 6 之间的特征值差异均保持在较小范围内，这表明各组数据具有较高的相似性。需要指出的是，由于信号本身的幅值量级较小，这种差异在统计特征中可能未能充分显现。为进一步验证模拟效果，建议结合时频域特征进行更深入的分析。

为了深入分析信号之间的关联特性，采用互相关分析方法对信号相关性进行定量评估。互相关函数能够有效表征两个信号在不同时延下的相互依赖程度，其数学定义如式（3-11）所示。通过计算信号间的互相关函数，可以准确量化质量块模拟信号与真实裂纹信号的相似性程度，为验证模拟方法的等效性提供更可靠的依据。该方法特别适用于分析具有时移特性的超声导波信号，能够有效识别信号波形中的细微差异。

$$R_{xy}(\tau) = \lim_{T\to\infty} \frac{1}{T} \int_0^T x(t)y(t+\tau)\mathrm{d}t \qquad (3-11)$$

为量化信号间的相似程度，采用互相关系数进行表征。互相关系数取值范围为[-1,1]，当其值趋近于 1 时，表明两个信号具有高度正相关性，其数学表达式如式（3-12）所示。基于该分析方法，计算得到真实裂纹模型与质量块模拟模型的信号互相关系数，具体数值如表 3-6 所示。分析结果表明，各组模型的互相关系数均接近 1，这充分验证了质量块模拟方法与真实裂纹模型在信号特征上具有高度一致性。

$$\rho_{xy}(\tau) = \frac{R_{xy}(\tau) - \mu_x\mu_y}{\sigma_x\sigma_y} \qquad (3-12)$$

表 3-6　互相关系数

模 型 序 号	互相关系数
模型 1 和模型 2	0.9996
模型 3 和模型 4	0.9949
模型 5 和模型 6	0.9909

进一步研究发现，随着模拟裂纹尺寸的增大，质量块模拟的效果呈现轻微但稳定的提升趋势。这一结果证实了质量块模拟方法的可靠性，其可以应用于实际实验中的裂纹模拟。为获得最佳模拟效果，建议在实际实验中选择略大于理论尺寸的质量块进行测试，这样既能保证模拟的准确性，又能获得良好的实验效果。

仿真结果是在理想环境下取得的，缺乏实际环境中的噪声干扰，因此，需要在仿真数据中叠加噪声，以构建更接近真实情况的数据集，用于后续裂纹识别与定位算法研究。

铁路环境噪声来源复杂，主要包括铁轨等建筑结构共振产生的系统噪声、列车空气动力噪声、轮轨摩擦噪声及电路系统噪声等。这些噪声具有随机特性，会显著影响信号采集质量。

为模拟实际环境并增强算法鲁棒性，采用多种噪声类型（白噪声、正弦波、方波、锯齿波、三角波）对仿真信号进行随机叠加，通过调整噪声频率和幅值参数来模拟复杂工况。图 3-20 展示了部分随机生成的噪声信号波形，这些噪声数据将用于构建更接近实际环境的训练数据集。

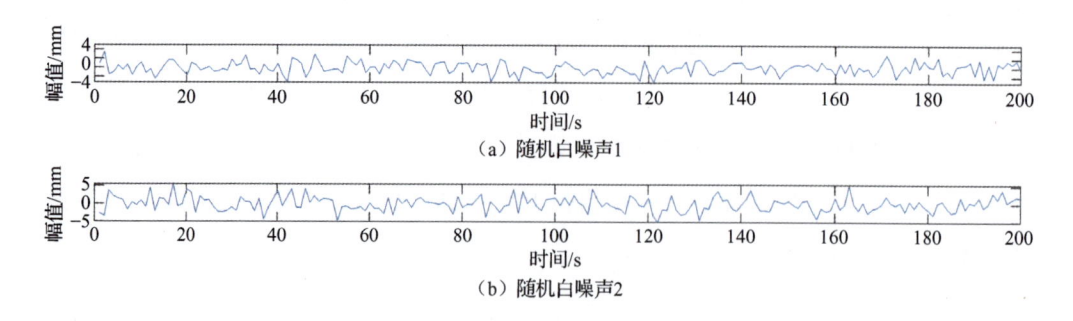

(a) 随机白噪声1

(b) 随机白噪声2

图 3-20　部分随机生成的噪声信号波形

(c) 正弦波

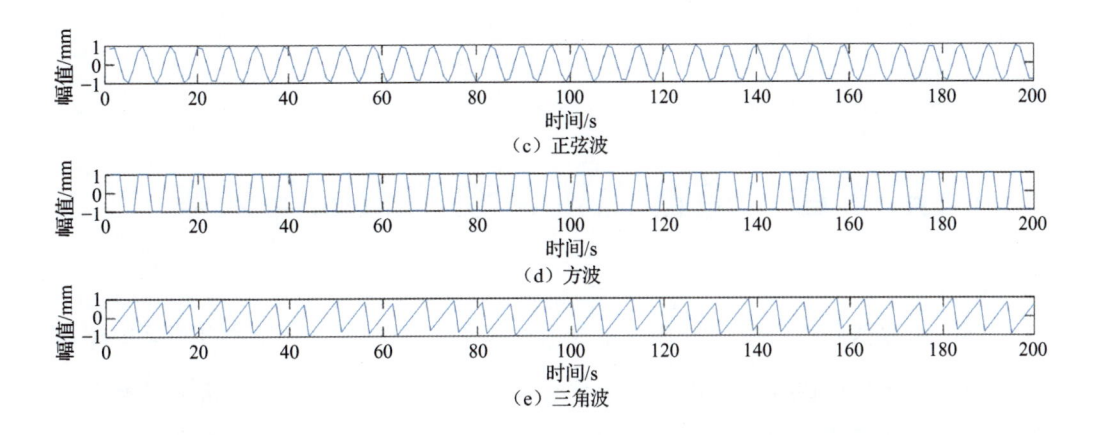

(d) 方波

(e) 三角波

图 3-20　部分随机生成的噪声信号波形（续）

本章小结

本章采用有限元仿真方法系统研究了超声导波检测道岔尖轨缺陷的关键技术环节。首先，建立了完整的有限元分析流程，详细阐述了模型构建方法和 ANSYS 求解过程；其次，通过波数分析和振型分析，验证了目标模态的有效激发，确定了激励方案的可行性，并基于时域特征分析优化了接收节点布置方案；再次，研究了质量块模拟方法的可靠性，通过互相关分析证实其与真实裂纹模型的仿真结果具有高度一致性（互相关系数>0.99）；最后，通过噪声叠加处理构建了接近实际环境超声导波数据集，为后续裂纹识别算法研究提供了充分的数据支撑。本章研究成果为实际实验的开展奠定了重要的理论基础。

第 4 章 道岔尖轨导波的激励与采集

由于示波器和信号发生器等通用仪器体积大、成本高，且无法自动采集超声导波信号并进行缺陷检测，因此，需要设计一套基于智能硬件的道岔尖轨缺陷检测系统。该系统需满足体积小、稳定性高的要求。针对上述需求，本章基于现场可编程门阵列（Field-Programmable Gate Array，FPGA）设计道岔尖轨缺陷检测系统，完成了硬件电路设计及相应软件程序的编写，实现了超声导波的激励与采集功能；同时基于 C++语言程序设计开发人机交互界面，编写了道岔尖轨缺陷检测算法，便于对采集到的超声导波信号进行分析、存储与传输。

4.1 系统总体方案

道岔尖轨缺陷检测系统需要完成频率为 20~100kHz 的信号采集，根据奈奎斯特采样定理（又称"香农采样定理"），采样频率应为信号频率的 2 倍以上（不低于 200kHz）。为确保采样数据的准确性，这对控制芯片的主频性能提出了较高要求。与传统处理器相比，FPGA 具有灵活性高、延迟低、功耗小等优势，其并行处理能力更能实现快速可靠的数据处理。因此，本系统选用 EP4CE30F23C8N 型号的 FPGA 作为主控芯片。

道岔尖轨缺陷检测系统架构（见图 4-1）分为硬件层、驱动层和应用层。

硬件层是整个系统的基础，包含 A/D 转换电路和 D/A 转换电路。激励信号经 D/A 转换电路转换后通过功率放大器，为激励换能器提供足够能量；接收换能器获取的超声导波信号经过调理电路处理后由 A/D 转换电路进行转换。驱动层的前端驱动电路与硬件层相连，由 FPGA 控制转换启动，根据采样时钟输出激励波形，并在采集状态下完成超声导波信号的输入；数据传输驱动器通过 RS-485[①]总线传输协议（以下简称"RS-485"）与应用层通信，将 FPGA 缓存的超声导波数据经 RS-485 串口（以下简称"串口"）发送至应用层。应用层基于 C++语言程序设计开发，负责超声导波信号的缺陷分析，并将处理后的数据传输至云端服务器。

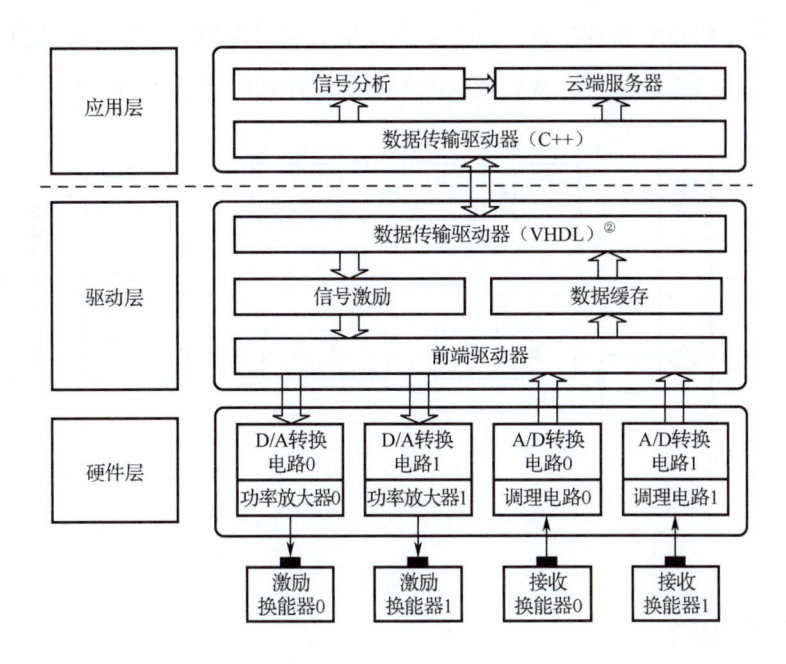

图 4-1 道岔尖轨缺陷检测系统架构

4.2 超声导波激励与采集系统硬件

4.2.1 硬件方案

道岔尖轨超声导波激励与采集硬件系统由发射模块和接收模块组成。发射模

---

① RS-485 总线传输协议是一种串行总线通信协议标准。RS-485 总线采用平衡发送、差分接收的结构设计，具有抑制共模干扰的能力。

② VHDL：超高速集成电路硬件描述语言。

块包含任意波形发生器模块、D/A 转换电路和升压电路,其中,任意波形发生器模块产生离散激励信号序列,经 D/A 转换电路后,通过升压电路进行功率放大,确保激励信号能够覆盖整个道岔尖轨检测截面。接收模块由调理电路和 A/D 转换电路构成。调理电路包含限幅保护、带通滤波和增益放大功能,处理后的模拟信号经 A/D 转换电路送入 FPGA 芯片处理。FPGA 通过串口实现设备间通信,并预留了高低速数字量输入/输出接口,以支持后续功能扩展。硬件系统示意如图 4-2 所示。

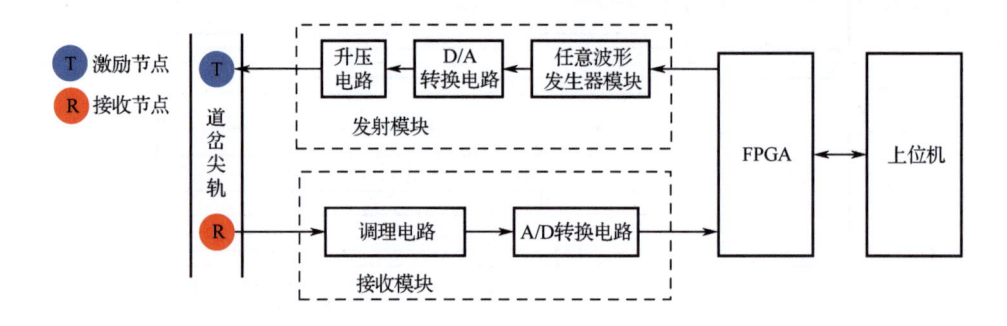

图 4-2 硬件系统示意

4.2.2 硬件电路

1. 激励电路

激励电路由 D/A 转换电路和放大电路组成。D/A 转换电路将 FPGA 产生的数字激励信号转换为模拟信号并输出至换能器。采用 DDS(直接数字频率合成)技术生成数字信号,信号发生模块根据采样时钟输出离散序列,D/A 转换器则依据采样时钟和离散序列重建时域信号。为确保激励信号时域波形的准确重建,需选用合适的 D/A 转换器,主要考虑垂直分辨率、转换速率、线性度和信噪比等关键参数。道岔尖轨超声导波激励与采集硬件系统选用亚德诺公司生产的 AD9767 双通道高速数模转换器,该转换器具有 14 位分辨率、125MSPS[①]更新速率,完全满足转换需求。AD9767 双通道高速数模转换器的两路输出均为电流信号(I_{outA} 和

---

① MSPS 全称 Million Samples per Second,每秒采样百万次。

I_{outB}），满量程输出电流为 20mA。因此，采用 AD8065 设计一级运算放大器将 0～20mA 电流转换为±1V 电压信号，再通过二级运算放大器将±1V 电压信号放大成±5V 电压信号。激励电路示意如图 4-3 所示。FPGA 通过两组信号线驱动 D/A 转换器，每组包含 3 条信号线。以通道 1 为例，包括控制信号 WRT_1、时钟信号 CLK_1 及 14 位波形数据信号 $DB_1[13:0]$。

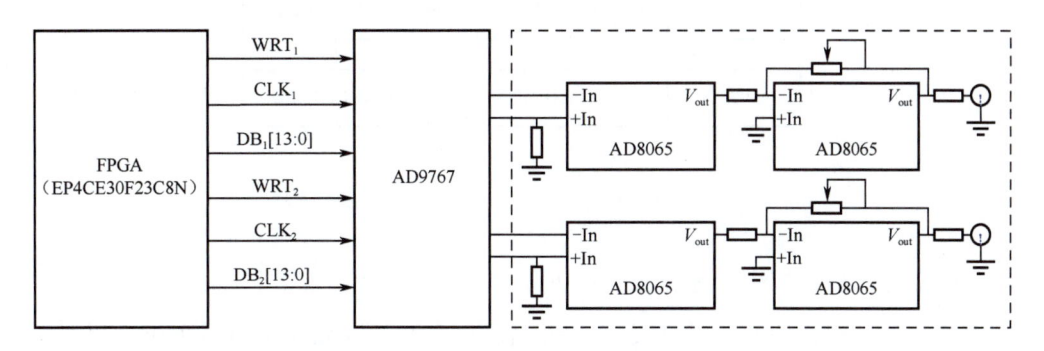

注：In 表示运算放大器的输入端，+In 表示同相输入端，-In 表示反相输入端。

图 4-3 激励电路示意

运算放大器采用的是 ADI 半导体公司的 AD8065 芯片，这是一款高性能的电压反馈型运算放大器，具有低噪声、高速和宽带宽特性。该芯片采用先进的互补双极工艺制造，能有效放大的信号最高频率可达 145MHz，能在 25ns 内将输出信号稳定到目标值的±0.1%以内，特别适合处理高速信号。其输入电压噪声密度低，在保持高精度的同时能处理快速变化的信号。AD8065 的工作电压范围为±5～±15V，内置过载保护电路。其典型应用包括高速数据采集系统、医疗成像设备、测试仪器，以及通信系统中的信号调理电路。该芯片采用 8 个引脚的 SOIC[①]和 MSOP[②]，兼具优异的交流性能和紧凑的封装尺寸。

2. 接收电路

接收电路采用模块化设计，主要包括信号调理电路和 A/D 转换电路，整体架构如图 4-4 所示。信号调理电路采用四级处理结构：首先，通过限幅电路对输入

---

① SOIC：小外形集成电路封装。
② MSOP：微型小外形封装。

信号进行过压保护；其次，利用带通滤波电路提取有效频段信号；再次，经增益放大电路进行信号幅值调节；最后，通过单端转差分电路完成信号格式转换，为后续 A/D 转换电路提供理想的差分输入信号。这种分级处理的设计方案有效提升了系统的抗干扰能力和信号采集精度。

```
限幅电路 → 带通滤波电路 → 增益放大电路
                                    ↓
FPGA ← A/D转换电路 ← 单端转差分电路
```

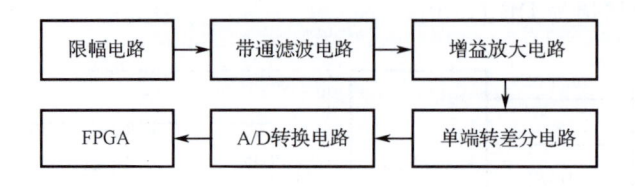

图 4-4　接收电路示意

在实际工程应用中，为确保系统可靠性，针对可能出现的异常高压输入情况，本系统在换能器接收端设计了专门的限幅保护电路。限幅保护电路采用二极管钳位原理，通过精密配置的二极管和限流电阻网络，将输入信号严格限制在 $-5 \sim +5V$ 的安全工作范围内。当输入电压超过此阈值时，二极管基于其单向导通特性形成低阻抗通路，多余能量通过限流电阻泄放，从而有效保护后续敏感电路。其中，串联电阻不仅承担了限流功能，还与二极管参数共同决定了钳位响应速度和精度。图 4-5 展示了该限幅保护电路的具体实现方案，其动态响应时间小于 100ns，在保证信号完整性的同时可提供可靠的过压保护。

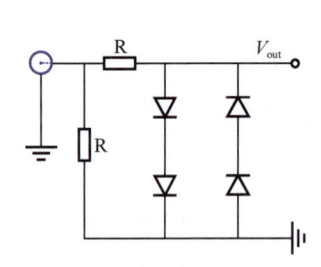

图 4-5　限幅保护电路

在道岔尖轨超声导波信号检测过程中，信号中不可避免地混入低频工频干扰和高频电磁噪声，这些噪声会严重影响缺陷特征的准确提取。为此，本系统设计了高性能带通滤波电路，其通带范围严格匹配超声导波信号的有效频段（35kHz±5kHz）。该电路采用巴特沃斯滤波器拓扑结构，在保证通带平坦度的同时，能有效抑制 50Hz 工频干扰信号和 1MHz 以上的高频噪声。通过精确的 RC 参数[①]配置，电路在实现优良滤波性能的同时，确保了信号的相位特性不受影响。该带通滤波电路如图 4-6 所示，改善了后续信号处理的可靠性。

---

① RC 参数主要包含互连结构的寄生电阻（R）和电容（C）。

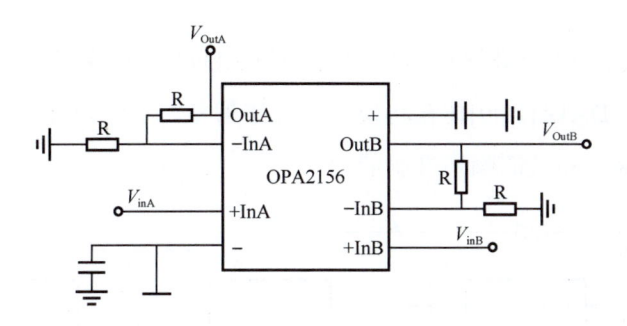

图 4-6　带通滤波电路

针对带通滤波导致的信号衰减问题，本系统采用高性能可编程增益放大器进行信号调理。选用 ADI 公司的 AD603 芯片构建增益放大电路。该芯片具有以下突出特性：90MHz 超宽带宽确保信号无失真放大；0.5～40dB 连续可调增益范围；超低输入噪声密度；精密直流耦合架构。通过外部电阻网络精确设置增益参数，可实现信号幅值的线性放大。特别设计的反馈网络使电路在保持优良相位特性的同时，有效抑制共模干扰。增益放大电路如图 4-7 所示。

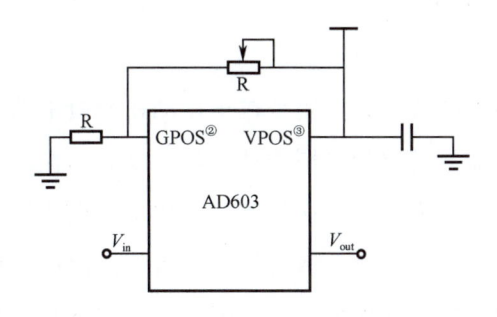

图 4-7　增益放大电路

本系统选用亚德诺公司的 AD9226 作为 A/D 转换器，这是一款 12 位精度、65MHz 采样率的 A/D 转换器。AD9226 具有 V_{inA} 和 V_{inB} 两个差分输入端，可同时对两路输入信号进行采样保持，通过测量差分电压有效提升抗干扰能力。由于前级放大电路输出为单端信号，需采用 AD8132 芯片实现单端转差分功能后再接入 AD9226 芯片。图 4-8 展示了完整的差分转换与 A/D 转换电路结构。FPGA 通过

---

① GPOS 的全称是 Gain Control Input High（Positive Voltage Increase Gain），即正电压增加增益。

② VOPS 的全称是 Positive Supply Input，即正电源输入。

ADCLK 时钟线和 12 位数据线 DATA[11:0]与 AD9226 芯片交互。其中，ADCLK 提供采样时钟，DATA[11:0]传输转换后的数字信号。这种设计在保证采样精度的同时，显著提高了系统的噪声抑制能力。

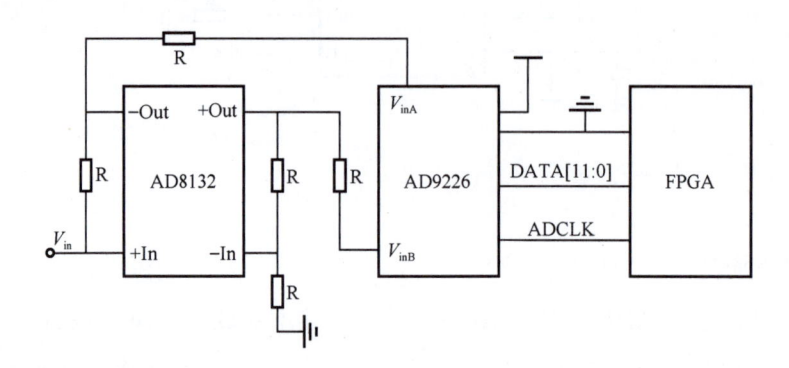

图 4-8 差分电路和 A/D 转换电路结构

4.2.3 超声导波换能器

超声导波是一种机械波，其本质是粒子振动在介质中的传播。超声导波换能器能够将其他形式的能量转化为机械振动能量，常见的换能器类型包括压电式换能器、磁致伸缩式换能器和激光偏振仪等。其中，压电式换能器基于压电效应工作，具有电声转换效率高、检测灵敏度好等优势，因而在工程实践中应用最为广泛。在此采用压电式超声导波换能器（见图 4-9），其谐振频率为 35kHz，该频率选择充分考虑了检测灵敏度和信号传播距离之间的平衡。

图 4-9 压电式超声导波换能器

4.3 超声导波激励与采集系统软件

4.3.1 软件方案

软件系统作为道岔尖轨缺陷检测系统的核心组成部分，通过灵活的程序设计实现对硬件系统的精确控制，完成超声导波信号的激励、采集及后续处理等功能。软件系统示意如图 4-10 所示。软件系统主要由 FPGA 模块和上位机构成，其中，FPGA 模块包括同步时钟模块和激励与接收控制模块。软件系统工作时，上位机通过串口发送激励指令，激励与接收控制模块随即产生激励信号进行 D/A 转换，并自动转入采集状态。接收模块实时读取 A/D 转换后的超声导波信号，经逻辑调度控制将信号输入 FIFO[①]缓冲区，最终通过串口将数据传输至上位机进行信号分析及数据存储。该架构实现了从信号激励到数据处理的完整闭环控制。

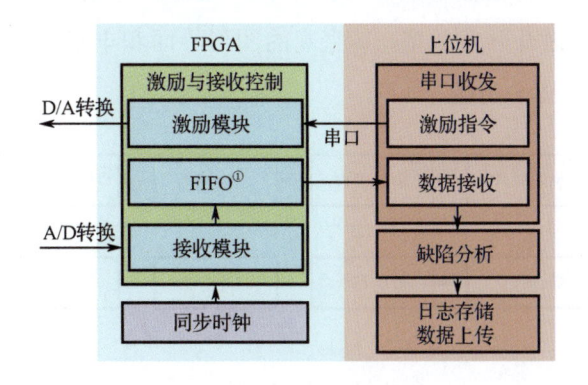

图 4-10　软件系统示意

4.3.2 开发工具介绍

FPGA 是一种可编程逻辑器件，支持原理图输入和硬件描述语言编程两种编

---

① FIFO：先进先出。

程方式。原理图输入通过直接绘制电路结构实现设计，适用于逻辑单元较少、结构简单的系统；而采用 VHDL 或 Verilog 等硬件描述语言进行设计时，只需编写代码即可通过综合工具在 FPGA 内部实现复杂电路，不仅显著提高了编程效率和灵活性，而且具有良好的可移植性，便于后续代码优化。FPGA 内部集成了多种 IP（知识产权）核资源，包括 ROM（只读存储器）、PLL（锁相环）、FIFO 等核心模块，这些资源为开发提供了极大便利。例如，ROM 可用于内部存储空间的开辟，PLL 可用于外部芯片时钟配置。这些现成的 IP 核模块大大简化了 FPGA 开发流程。

1. Quartus II

Quartus II 是 Altera 公司（现为 Intel PSG）推出的专业 FPGA 开发套件，为设计者提供了完整的开发环境。该软件平台同时支持原理图输入和硬件描述语言编程（VHDL/Verilog）两种开发模式，能够满足不同复杂度项目的开发需求。FPGA 开发流程如图 4-11 所示。FPGA 的标准开发流程主要包括设计输入、综合优化、布局布线、时序分析和编程下载等关键环节。Quartus II 集成了强大的仿真工具和调试功能，可有效提升开发效率，其直观的图形界面和丰富的 IP 核资源库大大降低了 FPGA 开发的技术门槛。

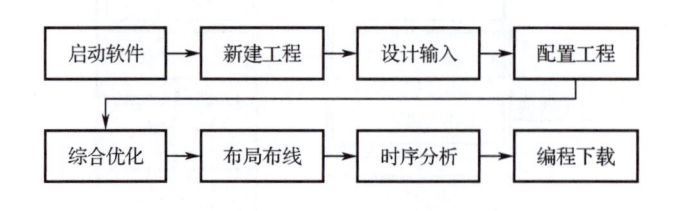

图 4-11　FPGA 开发流程

2. SignalTap II

SignalTap II 是 FPGA 开发套件中的嵌入式逻辑分析工具，它通过在 FPGA 内部构建监测电路来实现实时信号的采集与分析。SignalTap II 利用 FPGA 内部的可编程资源（包括查找表 LUT、存储单元 RAM 等）构建采样系统，其工作原理：根据用户设定的采样时钟，在时钟上升沿将目标信号实时存储至 FPGA 片内

RAM，再通过 JTAG[①]接口将数据回传至 Quartus II 开发环境进行分析。与外部逻辑分析仪相比，SignalTap II 具有无须额外硬件、调试灵活等优势。需要注意的是，采样深度和信号数量会直接影响 FPGA 资源占用率，但对于常规调试需求，其资源消耗通常在可接受范围内，这使 SignalTap II 成为 FPGA 开发中简单高效的调试解决方案。

3. ModelSim

ModelSim 是 Mentor Graphics 公司（现为 Siemens EDA）推出的专业 HDL 仿真软件，在数字电路设计领域具有广泛应用。作为业界领先的仿真解决方案，该软件完整支持 VHDL、Verilog 和 SystemVerilog 等硬件描述语言，提供从寄存器传输级（RTL）到门级的多层次仿真能力。其突出的仿真引擎具有高速、精确的特点，配合强大的波形分析功能和调试工具，可有效验证 FPGA 设计的时序和功能特性。ModelSim 凭借其卓越的性能和可靠性，已成为 FPGA/ASIC 设计流程中不可或缺的验证工具，特别适合复杂数字系统的功能仿真和时序分析。

4.3.3 激励端程序设计

道岔尖轨超声导波通常采用单一频率的正弦波作为激励信号。为优化信号特性，需通过窗函数对正弦波进行调制处理，以改善其频谱和时域表现。选用汉宁窗调制的 5 周期正弦波作为激励信号，这种处理方式能使信号频谱更加集中，从而有效抑制频带泄漏现象，显著提高信号能量集中度。这种优化后的激励信号特性为后续信号处理提供了更加优质的数据基础。

DDS 信号发生器的核心组件包括相位累加器、波形存储器、D/A 转换器和低通滤波器。其工作原理是相位累加器根据频率控制字生成相位码，波形存储器则根据相位码输出对应的波形数据。这种架构虽然能灵活产生不同频率的正弦波，但存在两个主要缺点：一是需要占用大量 FPGA 存储资源，二是实现加窗调制功

---

① JTAG 全称是 Joint Test Action Group，即联合测试工作组，它是一种国际标准测试协议，主要用于芯片内部测试。

能较为复杂。针对这些问题，可采用优化方案：预先将设计好的加窗激励信号采样为离散序列，直接存储在 FPGA 内部的 ROM 中。这种方法既节省了资源，又简化了实现过程。

1. ROM IP 核

ROM 是一种只能读取预先存储数据的存储器。在 FPGA 设计中，通常将 RAM 资源封装成 ROM IP 核来使用。在此采用双端口 ROM 结构，用于同时产生两路激励信号（见图 4-12）。具体实现方法如下：使用 MATLAB 软件生成包含 5010 个数据点的激励信号 mif 文件，然后将该文件存储至 FPGA 内部的 ROM 中。系统参数设置如下：ROM 深度 Depth=5010（对应离散信号点数量），信号周期 $T=5$ 个时钟周期，激励信号频率 $f=35kHz$。根据公式计算得出 DAC 采样频率 $f_s=5010\div(5\times35)\approx35.07MHz$。因此，本设计通过锁相环为 ROM IP 核提供 35MHz 的时钟信号。在工作时，ROM 根据时钟上升沿依次寻址，当地址从 0 递增至 5009 后，将量化数据输出至 D/A 转换器，完成激励波形的生成。这种设计既保证了波形精度，又实现了稳定的时序控制。

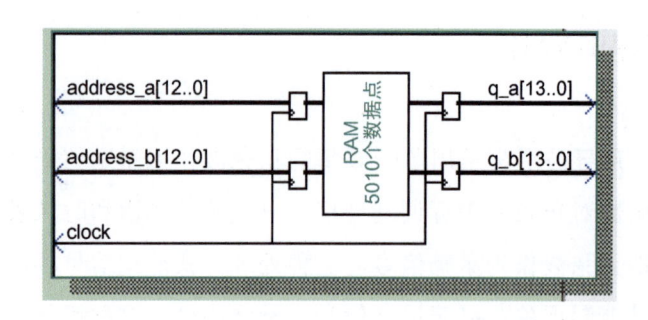

图 4-12 ROM IP 核

2. PLL IP 核

PLL 是一种时钟管理模块，能够对 FPGA 的主时钟进行精确的频率合成。在本设计中，PLL 模块通过对 50MHz 的系统时钟进行频率变换，其步骤如下：首先，进行 10 分频，处理得到 5MHz 基准时钟；其次，进行 7 倍频处理；最后，输出精确的 35MHz 时钟信号（标记为 c_0）。该频率转换过程见图 4-13，完全满足前述分析得出的 35MHz 理论需求。这种配置方案不仅保证了时钟信号的稳定性，而且通过整数分频/倍频的组合实现了精确的频率控制，为系统提供了高质量的工作时钟。

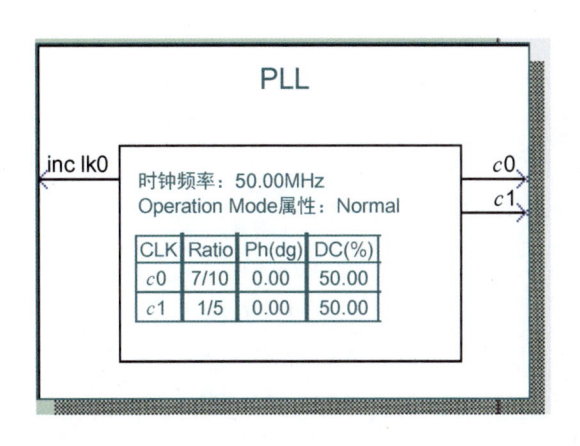

图 4-13 PLL IP 核

采用 Quartus II 开发环境完成激励模块的 VHDL 程序设计，经综合编译后生成的 RTL 级电路结构如图 4-14 所示。图 4-14 清晰地展示了激励模块的数字电路实现架构，包括时钟管理单元、地址发生器、ROM 存储接口及数据输出通道等关键功能模块的互联关系。RTL 级电路结构可以直观验证设计逻辑是否符合预期，为后续的时序分析和功能验证提供重要参考。

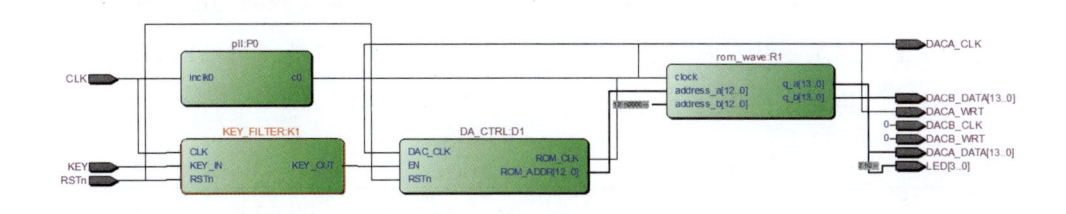

图 4-14 RTL 级电路结构

超声导波激励与采集系统采用模块化设计架构，主要包含 3 个输入接口和 7 个输出接口。在 FPGA 实现中，重点实例化了一个双端口 ROM 存储单元（ROM IP 核）和一个高性能 PLL 时钟管理模块（PPL IP 核）。其中，双端口 ROM 存储单元用于存储预先生成的激励信号波形数据，高性能 PLL 时钟管理模块则负责提供精确的系统时钟。为便于设计验证和后续维护，各功能存储器均采用规范的命名方式，其具体定义和功能说明详见表 4-1。这种设计既保证了系统的实时性要求，又具有良好的可扩展性。

表 4-1　激励模块寄存器含义

寄存器名称	含　义	数　据　方　向
KEY	按键触发	输入
CLK	全局时钟	输入
RSTn	全局复位	输入
DACA_CLK	通道 1 采样时钟	输出
DACB_CLK	通道 2 采样时钟	输出
DACA_WRT	通道 1 采样控制	输出
DACB_WRT	通道 2 采样控制	输出
DACA_DATA[13:0]	通道 1 采样输出	输出
DACB_DATA[13:0]	通道 2 采样输出	输出
LED[3:0]	调试灯	输出

超声导波激励与采集系统采用按键脉冲信号作为激励产生的使能信号，该设计主要用于模拟 D/A 转换器采样启动时的触发脉冲（在实际应用中该管脚保持悬空状态）。通过 SignalTap II 嵌入式逻辑分析仪采集的实时数据显示，D/A 转换器输出的离散采样结果波形质量良好，验证了激励信号生成模块的功能正确性。这种测试方案既满足了开发阶段的调试需求，又为实际应用预留了灵活的接口配置。激励信号逻辑仿真如图 4-15 所示。

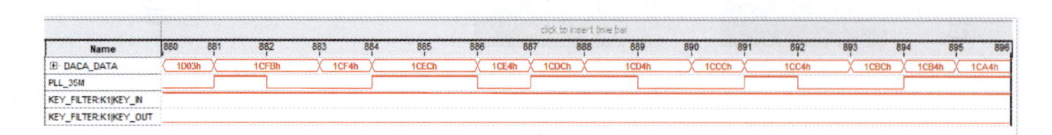

图 4-15　激励信号逻辑仿真

将该系统输出的激励信号接入数字示波器进行实测验证，获得的实际波形见图 4-16。示波器观测结果显示，激励信号的波形特征与设计预期完全吻合，幅值、频率和波形形状等关键参数均达到技术要求。该实测结果有效验证了从 FPGA

数字信号生成到 D/A 转换的整个信号链路的正确性和可靠性，为系统性能评估提供了重要的实验依据。

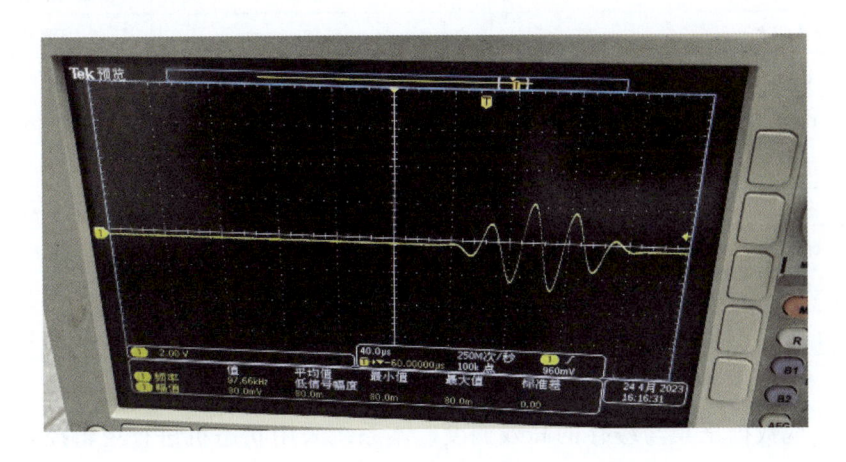

图 4-16　示波器显示的激励波形图

4.3.4　接收端程序设计

当 FPGA 接收到上位机发送的激励指令后，激励换能器将经过 D/A 转换后的模拟信号转换为超声导波。此时，FPGA 自动切换至数据采集模式，前端采集模块向指定通道的 A/D 转换器发送采样时钟，启动对接收换能器检测到的超声导波信号的数字化采集。采样数据实时存入 FIFO 缓冲区，随后，通过串口通信协议自动传输至上位机，完成信号分析处理。整个流程实现了从信号激励、数据采集到传输分析的自动化处理。

超声导波激励与采集系统采用串口实现上位机与 FPGA 之间的通信。为确保数据传输的实时性和可靠性，使用 FIFO 作为数据缓冲调度单元。FIFO 通过其固有的先进先出特性，有效解决了数据生产速率和消费速率不匹配的问题。该存储单元无须外部地址线，仅通过时钟信号和空满状态标志即可实现数据存取操作：将 wrreq 信号置高一个时钟周期完成数据输入，同样将 rdreq 信号置高一个时钟周期实现数据读取。本设计中的 FIFO 位宽设置为 8 位，其各端口功能定义详见表 4-2。这种设计既保证了数据传输的稳定性，又简化了系统控制逻辑。

表 4-2 FIFO 端口含义

端口名称	位宽	含义	数据方向
clock（CLK）	1	时钟	输入
data	8	数据输入端口	输入
rdreq	1	读取请求信号	输入
sclr	1	清除信号	输入
wrreq	1	输入请求信号	输入
empty	1	FIFO 读空标志信号	输出
full	1	FIFO 写满标志信号	输出
q	8	数据输出端口	输出

为实现数据采集与缓存的高效调度，本系统采用状态机进行逻辑控制，该设计方案具有结构清晰、实现简单的特点。状态机包含 3 个工作状态：IDLE（初始空闲状态）、SEND_FIFO（数据输入状态）和 END（结束状态），其状态转换关系如图 4-17 所示。系统上电后自动进入 IDLE 状态，等待采集启动信号。当激励信号触发 A/D 采样标志位（条件 1）时，状态机转入 SEND_FIFO 状态，开始将采样数据输入 FIFO。在此状态下，系统持续检测数据输入数量，若未完成 10000 个数据的输入（条件 2），则保持当前状态；当数据全部输入完成后（条件 3），状态机跳转至 END 状态。在 END 状态中，相关标志位和寄存器清零（条件 4）后，系统自动返回 IDLE 状态，准备下一次采集任务。这种状态转换关系的设计确保了数据采集过程的可靠性和可重复性。

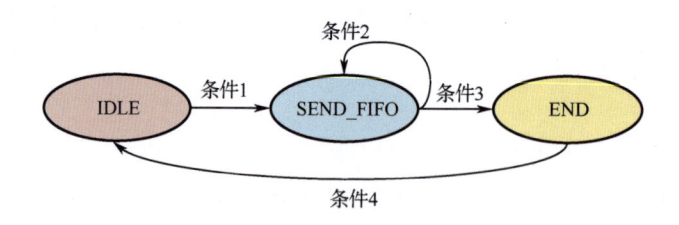

图 4-17 状态转换关系

本系统采用 50MHz 时钟的 FPGA 芯片，通过每 50 个时钟周期读取一次 A/D 采样值的方式，实现同步的 1MHz 采样率。在 SEND_FIFO 状态下，系统利用 CLK 时钟信号进行时序控制，每个采样周期持续 50 个时钟周期。当 wrreq 输入请求信

第 4 章 道岔尖轨导波的激励与采集

号置高时，WR_DATA 总线上的数据被输入 FIFO 缓存。考虑到 12 位 A/D 采样数据的传输效率，在此将原始数据扩展为 16 位（高位补 4 个 0），并拆分为两字节传输。对于 10000 个采样点，共需传输 20000 字节数据。此外，为保障数据传输的完整性，每个数据包还包含 2 字节帧头、1 字节校验和 2 字节帧尾，因此，FIFO 总共需要缓存 20005 字节数据。这种设计既满足了采样精度要求，又确保了数据传输的可靠性。

采用计数寄存器 counter 对 FIFO 输入数据进行精确控制。当首次进入 SEND_FIFO 状态时，counter 清零，此后，每次进入该状态时，counter 递增 1，直至达到 9999。为确保数据传输稳定性，系统在空闲若干时钟周期后执行以下时序控制：在第 12 个时钟周期检测 counter 值，若值为 0，则输入起始帧头"55AA"；在第 22 个时钟周期判断 counter 值是否小于 9999，若值小于 9999，依次输入 A/D 转换数据的低字节和高字节；在第 35 个时钟周期检查 counter 值是否等于 9999，若值等于 9999，则完成超声导波数据输入，并追加校验位和结束帧尾"0D0A"。数据输入过程的时序关系如图 4-18 所示，该设计有效保障了数据传输的完整性和可靠性。

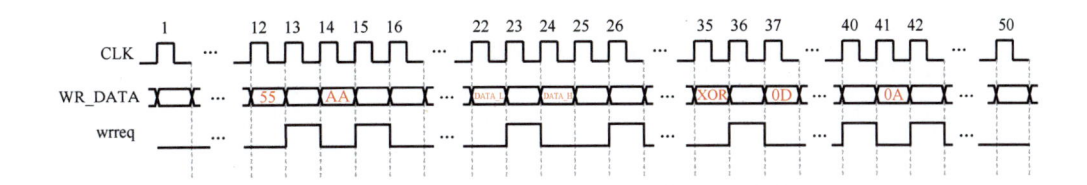

图 4-18　数据输入过程的时序关系

接收模块的程序开发在 Quartus II 集成开发环境中完成，采用硬件描述语言实现数据的采集与传输控制逻辑。经过综合编译后生成的寄存器传输级（RTL）电路结构如图 4-19 所示。图 4-19 清晰展示了接收模块的数字电路实现架构，包括时钟域同步单元、数据缓冲控制器、校验逻辑及串口通信接口等关键功能模块的互联关系。

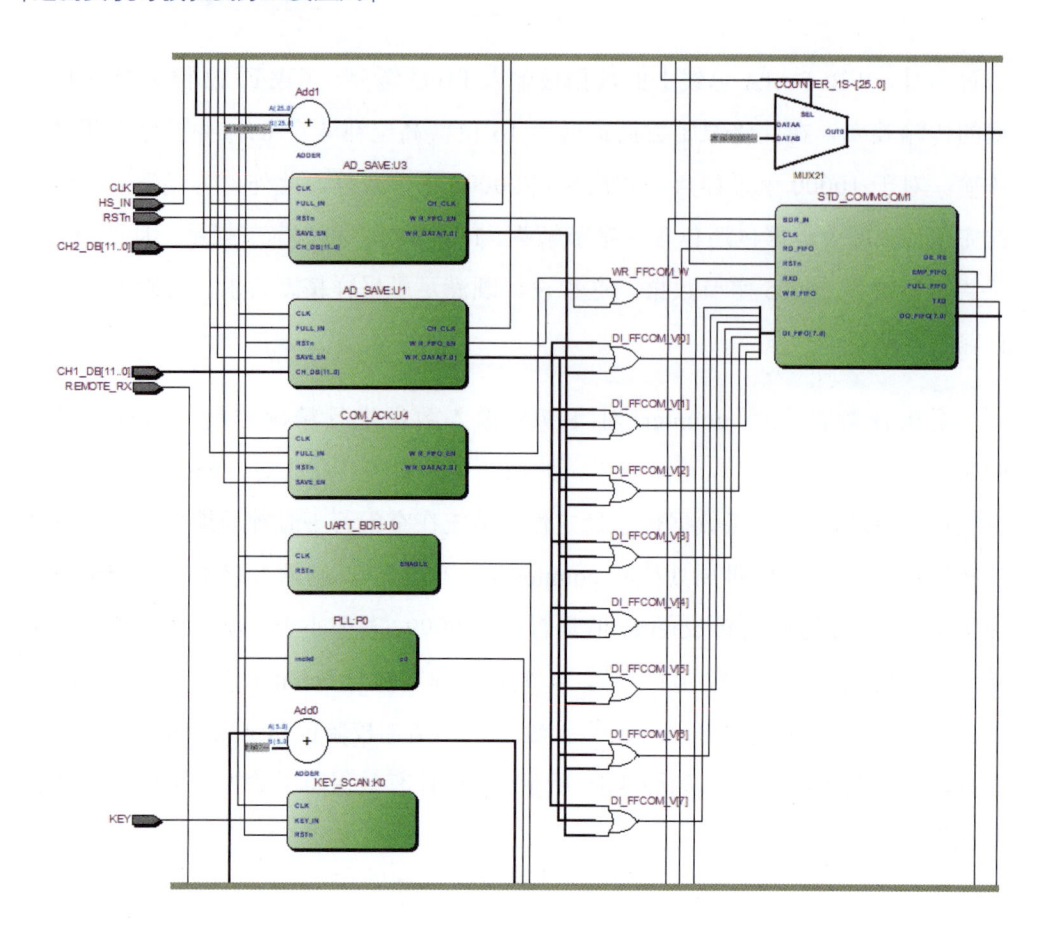

图 4-19　RTL 电路结构

4.4　人机交互界面与算法

人机交互界面的开发在现代化软件系统中具有关键作用,Qt Creator 作为跨平台的 C++语言程序设计集成开发环境,为人机交互界面的开发提供了高效便捷的解决方案。该平台集成了丰富的 API 接口和强大的可视化设计工具,支持开发者快速实现各类复杂的交互功能需求。基于 Qt Creator 开发的人机交互界面设计流程如图 4-20 所示,其模块化架构和可视化编程特性显著提升了开发效率,同时保证了人机交互界面的响应性能和用户体验。

```
需求分析  →  界面设计  →  程序设计
```

图 4-20　人机交互界面设计流程

4.4.1　需求分析

为便于现场工作人员实时监测道岔尖轨的健康状态，需设计一套完善的人机交互系统。该系统应具备以下核心功能：实现设备开机自检、支持串口数据收发、实时显示道岔尖轨状态参数、提供监测波形可视化功能，以及具备数据存储能力。

4.4.2　界面设计

为实现该系统复杂的功能，需采用合理的空间布局设计简洁高效的 UI 界面。Qt Creator 框架提供了丰富的控件元素，包括按钮、图形框、文本框、输入框和标签等，通过组合这些控件可实现多样化的功能。基于系统需求设计的人机交互界面如图 4-21 所示，具体划分为如下 6 个功能区域。

功能区域 1 为配置信息显示区，可实时展示线路名称、站点信息、道岔尖轨编号、当前串口序号，以及双通道监测状态（可同步监测左、右两条道岔尖轨），同时显示人机界面与下位机硬件系统的通信状态。

功能区域 2 为串口与通道控制区，包含串口选择下拉菜单和开关控制按钮，用于建立与下位机的通信连接；通道选择控件用于切换左、右两条道岔尖轨的超声导波信号采集模式；接收窗口实时显示超声导波信号的 16 进制数据。"空采 1"和"激励 1"按钮分别控制通道 1（左侧道岔尖轨）的信号采集与激励发射，当选择通道 1 时，通道 2 相关功能自动禁用；当选择通道 2 时，通道 1 相关功能自动禁用。

功能区域 3 为系统日志区，实时记录并显示系统操作日志。

功能区域4为道岔尖轨状态监测区，动态显示道岔尖轨健康状态（正常/异常）。当检测到缺陷时，会精确显示缺陷位置与接收传感器之间的距离数值。

功能区域5为信号显示区，以波形图形式实时呈现超声导波原始信号及其能量分布。

功能区域6为系统时间显示区，展示当前日期和时间信息。

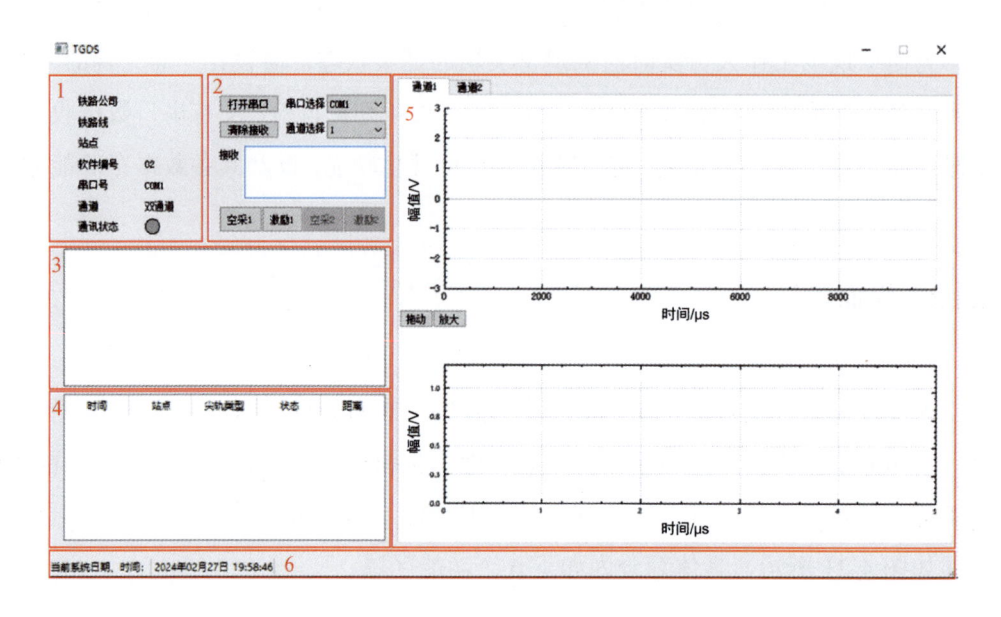

图 4-21　人机交互界面

4.4.3　程序设计与滤波算法

1. 数据传输协议

人机交互界面通过串口与下位机硬件系统进行数据通信。针对不同的功能需求，专门设计了数据传输协议，该协议主要包含两种数据帧格式：一种是激励状态下从人机界面发送至下位机的指令帧（见表4-3），另一种是超声导波信号采集完成后下位机返回的响应帧（见表4-4）。该协议共定义了5个任务的数据帧格式，其中"波形数据（20000）"表示该波形数据包由20000字节构成，完整记录了采集到的超声导波信号信息。

表 4-3 数据传输协议——指令帧

任 务	帧 头	数 据	帧 尾	长度/字节
通信状态自检	55 AA	05	AA 55	5
空采 1	55 AA	01	AA 55	5
激励 1	55 AA	02	AA 55	5
空采 2	55 AA	03	AA 55	5
激励 2	55 AA	04	AA 55	5

表 4-4 数据传输协议——响应帧

任 务	帧 头	数 据	XOR 校验	帧 尾	长度/字节
通信状态自检	55 AA	05	FA	0D 0A	6
空采 1	55 AA	波形数据（20000）	XOR	0D 0A	20005
激励 1	55 AA	波形数据（20000）	XOR	0D 0A	20005
空采 2	55 AA	波形数据（20000）	XOR	0D 0A	20005
激励 2	55 AA	波形数据（20000）	XOR	0D 0A	20005

"空采 1""空采 2"表示在不施加激励信号的情况下直接采集道岔尖轨内部的超声导波信号，而"激励 1""激励 2"则表示先向道岔尖轨发送激励信号再进行超声导波信号采集。由于空采功能在实际应用中较少使用，因此，下面重点针对激励功能的工作原理和实现方式进行详细分析。

2．软件系统流程

软件系统设计流程如图 4-22 所示，完整呈现了从初始化到功能实现的各关键环节。该流程图详细描述了系统启动、参数配置、数据采集、信号处理、状态监测及结果显示等核心功能模块的执行顺序和逻辑关系，为软件开发提供了清晰的实现路径。

人机交互界面通过串口与下位机硬件系统建立数据通信，通信波特率设置为 115200bps[①]。软件系统启动时，先自动加载配置文件获取线路参数和串口配置信

---

① bps 指比特每秒，是数据传输速率的单位。

息；随后，建立与下位机的串口连接，连接成功后立即发送"通信状态自检"指令，完成系统通信链路的初始化检测。该设计确保了人机交互系统与下位机硬件系统之间可靠的数据传输通道。

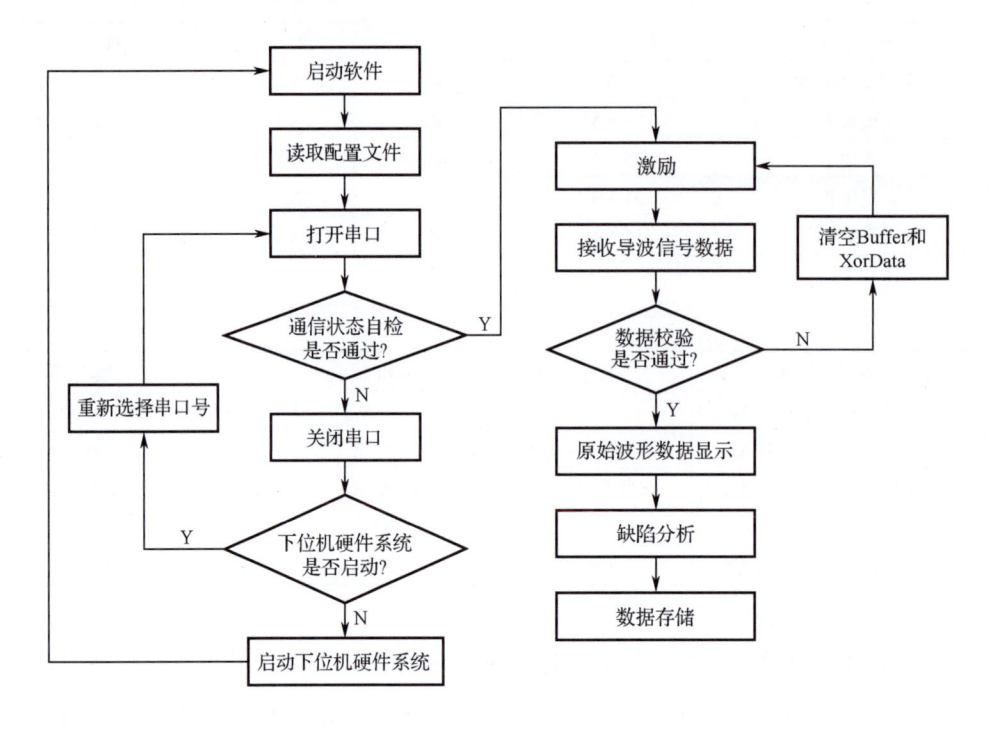

图 4-22 软件系统设计流程

通信状态自检完成后，操作人员可通过单击"激励 1"或"激励 2"按钮启动数据采集流程。采集到的超声导波信号经系统处理后，将在人机交互界面的区域 5 实时显示波形数据。

软件系统采用 Buffer 变量作为串口数据接收缓冲区。根据表 4-4 定义的协议规范，完整响应帧长度为 20005 字节，其中，第 20003 字节为 XOR（异或）校验位。软件系统设置 XorData 变量进行数据校验：每接收一字节数据即与 XorData 执行异或运算，并将结果重新赋值给 XorData。当完成前 20002 字节校验后，软件系统将校验结果与第 20003 字节进行比对。若校验通过，则进行数据显示和存储操作；若校验失败，则清空 Buffer 和 XorData，自动发起重新采集，确保通信可靠性。

软件系统对采集的超声导波信号进行双重处理：在区域 5 同步显示原始信号波形及其包络线，同时基于脉冲反射法原理计算并定位道岔尖轨缺陷位置，实现精准的状态监测功能。

3. 滤波算法设计

在实验过程中，为避免两个直达波到达端面的时间不一致，将换能器安装在道岔尖轨中部位置，使两个端面回波波包重合，从而减小对缺陷回波波包的影响。为应用脉冲反射法检测缺陷，必须先计算超声导波波形的包络线。常用的计算方法是希尔伯特变换，对于一个实值函数 $f(t)$，其希尔伯特变换定义为

$$\hat{f}(t) = \int_{-\infty}^{+\infty} \frac{f(\tau)}{\pi(t-\tau)} d\tau \tag{4-1}$$

希尔伯特变换在数学上的本质是实函数 $f(t)$ 与核函数 $1/(\pi t)$ 的卷积，式（4-1）可表示为卷积积分形式：

$$\hat{f}(t) = f(t) \frac{1}{\pi t} \tag{4-2}$$

设 $\hat{F}(t) = F[\hat{f}(t)]$，$\hat{f}(t)$ 的傅里叶变换为 $F(t)$，$1/\pi t$ 的傅里叶变换为 $F[1/\pi t]$，根据傅里叶变换性质可知，在时域做卷积，相当于在频域 $F(f)$ 与 $F[1/\pi t]$ 相乘。由于

$$F[1/\pi t] = -\mathrm{jsgn}(f) = \begin{cases} -\mathrm{j}, & f > 0 \\ \mathrm{j}, & f < 0 \end{cases} \tag{4-3}$$

得到

$$\hat{F}(t) = -[\mathrm{jsgn}(f)] F(f) \tag{4-4}$$

为深入理解希尔伯特包络线的物理意义，现引入解析函数 $Z(t)$ 的概念。该解析函数由原始信号 $f(t)$ 及其希尔伯特变换 $\hat{f}(t)$ 共同构成，其表达式如式（4-5）所示。通过解析函数的模值计算，即可获得信号的包络线特征，这种方法能有效提取信号中的幅值变化信息，为后续的缺陷检测提供关键特征参数。

$$Z(t) = f(t) + \mathrm{j}\hat{f}(t) \tag{4-5}$$

式（4-5）也可以改写为

$$Z(t) = A(t) \mathrm{e}^{-\mathrm{j}\varphi(t)} \tag{4-6}$$

式中，$A(t)$ 为希尔伯特的包络线，其表示式为

$$A(t) = \sqrt{f^2(t) + \hat{f}^2(t)} \qquad (4\text{-}7)$$

为获得更平滑的包络线特征，先对原始信号进行卷积滤波预处理，以消除噪声干扰。信号滤波前后希尔伯特变换如图 4-23 所示。该滤波处理能有效抑制信号中的高频噪声成分，提升后续希尔伯特变换处理的质量，使最终得到的包络线更加清晰平滑，有利于准确提取信号特征参数。预处理后的信号保留了关键的波形特征，同时显著提高了信噪比。

(a) 滤波前的信号

(b) 滤波前希尔伯特变换

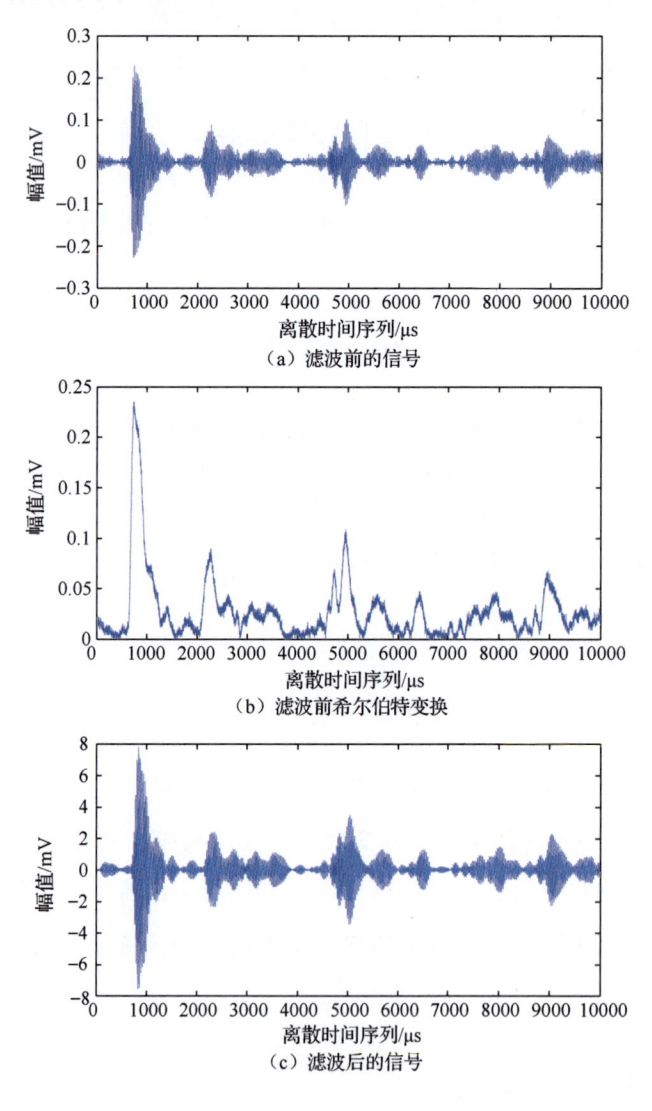

(c) 滤波后的信号

图 4-23　信号滤波前后希尔伯特变换

(d) 滤波后希尔伯特变换

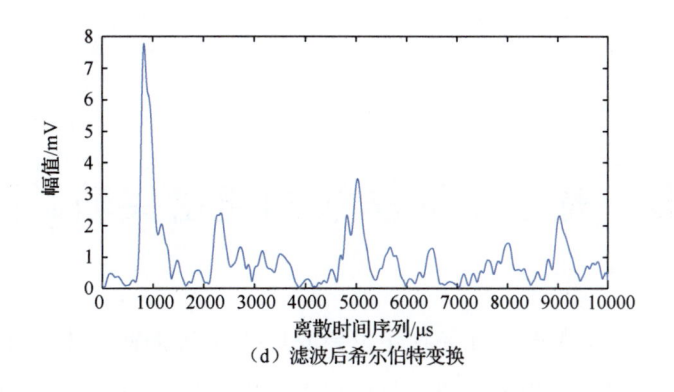

图 4-23　信号滤波前后希尔伯特变换（续）

本章小结

本章根据道岔尖轨缺陷检测系统的需求，完成了超声导波激励与采集系统的设计。首先，研究了信号的频率和采样要求，选择了合适的芯片完成了激励电路和接收电路的设计；其次，使用 FPGA 编写了超声导波信号激励和接收相应的驱动程序，编写了主控程序完成任务调度；最后，设计了人机交互界面，以完成对超声导波信号的波形显示、数据存储与传输，以及道岔尖轨的状态监测等。

第 5 章　基于小波基线的道岔尖轨缺陷检测

道岔尖轨因其变截面特性导致超声导波传播模态复杂，多模态混叠现象显著，这给信号特征提取带来极大挑战，难以有效识别裂纹缺陷信号。传统超声导波检测广泛采用的基线法，通过采集无缺陷结构信号作为基准，利用实测信号与基准信号的差异来提取缺陷特征。然而，该方法存在明显局限性：对温度波动和环境噪声极为敏感，必须结合复杂的温度补偿算法才能准确获取缺陷信息。针对基线法的缺陷，本章基于实测的道岔尖轨超声导波数据，提出了一种小波基线缺陷检测方法。该方法采用时频域联合分析策略：首先，对信号进行时频分段处理，对各时段信号取绝对值后叠加获得区间频谱；其次，在频域内与基线信号进行差分运算，并对差分结果进行平方累加处理，以提取信号特征值；最后，通过优选对缺陷信号最具区分度的特征区间，实现道岔尖轨缺陷的识别。

5.1　数据集

基于自主研发的超声导波激励与采集系统，建立了涵盖多种工况的道岔尖轨状态特征数据集。在多个时间节点和不同环境温度条件下，采集了 9 组道岔尖轨超声导波信号数据，每组数据均包含无缺陷状态的数据，以及轨头、轨腰、轨底 3 类典型的缺陷数据。其中，缺陷状态采用物理模拟方法实现，通过在道岔尖轨关键部位（轨头、轨腰、轨底）粘贴标准质量块来模拟实际缺陷特征。用于模拟缺陷的质量块如图 5-1 所示。该数据集充分考虑了实际工程检测中的环境变量因素，为后续算法开发和验证提供了可靠的实验数据支撑。数据集采集的实验布置如图 5-2 所示。

第 5 章　基于小波基线的道岔尖轨缺陷检测

图 5-1　用于模拟缺陷的质量块

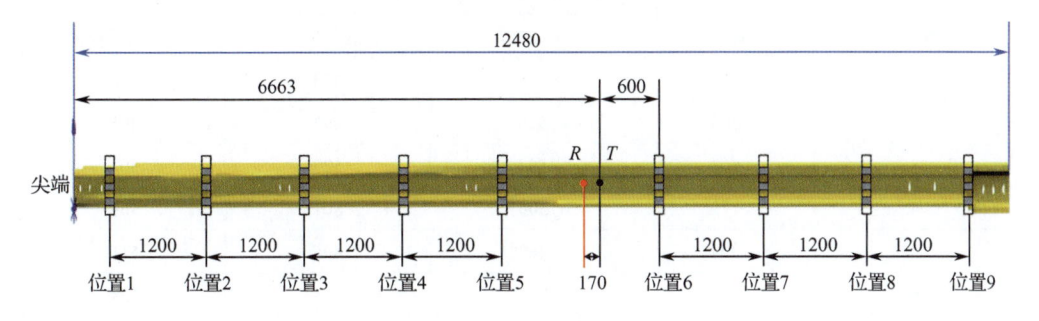

图 5-2　数据集采集的实验布置（单位：mm）

实验采用"一发一收"的超声导波检测模式，具体探头布置方案如下：激励探头（见图 5-2 中 T 点处）位于距道岔尖轨尖端 6663mm 处，接收探头（见图 5-2 中 R 点处）与激励探头保持 170mm 的固定间距。为全面评估道岔尖轨状态，沿道岔尖轨纵向从尖端至尾部均匀设置 9 个检测点位（间距为 1200mm）。在每个检测点位，系统采集了 4 种典型工况的数据：无缺陷、轨头缺陷、轨腰缺陷及轨底缺陷。这种布置方式既保证了检测覆盖范围，又能有效评估缺陷位置对检测结果的影响。

激励信号为经过汉宁窗调制的窄带激励信号（包含 5 个完整周期）的正弦波信号。激励信号时域波形如图 5-3 所示。

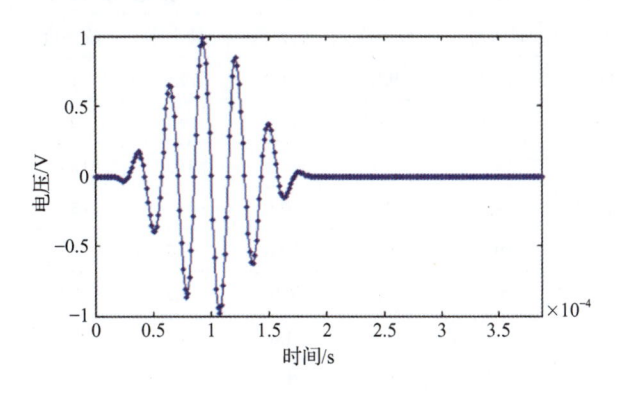

图 5-3　激励信号时域波形

本实验中共采集 21579 个有效数据，包括 5255 个轨头缺陷数据、5244 个轨腰缺陷数据、5234 个轨底缺陷数据及 5846 个无缺陷基准数据。缺陷数据采集情况如表 5-1 所示。

表 5-1　缺陷数据采集情况

位置序号	无缺陷/个	轨头缺陷/个	轨腰缺陷/个	轨底缺陷/个
1	476	778	473	625
2	505	500	492	495
3	503	507	527	503
4	772	500	801	509
5	994	462	495	511
6	488	778	778	799
7	548	496	471	496
8	785	479	472	507
9	775	755	735	789
合　计	5846	5255	5244	5234

实验过程中记录了完整的环境温度数据，各组测试数据的温度变化范围如表 5-2 所示。实测数据显示，整个数据采集期间道岔尖轨表面温度变化范围为 1～16℃。

表 5-2　各组测试数据的温度变化范围

单位：℃

位置序号	无缺陷		轨底缺陷		轨腰缺陷		轨头缺陷	
	最小值	最大值	最小值	最大值	最小值	最大值	最小值	最大值
1	9.0	10.4	9.5	11.0	9.6	11.5	10.5	13.1
2	9.5	11.1	9.0	10.4	9.1	10.4	9.1	10.8
3	12.0	12.7	11.2	13.1	10.3	12.0	11.0	13.1
4	12.2	14.9	14.1	16.0	13.7	15.9	13.8	14.9
5	7.3	10.5	8.1	10.6	9.2	11.5	9.5	11.6
6	3.8	5.3	3.0	6.0	4.2	7.7	8.4	10.0
7	1.9	4.3	1.3	4.8	3.7	5.8	3.0	6.0
8	2.8	5.5	2.6	4.9	1.8	3.8	1.1	3.1

续表

位置序号	无缺陷		轨底缺陷		轨腰缺陷		轨头缺陷	
	最小值	最大值	最小值	最大值	最小值	最大值	最小值	最大值
9	6.8	9.3	7.3	9.5	5.6	8.4	4.4	6.6
总范围①	1.9	14.9	1.3	16.0	1.8	15.9	1.1	14.9
总幅度②	13.0		14.7		14.1		13.8	

5.2 基于时域基线的道岔尖轨缺陷检测方法

从表 5-1 中随机选取位置 1 的一组无缺陷数据和一组轨腰缺陷数据，其对应的时域波形如图 5-4（a）和图 5-4（b）所示。通过对比可以发现，两组数据的波形特征无明显差异，这主要是道岔尖轨的变截面特性导致激励后产生多模态超声导波信号，当轨腰存在缺陷时，缺陷引起的波形变化被复杂的多模态信号所掩盖，难以直接辨识。

将两组数据处理后的差分数据对应的时域波形如图 5-4（c）所示，此时可以观察到明显的特征差异。这一结果表明，在实际工程应用中，若以无缺陷数据作为基线，通过分析后续采集数据与基线数据的差值信号特征，有望实现道岔尖轨缺陷的有效识别。该方法的关键在于建立准确的基线数据库和设计合理的差分信号处理算法。

下面详细阐述时域基线法的基本原理，并系统评估其在道岔尖轨缺陷检测中的实际效果。该方法通过建立无缺陷状态的基线信号库，将实时采集的检测信号与对应基线信号进行时域比对，分析信号差异特征来实现缺陷识别。此外，结合实测数据验证该方法的可行性和局限性，特别是针对道岔尖轨特有的变截面结构导致的信号复杂性问题进行深入探讨。

---

① 总范围：确定本次实验的温度波动范围。其中，总范围最小值为该列位置 1～位置 9 实验数据中的最小值，总范围最大值为该列位置 1～位置 9 实验数据中的最大值。

② 总幅度=总范围最大值-总范围最小值，从而得出实验中温度变化的总体幅度。

(a) 无缺陷数据对应的时域波形

(b) 轨腰缺陷数据对应的时域波形

(c) 处理后的差分数据对应的时域波形

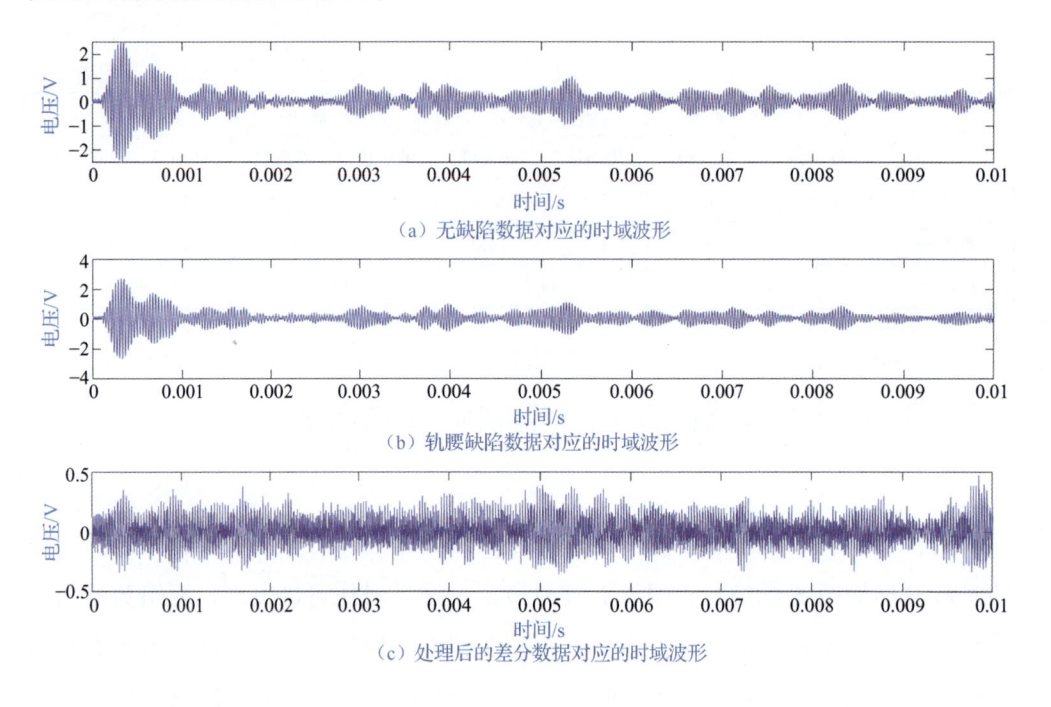

图 5-4 位置 1 无缺陷数据、轨腰缺陷数据，以及处理后的差分数据对应的时域波形

5.2.1 信号预处理

为提高信号质量并消除噪声干扰，对原始信号进行预处理。首先，采用滑动平均算法进行平滑滤波以抑制高频噪声；其次，通过带通滤波器提取有效频段信号；再次，对信号幅值进行归一化处理以消除幅度波动影响；最后，利用互相关算法实现信号精确对齐。这一系列预处理步骤有效提升了信号的信噪比，为后续的缺陷特征提取奠定了良好基础。各处理环节的参数均经过优化实验确定，在保留有效信号特征的同时最大限度地抑制了干扰成分。

1. 平滑滤波

在平滑滤波处理中，采用滑动平均法对信号进行去噪。考虑到超声导波信号的周期性特征，滑动窗口尺寸的选择需要遵循以下原则：窗口尺寸应小于信号变化周期的二分之一，以避免信息丢失；但同时需保持足够长度，以确保良好的去噪效果。经实验验证，最终确定最优滑动窗口尺寸为 9 个采样点。具体实现方法如下：以待处理点为中心，选取前后各 4 个相邻采样点（共 9 个采样点）构成处理窗口，将该窗口内所有采样点的算术平均值作为当前点的滤波输出值。这种参数设置既有效抑制了高频噪声，又较好地保留了信号的原始特征。

2. 带通滤波器信号提取

在信号处理过程中，将采集的超声导波接收信号与图 5-3 所示的激励信号进行时域卷积运算，实现带通滤波处理。该处理方法相比传统数字滤波器，具有更好的相位保持特性和时域波形保真度。

3. 归一化处理

基线法的核心原理是通过计算两组信号的差值来观察变化量并提取缺陷信息。由于接收信号受温度和耦合状态等因素影响会产生幅值波动，因此，需要对信号进行归一化处理，以提高分析可靠性。归一化处理采用式（5-1）所示的计算方法，处理后信号幅度被规范至[0,1]范围，消除了幅值波动带来的干扰，使差值分析结果更加准确可信。

$$X_o = (X_i - x_{min})/(x_{max} - x_{min}) \qquad (5-1)$$

式中，X_i 为待处理信号；X_o 为处理后信号；x_{max} 为待处理信号幅值最大值；x_{min} 为待处理信号幅值最小值。

4. 互相关对齐

针对不同时间点采集数据存在的起始点错位问题，采用互相关算法进行信号对齐处理。具体实现方法如下：首先，随机选取基准信号，截取其首波波峰段作为参考波形；其次，将该参考波形与待对齐信号进行逐点外积求和运算；再次，通过滑动窗口方式遍历所有可能的时间偏移位置，当外积和取得最大值时，对应的偏移点数即为信号错位量；最后，将待对齐信号进行相应平移补偿，即可实现与基准信号的精确对齐。该方法有效解决了由触发采集时刻不一致导致的数据错位问题。

5.2.2 时域基线法

采用向量表示法对采集的超声导波数据进行系统分类和标识。表 5-1 中的无缺陷、轨头缺陷、轨腰缺陷和轨底缺陷的数据分别用向量 N_k^p、H_k^p、W_k^p 和 F_k^p 表示。上标 p 代表采样位置，下标 k 代表在位置 p 采集的第 k 次的数据。数据采集时的采样频率为 1MHz，每次采集 10000 个点的超声导波数据。

$$N_k^p = [n_{k1}^p \quad n_{k2}^p \quad \cdots \quad n_{k10000}^p]$$

$$H_k^p = [h_{k1}^p \quad h_{k2}^p \quad \cdots \quad h_{k10000}^p]$$

$$W_k^p = [w_{k1}^p \quad w_{k2}^p \quad \cdots \quad w_{k10000}^p]$$

$$F_k^p = [f_{k1}^p \quad f_{k2}^p \quad \cdots \quad f_{k10000}^p] \tag{5-2}$$

随机选取无缺陷数据中的第 1 组第 200 条数据作为基线 B。

$$B = N_{200}^1 \tag{5-3}$$

$$B = [b_1 \quad b_2 \quad \cdots \quad b_{10000}] \tag{5-4}$$

表 5-1 中位置 2 的 N_k^2、H_k^2、W_k^2 和 F_k^2 数据，由于采集时间与基线采集时间间隔较短，换能器耦合状态变化较小，且环境温度与基线采集时的温度相近，温度干扰影响微弱。因此，首先对位置 2 的数据进行分析。

将 N_k^2、H_k^2、W_k^2 和 F_k^2 的所有数据，分别和基线 B 作差，之后将 10000 个数据差值求和。

位置 2 所有无缺陷、轨头缺陷、轨腰缺陷和轨底缺陷的数据，与基线作差，如式（5-5）～式（5-8）所示。

$$\mathrm{d}n_k^2 = \sum_{i=1}^{10000}(n_{ki}^2 - b_i)^2 \tag{5-5}$$

第 5 章 基于小波基线的道岔尖轨缺陷检测

$$\mathrm{d}h_k^2 = \sum_{i=1}^{10000}(h-b_i)^2 \tag{5-6}$$

$$\mathrm{d}w_k^2 = \sum_{i=1}^{10000}(w_{ki}^2-b_i)^2 \tag{5-7}$$

$$\mathrm{d}f_k^2 = \sum_{i=1}^{10000}(f_{ki}^2-b_i)^2 \tag{5-8}$$

选取其中的 400 个数据，将它们绘制在图 5-5 中。

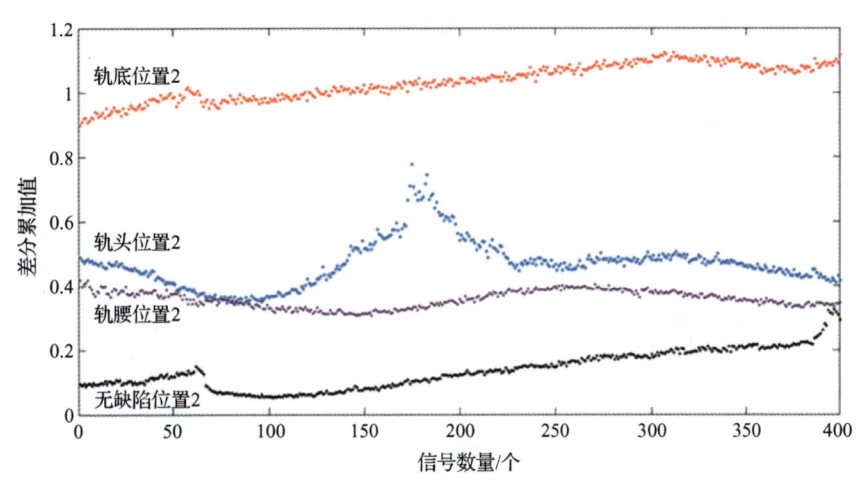

注：信号时段为 0.001～10.000ms。

图 5-5 时域基线法位置 2 处数据的检测结果

图 5-5 从上至下依次展示了位置 2 的轨底缺陷数据、轨头缺陷数据、轨腰缺陷数据与无缺陷数据分别和基线作差的对比结果。通过观察可以发现，无缺陷数据与基线数据的差异较小，而当道岔尖轨存在缺陷时，数据波形会出现明显变化。这种差异特征表明，通过计算采集数据与基线数据作差，能够有效识别道岔尖轨是否存在缺陷。同时值得注意的是，不同位置的缺陷对数据的影响程度存在差异，轨底缺陷引起的波形变化最为显著，其次是轨头缺陷，轨腰缺陷对数据的影响相对较小。这一现象为缺陷定位提供了重要依据。

图 5-5 展示了以位置 1 的无缺陷数据作为基线来检测位置 2 缺陷的效果。由于位置 1 和位置 2 的数据采集环境条件相近，检测效果较好。但考虑到实际应用中道岔尖轨处于室外环境，温度波动较大，需要进一步研究时域基线法在温度变

化显著时的有效性。根据图 5-5 的实验结果，轨底缺陷的信号特征最为明显，因此，选取位置 2 的轨底缺陷作为分析对象，用于验证时域基线法在不同环境温度条件下的检测可靠性。这一研究将有助于评估该方法在实际工程应用中的适用性。

依然选取位置 1 的第 200 条无缺陷数据作为基线 B。将位置 2 的缺陷数据及各位置的无缺陷数据分别与基线 B 进行差分运算，随后对 10000 个差分数据进行平方求和计算，具体计算过程如式（5-9）所示。

$$\mathrm{d}n_k^p = \sum_{i=1}^{10000} (n_{ki}^p - b_i)^2 \qquad (5\text{-}9)$$

选取其中的 400 个数据，将它们绘制在图 5-6 中。

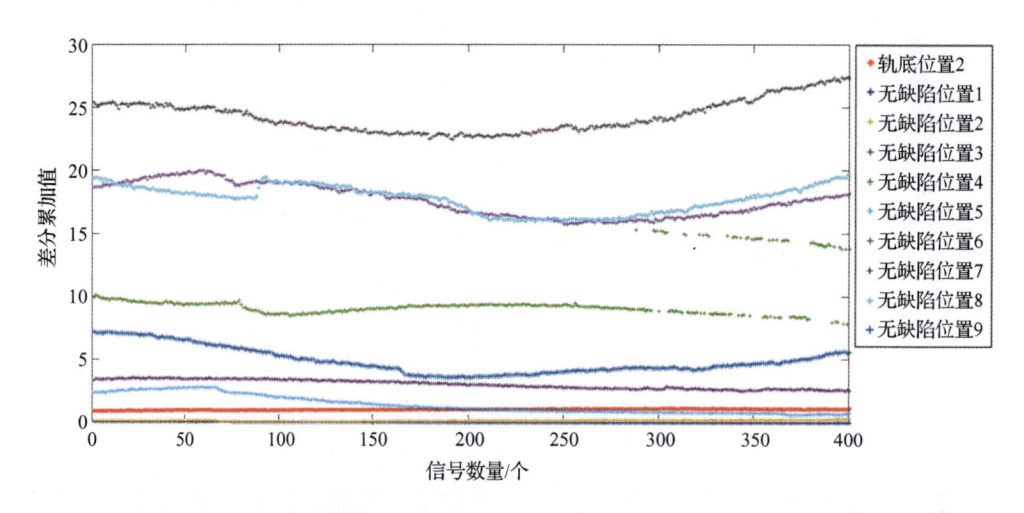

注：信号时段为 0.001～10.000ms。

图 5-6　时域基线法位置 2 处轨底缺陷数据与所有无缺陷数据的检测结果

图 5-6 中红色曲线显示位置 2 轨底缺陷数据与基线的差值结果，其余曲线为位置 2～位置 9 无缺陷数据与基线的差值对比。分析结果表明，除位置 1 和位置 2 外，其他位置无缺陷数据与基线的差值均明显大于位置 2 轨底缺陷与基线的差值。这种现象主要源于数据采集时的时间间隔差异，位置 1 和位置 2 的数据采集时间间隔较短，环境温度和耦合条件变化较小，因此，检测结果受环境影响较小；而随着时间间隔延长，环境温度波动和耦合条件变化对超声导波信号的影响逐渐增大，最终甚至超过缺陷本身对信号的影响程度。这说明时域基线法的有效性会随

第 5 章 基于小波基线的道岔尖轨缺陷检测

环境条件变化而显著变化。

为提升差值分析的精度,采用分段处理方法对数据集中的每条时域波形进行细化分析。时域波形分段示意如图 5-7 所示。将完整的 10000 个采样点波形数据划分为 10 个等长时段,每个时段包含 1000 个采样点,对每个时段独立进行基线差值计算和特征提取。这种分段处理策略具有以下优势:提高了缺陷特征的时空分辨率;能够识别局部微小信号变化;降低长时信号分析的复杂度;有利于定位缺陷的具体区段。每个时段的处理均包含信号对齐、差值计算和特征量化 3 个步骤,最终通过综合各时段分析结果进行缺陷检测。

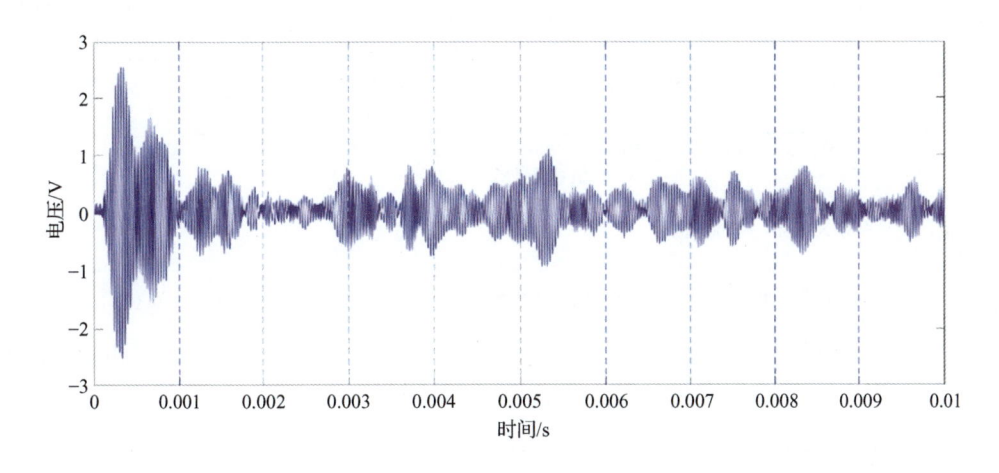

图 5-7 时域波形分段示意

位置 2 处轨底缺陷数据 F_k^2、各位置处无缺陷数据 N_k^p 及基线数据 N_{200}^1 均采用图 5-7 所示方法进行分段处理。具体操作如下:将待检测数据与基线数据的对应分段逐一进行差值运算,并计算各段的差值总和。经过系统分析,F_k^2 和 N_k^p 所有数据处理后区分度最优的结果如图 5-8 所示。结果表明,分段处理方法能有效提升缺陷特征的识别精度,特别是在信号变化微弱的早期阶段可实现可靠检测。

图 5-8 中,红色曲线为位置 2 处轨底缺陷数据与基线数据的差值结果,其余曲线为位置 1~位置 9 处无缺陷数据与基线数据的差值对比。结果表明,经时域信号分段处理后,除位置 1、位置 2、位置 3 和位置 5 外,其他位置处的无缺陷数据与基线数据的差值仍大于位置 2 处轨底缺陷数据与基线数据的差值。虽然分段处理提升了缺陷检测效果,但当温度变化显著时,时域基线法仍存在固有局限:

无法有效区分差值来源是温度变化还是真实缺陷。因此，在缺乏温度补偿措施的情况下，时域基线法难以直接应用于实际现场的道岔尖轨缺陷检测，需要结合其他补偿算法来提高环境适应性。

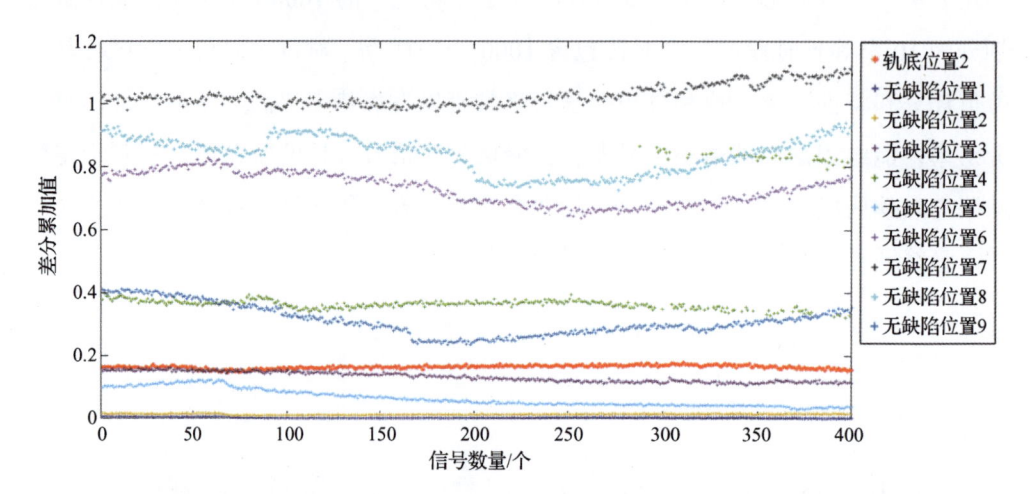

注：信号时段为 4.001~5.000ms。

图 5-8 时域分段基线法位置 2 处轨底缺陷数据与所有无缺陷数据的检测结果细化分析

5.3 频域基线法

针对时域基线法存在的问题，下面分析频域基线法检测缺陷的可行性。对比图 5-6 与图 5-8 可知，分段求解基线差值的方法比用全部数据一起求解差值时，温度变化引起的差异相对更小，抗温度干扰能力更强，更能反映缺陷引起的信号变化，因此，在频域直接采用分段处理方法。

如图 5-7 所示，将待检测数据和基线数据按采样时间分为若干段，对单个时间段的数据 $F(t)$ 先进行傅里叶变换，如式（5-10）所示。

$$\hat{F}(\omega) = \int_{-\infty}^{\infty} F(t)\mathrm{e}^{-2\pi i \omega t}\mathrm{d}t \tag{5-10}$$

式中，ω 为波信号的角频率。

第 5 章 基于小波基线的道岔尖轨缺陷检测

定义频率算子 S_k 为

$$S_k = 2\sum_{\omega=0}^{f_n}(|\hat{F}_k(\omega)|-|\hat{F}_0(\omega)|)^2 \tag{5-11}$$

式中,基线数据的频谱为 $\hat{F}_0(\omega)$;待测数据的频谱为 $\hat{F}_k(\omega)$;f_n 为最大频率,即 $F_s/2$。

位置 2 处轨底缺陷数据、无缺陷数据和基线数据均按图 5-7 所示方法进行分段,将待检测数据与基线数据对应的分段在频域作差并计算差值总和。同时,将所有数据与基线数据在频域作差,选取计算结果中区分度较好的一段进行绘制,检测结果如图 5-9 所示。

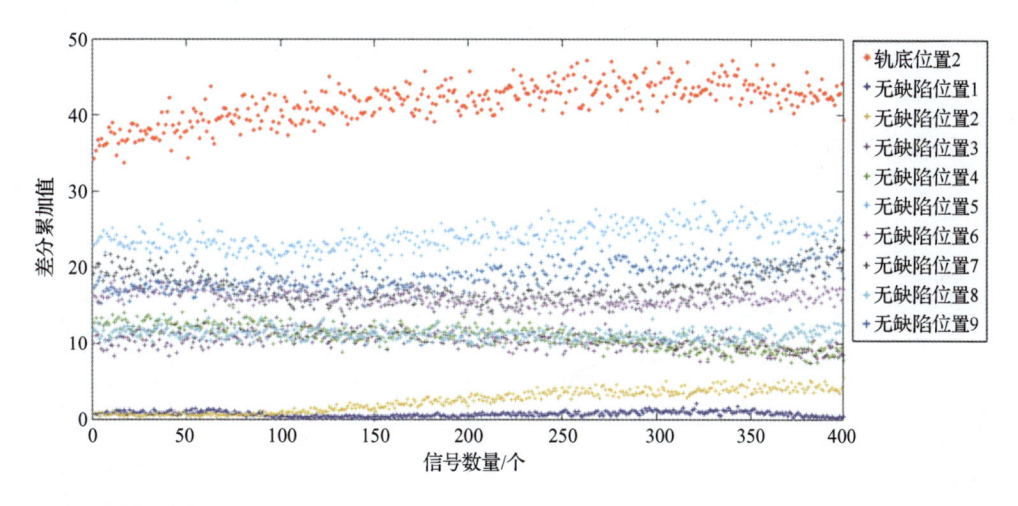

注:信号时段为 2.501~3.500ms。

图 5-9 分段频域基线位置 2 处轨底缺陷数据与所有无缺陷数据的检测结果

图 5-9 中红色曲线表示位置 2 处轨底缺陷数据与基线数据作差的结果,其余曲线为位置 1~位置 9 处无缺陷数据与基线数据作差的结果。从图 5-9 中可以看出,无缺陷数据与基线数据在频域的差值结果均小于位置 2 处轨底缺陷数据与基线数据的差值结果。因此,在本实验的温度变化范围内,分段频域基线法能够有效识别位置 2 处轨底缺陷。

将缺陷信号数据、无缺陷信号数据和基线数据分段后在频域进行差值运算,并计算差值总和。通过频域基线法能够有效区分缺陷信号与无缺陷信号,所有位置处缺陷均能被识别。图 5-10、图 5-11 和图 5-12 分别展示了随机选取的位置 5

处轨底缺陷、位置 9 处轨头缺陷和位置 1 处轨腰缺陷数据与无缺陷数据在频域的检测结果。

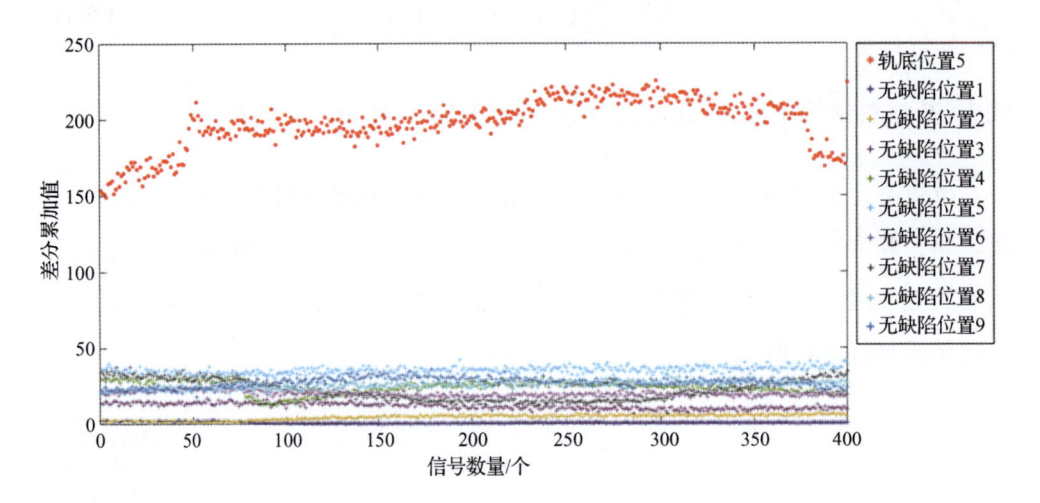

图 5-10　分段频域基线位置 5 处轨底缺陷数据与无缺陷数据的检测结果

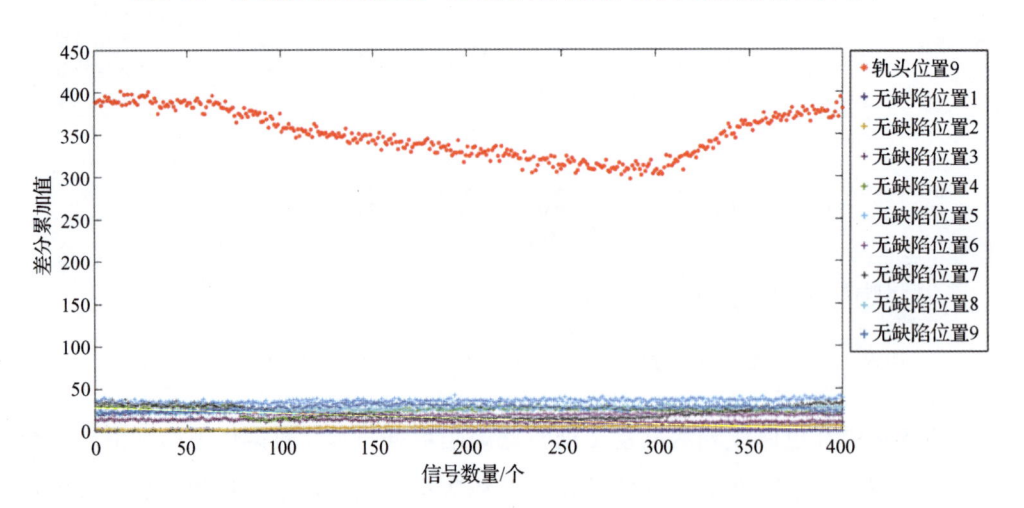

注：信号时段为 8.001~9.000ms。

图 5-11　分段频域基线位置 9 处轨头缺陷数据与无缺陷数据的检测结果

从频域检测结果来看，除位置 9 处轨腰缺陷的区分效果不明显外，其余缺陷信号均能被有效识别。位置 9 处轨腰缺陷数据与无缺陷数据的检测结果如图 5-13 所示。

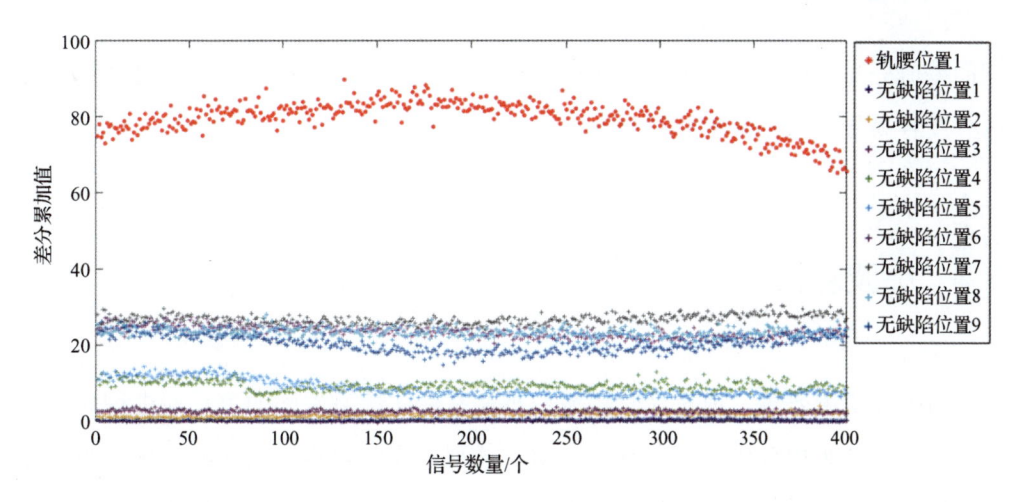

注：信号时段为 2.001～3.000ms。

图 5-12　分段频域基线位置 1 处轨腰缺陷数据与无缺陷数据的检测结果

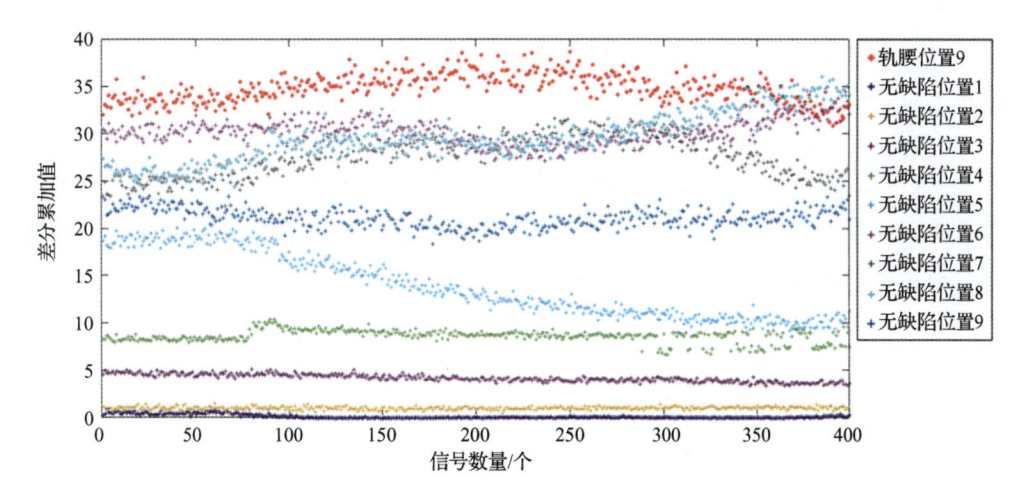

注：信号时段为 7.198～7.600ms。

图 5-13　分段频域基线位置 9 处轨腰缺陷数据与无缺陷数据的检测结果

图 5-13 中，红色曲线表示位置 9 处轨腰缺陷数据与基线数据的频域差值结果，其余曲线为位置 1～位置 9 处无缺陷数据与基线数据的差值结果。实验结果显示，虽然分段频域基线法在多数情况下能有效识别缺陷，但仍存在个别缺陷数据的频谱算子小于无缺陷数据的情况，导致识别效果不理想。

通过以上分析可以看出，频域基线法的缺陷识别效果明显优于时域基线法的缺陷识别效果。然而，个别位置缺陷数据与基线数据的差值分布区间与无缺陷数据的差值分布区间较为接近，二者区分度不高。在实际工程应用中，这种较低的区分度容易导致缺陷漏报和误报。

5.4 小波基线法

为提高检测效果，现对（时频域）小波基线法检测缺陷的可行性进行研究。频域基线方法采用分段处理数据，本质上体现了短时傅里叶变换的思想。小波变换不仅继承了短时傅里叶变换的局部化特性，还克服了固定窗口尺寸等局限性，能够提供随频率自适应变化的时频域分析窗口，是信号时频域分析的理想工具。该方法通过变换可突出信号特定特征，实现时频域局部化分析，利用伸缩平移运算对信号进行多尺度细化处理，在高频段实现时间细分，在低频段实现频率细分，自动适应时频域分析需求，从而实现对信号细节的精确聚焦。

本研究选用 cmor3-3 作为小波变换的基函数。该小波基属于有限长小波基，由高斯窗函数与正弦信号复合构成，其具体波形如图 5-14 所示。这种复合结构使其在时频域分析中兼具良好的局部化特性和频率分辨能力。

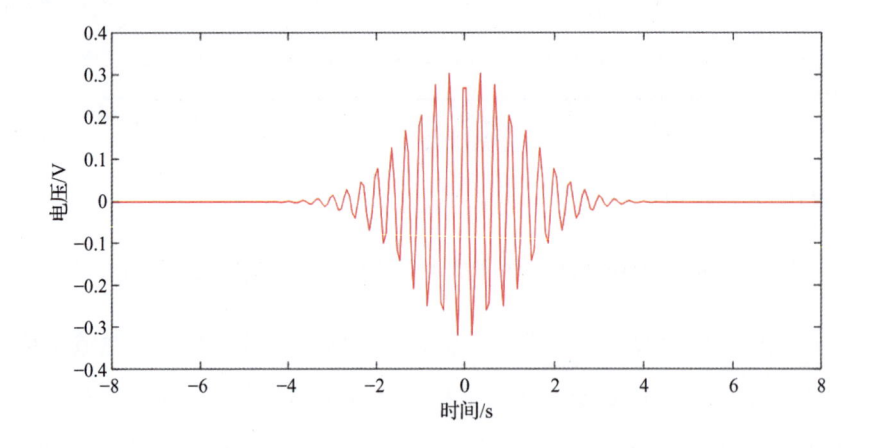

图 5-14 cmor3-3 小波基波形

对超声导波数据 $f(t)$ 先做小波变换，如式（5-12）所示。

第 5 章 基于小波基线的道岔尖轨缺陷检测

$$W(a,b) = \frac{1}{a}\int f(t) \cdot \Psi^*\left(\frac{t-b}{a}\right)dt \qquad (5\text{-}12)$$

式中，a 为尺度参数；b 为平移参数；Ψ^* 为小波函数 Ψ 的共轭函数。

获得信号小波时频域分布后，在时频域对信号进行分段，如图 5-15 所示。各分段数据表示为

$$W(a_{mf-nf}, b_{mt-nt}) \qquad (5\text{-}13)$$

式中，mf 和 nf 分别为频率分段起点和终点；mt 和 nt 分别为时间分段起点和终点。

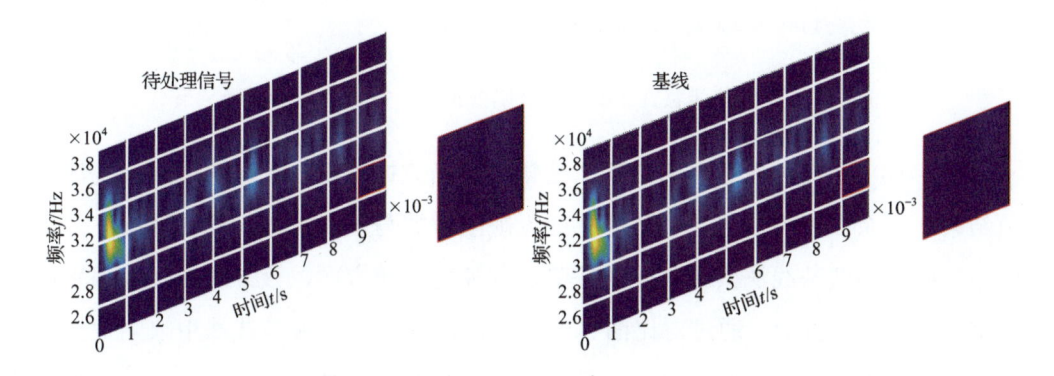

图 5-15 时频域分段示意

将频率-时间算子 S_k^φ 定义为

$$S_k^\varphi = \sum_{a=mf}^{nf}\left[\left|\sum_{b=mt}^{nt}W_k(a_{mf-nf}, b_{mt-nt})\right| - \left|\sum_{b=mt}^{nt}W_0(a_{mf-nf}, b_{mt-nt})\right|\right]^2 \qquad (5\text{-}14)$$

式中，W_k 为待处理数据；W_0 为基线数据。

轨底位置 2 处缺陷数据 F_k^2、无缺陷数据 N_k^p 和基线数据 N_{200}^1 进行小波变换后按照图 5-15 所示进行时频域分段，将待检测数据和基线数据对应分段按照式（5-14）计算，获得频率-时间算子 S_k^φ。选取 F_k^2 和 N_k^p 的所有数据计算后的结果中区分度较好的分段结果作图如图 5-16 所示。

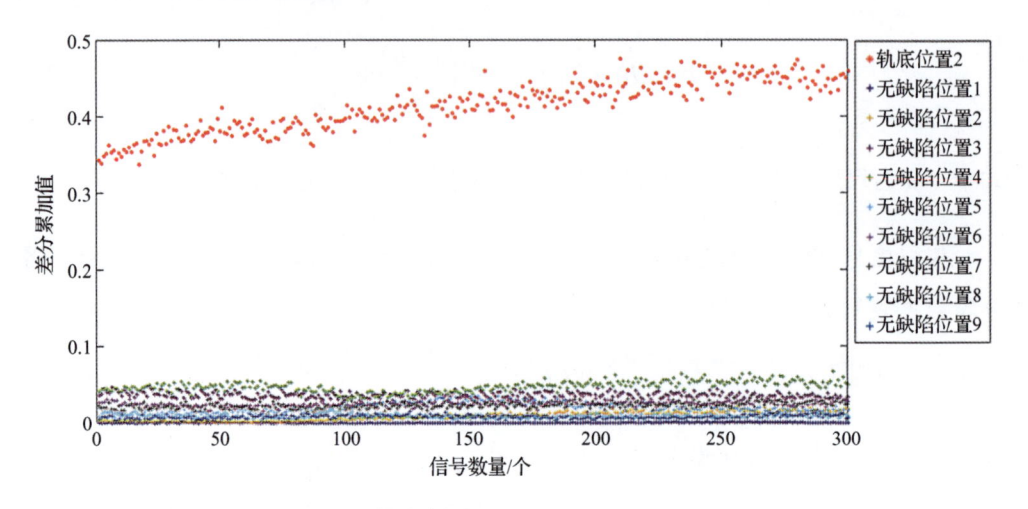

注：信号频率为 27.10~29.30kHz，信号时段为 9.001~10.000ms。

图 5-16　小波基线位置 2 处轨底缺陷数据与无缺陷数据的检测结果

图 5-16 中，红色曲线表示位置 2 处轨底缺陷数据与基线数据的小波基线法差值结果，其余曲线为位置 1～位置 9 处无缺陷数据与基线数据的差值结果。分析结果表明，小波基线法具有更好的缺陷识别能力。一方面，该方法能有效识别出缺陷信号；另一方面，通过对比图 5-9 与图 5-16 可见，小波基线法中缺陷数据与无缺陷数据的差值差异更为显著，其区分度明显优于频域基线法。

图 5-13 显示，在使用频域基线法检测位置 9 处轨腰缺陷时，最后几组数据出现了与无缺陷数据混淆的情况。为改善这一状况，现采用小波基线法进行重新检测。具体方法如下：将轨腰位置 9 处的缺陷数据 W_k^9、无缺陷数据 N_k^p 和基线数据 N_{200}^1 按图 5-15 所示方法进行分段处理，对各分段数据进行小波基线法分析后，按式（5-14）计算频率-时间算子 S_k^φ。最终检测结果如图 5-17 所示，该方法有效解决了频域基线法存在的数据混淆问题。

对比图 5-13 与图 5-17 可以看出，小波基线法在缺陷数据与无缺陷数据的区分度上明显优于频域基线法。相较于时域基线法和频域基线法，小波基线法具有以下优势：其无损数据的数值分布更为集中；缺陷数据与无缺陷数据的差异更加显著，区分度更高；对于信号特征较弱的缺陷点位，小波基线法仍能保持良好的检测性能。这些特点使小波基线法在实际工程应用中具有更好的可靠性和准确性。

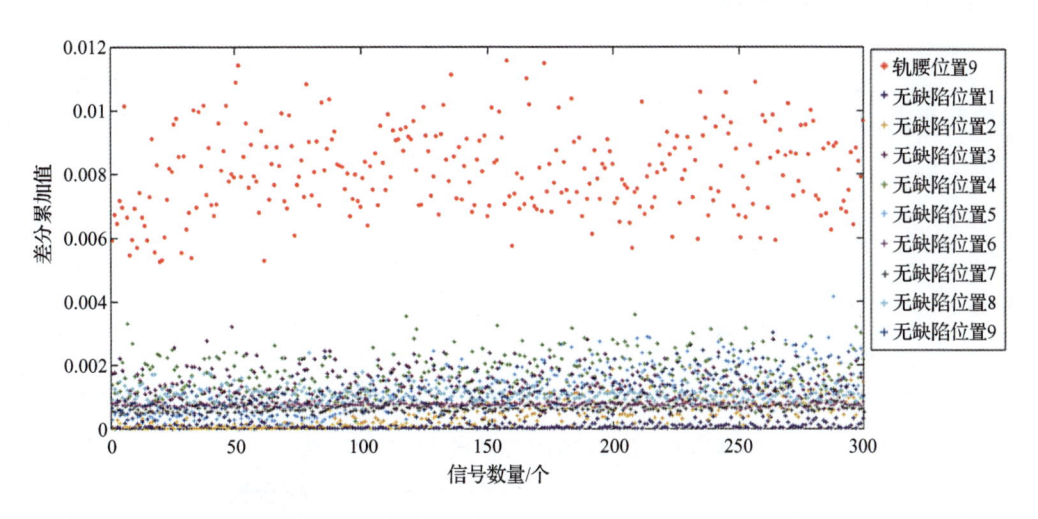

注：信号频率为 25.88~27.58kHz，信号时段为 7.001~8.000ms。

图 5-17　小波基线轨腰位置 9 缺陷数据与无缺陷数据的检测结果

5.5　缺陷识别

下面对实验采集的所有数据，应用频域基线法和小波基线法进行缺陷检测，综合分析两种方法的检测效果。取缺陷数据和基线作差求和的最小值 S_{min}^{D}，以及无缺陷数据和基线作差求和的最大值 S_{max}^{N}，将报警阈值 S_{Th} 设定为 S_{min}^{D} 和 S_{max}^{N} 的均值。

轨底缺陷、轨腰缺陷和轨头缺陷频域基线法的检测结果分别如表 5-3、表 5-4 和表 5-5 所示。轨底缺陷识别率为 100.00%，轨腰缺陷识别率为 99.81%，轨头缺陷识别率为 99.86%，综合缺陷识别率为 99.89%。

表 5-3　轨底缺陷频域基线法的检测结果

位置序号	识别区间/ms	S_{max}^{N}	S_{min}^{D}	S_{Th}	识别率/%
1	[2.001, 3.000]	30.4	37.1	33.8	100.00
2	[2.501, 3.500]	28.7	33.7	31.2	100.00
3	[8.001, 9.000]	42.2	56.1	49.2	100.00
4	[8.001, 9.000]	42.2	134.1	88.2	100.00

续表

位置序号	识别区间/ms	s_{max}^N	s_{min}^D	s_{Th}	识别率/%
5	[8.001, 9.000]	42.2	148.8	95.5	100.00
6	[8.001, 9.000]	42.2	73.3	57.8	100.00
7	[8.001, 9.000]	42.2	75.7	59.0	100.00
8	[4.001, 5.000]	89.5	116.0	102.8	100.00
9	[8.001, 9.000]	42.2	61.3	32.0	100.00
综合	——	——	——	——	100.00

表 5-4　轨腰缺陷频域基线法的检测结果

位置序号	识别区间/ms	s_{max}^N	s_{min}^D	s_{Th}	识别率/%
1	[2.001, 3.000]	29.3	65.4	47.4	100.00
2	[3.201, 3.550]	2.2	3.3	2.8	100.00
3	[2.751, 3.750]	23.9	39.7	31.8	100.00
4	[3.001, 4.000]	54.6	80.7	67.7	100.00
5	[9.001, 10.000]	66.4	92.5	79.5	100.00
6	[9.001, 10.000]	66.4	106.2	86.3	100.00
7	[8.751, 9.750]	55.5	85.0	70.3	100.00
8	[5.001, 6.000]	248.9	259.4	254.2	100.00
9	[7.198, 7.600]	36.1	30.9	32.0	98.25
综合	——	——	——	——	99.81

表 5-5　轨头缺陷频域基线法的检测结果

位置序号	识别区间/ms	s_{max}^N	s_{min}^D	s_{Th}	识别率/%
1	[7.503, 8.498]	44.2	47.6	45.9	100.00
2	[6.501, 7.100]	10.2	11.8	11.0	100.00
3	[6.501, 7.100]	10.2	14.8	12.5	100.00
4	[8.001, 9.000]	42.2	76.2	59.2	100.00
5	[6.500, 7.099]	9.5	8.1	8.5	98.75
6	[8.001, 9.000]	42.2	49.0	45.6	100.00
7	[2.751, 3.750]	24.9	33.3	29.1	100.00
8	[8.001, 9.000]	77.2	237.2	157.2	100.00
9	[8.001, 9.000]	42.2	297.2	169.7	100.00
综合	——	——	——	——	99.86

第5章 基于小波基线的道岔尖轨缺陷检测

轨底缺陷、轨腰缺陷和轨头缺陷小波基线法缺陷的检测结果分别如表 5-6、表 5-7 和表 5-8 所示。轨底缺陷识别率为 100.00%，轨腰缺陷识别率为 100.00%，轨头缺陷识别率为 99.79%，综合缺陷识别率为 99.93%。

表 5-6 轨底缺陷小波基线法的检测结果

位置序号	识别区间		s_{max}^N	s_{min}^D	s_{Th}	识别率/%
	时域/ms	频域/kHz				
1	[3.001, 4.000]	[31.74, 33.45]	0.4371	0.4712	0.4542	100.00
2	[9.001, 10.000]	[27.10, 29.30]	0.0660	0.3380	0.2020	100.00
3	[9.001, 10.000]	[27.10, 29.30]	0.0660	0.6799	0.3729	100.00
4	[9.001, 10.000]	[27.10, 29.30]	0.0660	0.1290	0.0975	100.00
5	[9.001, 10.000]	[27.10, 29.30]	0.0660	0.2020	0.1340	100.00
6	[9.001, 10.000]	[27.10, 29.30]	0.0660	0.0780	0.0720	100.00
7	[9.001, 10.000]	[27.10, 29.30]	0.0660	0.1910	0.1285	100.00
8	[9.001, 10.000]	[27.10, 29.30]	0.0660	0.0697	0.0679	100.00
9	[9.001, 10.000]	[27.10, 29.30]	0.0660	0.1540	0.1100	100.00
综合	——	——	——	——	——	100.00

表 5-7 轨腰缺陷小波基线法检测结果

位置序号	识别区间		s_{max}^N	s_{min}^D	s_{Th}	识别率/%
	时域/ms	频域/kHz				
1	[8.001, 9.000]	[31.98, 34.18]	0.2479	0.3954	0.3217	100.00
2	[8.001, 9.000]	[31.98, 34.18]	0.2479	0.2999	0.2739	100.00
3	[4.001, 5.000]	[29.54, 31.74]	0.8417	2.9157	1.8787	100.00
4	[4.001, 5.000]	[29.54, 31.74]	0.8417	2.9157	1.8787	100.00
5	[7.001, 8.000]	[24.65, 26.85]	0.0011	0.0017	0.0014	100.00
6	[7.001, 8.000]	[27.10, 29.30]	0.0554	0.0967	0.0760	100.00
7	[9.001, 10.000]	[24.65, 26.85]	0.0264	0.0490	0.0377	100.00
8	[8.001, 9.000]	[31.98, 34.18]	0.2479	0.5201	0.3840	100.00
9	[7.001, 8.000]	[25.88, 27.59]	0.0413	0.0053	0.0233	100.00
综合	——	——	——	——	——	100.00

表 5-8　轨头缺陷小波基线法的检测结果

位置序号	识别区间		s_{max}^N	s_{min}^D	s_{Th}	识别率/%
	时域/ms	频域/kHz				
1	[8.001, 9.000]	[29.54, 31.74]	0.3561	0.2899	0.3400	98.10
2	[8.001, 9.000]	[29.54, 31.74]	0.3561	0.5112	0.4336	100.00
3	[8.001, 9.000]	[31.98, 34.18]	0.2480	0.5777	0.4128	100.00
4	[8.001, 9.000]	[29.54, 31.74]	0.3561	0.5894	0.4728	100.00
5	[6.001, 7.000]	[34.42, 36.62]	0.1894	0.2039	0.1966	100.00
6	[3.001, 4.000]	[29.54, 31.74]	0.3147	0.3144	0.3145	100.00
7	[8.001, 9.000]	[29.54, 31.74]	0.3561	1.3003	0.8282	100.00
8	[8.001, 9.000]	[29.54, 31.74]	0.3561	1.5138	0.9349	100.00
9	[8.001, 9.000]	[29.54, 31.74]	0.3561	0.8122	0.5841	100.00
综合	——	——	——	——	——	99.79

上述实验结果表明，在室内采集的数据集测试中，有两种检测方法的缺陷识别率表现优异：频域基线法达到 99.89% 的识别率，而小波基线法的识别率则进一步提升至 99.93%。这一数据对比显示，小波基线法在保持高识别率的同时，较频域基线法具有更优异的检测性能。

本章小结

为解决时域基线法温度补偿复杂、工程适用性差的问题，本章提出了基于频域分析的改进方案，即通过傅里叶变换处理超声导波信号，选取典型道岔尖轨超声导波信号的 FFT 频谱作为基线，通过待测信号与基线频谱的差值计算频域算子。实验数据显示，该方法在室内环境下无须温度补偿即可实现 99.89% 的道岔尖轨缺陷检出率。为进一步提升性能，本章创新性地提出了融合时频域分析的小波基线法，即对超声导波信号进行小波变换后，采用分段差值计算频率-时间算子。室内测试结果表明，该方法将综合缺陷识别率提升至 99.93%，且在缺陷特征区分度方面显著优于频域基线法。

第 6 章 基于机器学习的道岔尖轨缺陷检测

基于第 5 章采集的道岔尖轨缺陷数据集，本章首先测试了支持向量机、随机森林等传统机器学习算法的检测效果，其缺陷识别率不足 65%。考虑到卷积神经网络具备自动特征提取优势，随后构建了 CNN-LSTM 混合模型，其中，CNN 负责学习数据的层次化特征，LSTM 用于处理时序信息。实验结果表明，该 1D-CNN-LSTM 模型将缺陷识别率提升至 89.7%。为进一步优化性能，在 1D-ResNet 中嵌入 SE 注意力模块，并与 LSTM 结合形成 1D-ResNet-SE-LSTM 模型。结果显示，该改进模型的缺陷识别率达到 94.8%，在道岔尖轨缺陷检测任务中表现最优。

6.1 基于传统分类器的道岔尖轨缺陷检测方法

信号处理技术与机器学习算法在道岔尖轨缺陷识别领域长期是结构健康监测的研究热点。本节重点探讨基于特征提取和传统分类器的缺陷识别方法。数据集采集的导波信号为窄带信号，频率分布较为集中，导致频域特征区分度不足，因此，本节仅针对时域特征进行分析。表 6-1 列出了常用的时域特征参数。

表 6-1　常用的时域特征参数

时域特征参数	公 式	说 明
均值	$\text{Mean} = \frac{1}{N}\sum_{i=1}^{N} x_i$	信号值的平均水平，反映了信号的基线偏移
方差	$\text{Variance} = \frac{1}{N}\sum_{i=1}^{N}(x_i - \text{Mean})^2$	信号值的离散程度，反映了信号围绕均值的波动大小。方差越大，表明信号样本分布越分散
标准差	$\text{Standard Deviation} = \sqrt{\text{Variance}}$	方差的平方根，用于描述信号的波动程度
峰值	$\text{Peak Value} = \max_{i=1}^{N}|x_i|$	信号的最大绝对值，反映了信号的最大振幅

续表

时域特征参数	公　式	说　明
均方根值	$\mathrm{RMS} = \sqrt{\dfrac{1}{N}\sum_{i=1}^{N} x_i^2}$	信号平方的均值的平方根，反映了信号的功率
峰值因子	$\mathrm{Peak\ Factor} = \dfrac{\mathrm{Peak\ Value}}{\mathrm{RMS}}$	用于描述信号波形的峰态
波形因子	$\mathrm{Waveform\ Factor} = \dfrac{\mathrm{RMS}}{\mathrm{Mean}}$	用于描述信号波形的形状
峰值指数	$\mathrm{Crest\ Factor} = \dfrac{\mathrm{Peak\ Value}}{\mathrm{RMS}}$	用于评估周期信号的脉冲性
偏度	$\mathrm{Skewness} = \dfrac{\dfrac{1}{N}\sum_{i=1}^{N}(x_i - \mathrm{Mean})^3}{(\mathrm{Standard\ Deviation})^3}$	用于描述信号分布形态的不对称性，反映了信号波形偏离正态分布的程度。正偏度表示数据分布右偏，负偏度表示数据分布左偏
峭度	$\mathrm{Kurtosis} = \dfrac{\dfrac{1}{N}\sum_{i=1}^{N}(x_i - \mathrm{Mean})^4}{(\mathrm{Standard\ Deviation})^4}$	反映信号波峰或波谷的尖锐程度，描述信号分布的平坦性，峭度大表示信号分布较为尖峭
过零率	$\mathrm{Zero\ Crossing\ Rate} = \dfrac{1}{T}\sum_{i=1}^{N-1}\begin{cases}1, & x_i x_{i+1} < 0 \\ 0, & \text{其他}\end{cases}$	信号波形在单位时间内过零点的次数，反映了信号频率的特征
能量	$\mathrm{Energy} = \sum_{i=1}^{N} x_i^2$	反映信号的总能量

　　这些时域特征参数能够全面反映信号的波形特征、能量分布和统计特性，是超声导波信号分析的关键特征参数。通过提取这些特征参数，可以实现对声波信号的量化表征，为后续的信号分类与缺陷识别提供重要依据。以数据集中第 6 组测试数据为例，图 6-1 展示了不同时域特征参数的对比，其中，黑色曲线代表无缺陷道岔尖轨的超声导波信号特征，红色、蓝色和绿色曲线分别代表轨头缺陷、轨腰缺陷和轨底缺陷信号的特征分布。该对比图直观呈现了各类缺陷在时域特征上的差异性表现。

　　图 6-1 的分析结果表明，在 12 个时域特征参数中，方差、标准差、均方根值、波形因子、峭度和能量这 6 个时域特征参数对缺陷位置表现出显著的敏感性，能够有效区分不同缺陷类型；而其余 6 个时域特征参数在不同缺陷状态下的区分度不明显。这一规律在位置 1～位置 9 处均保持一致，因此，研究选取上述 6 个具有显著区分度的时域特征参数作为机器学习模型的输入特征参数。

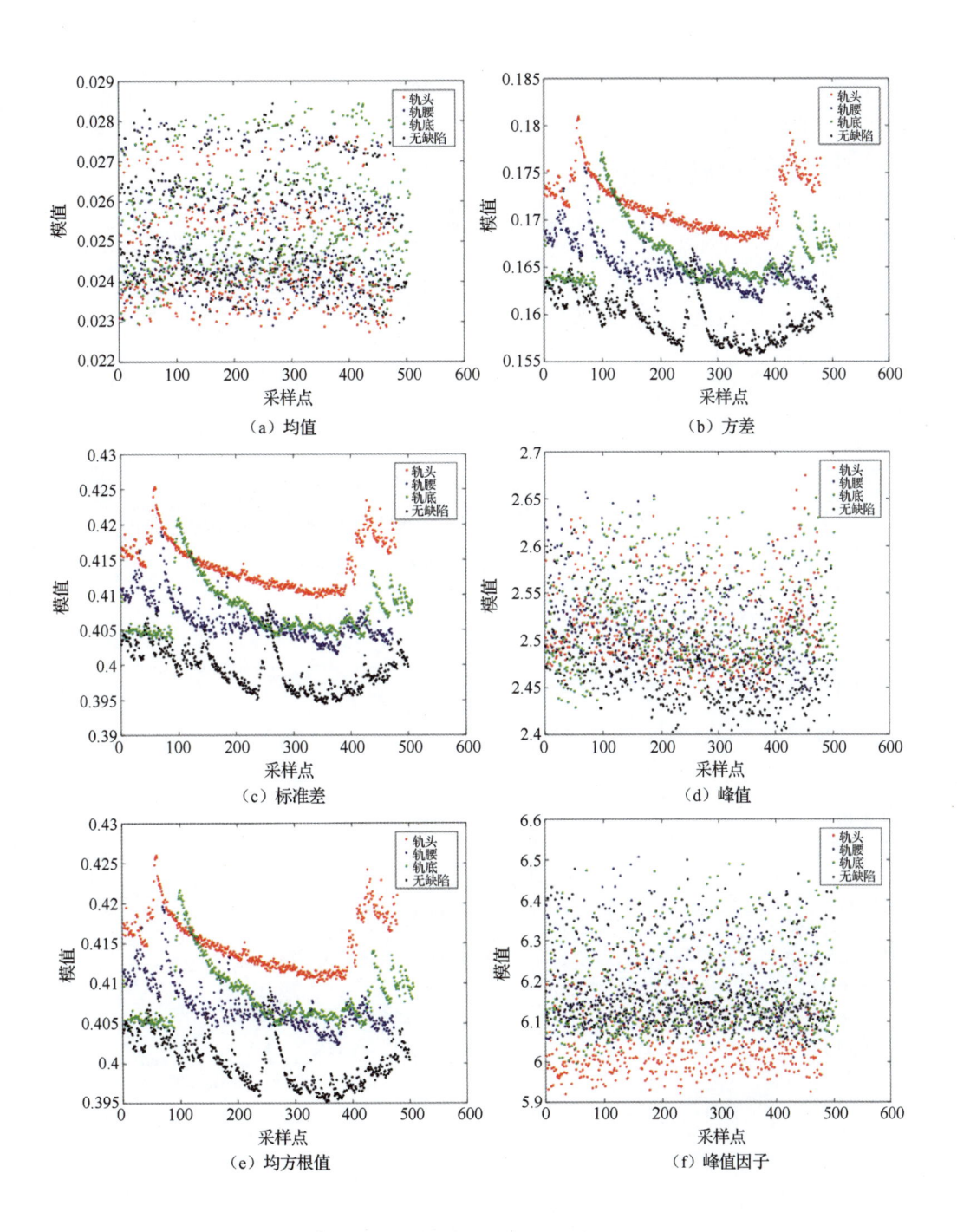

图 6-1　不同时域特征参数的对比

(g) 波形因子

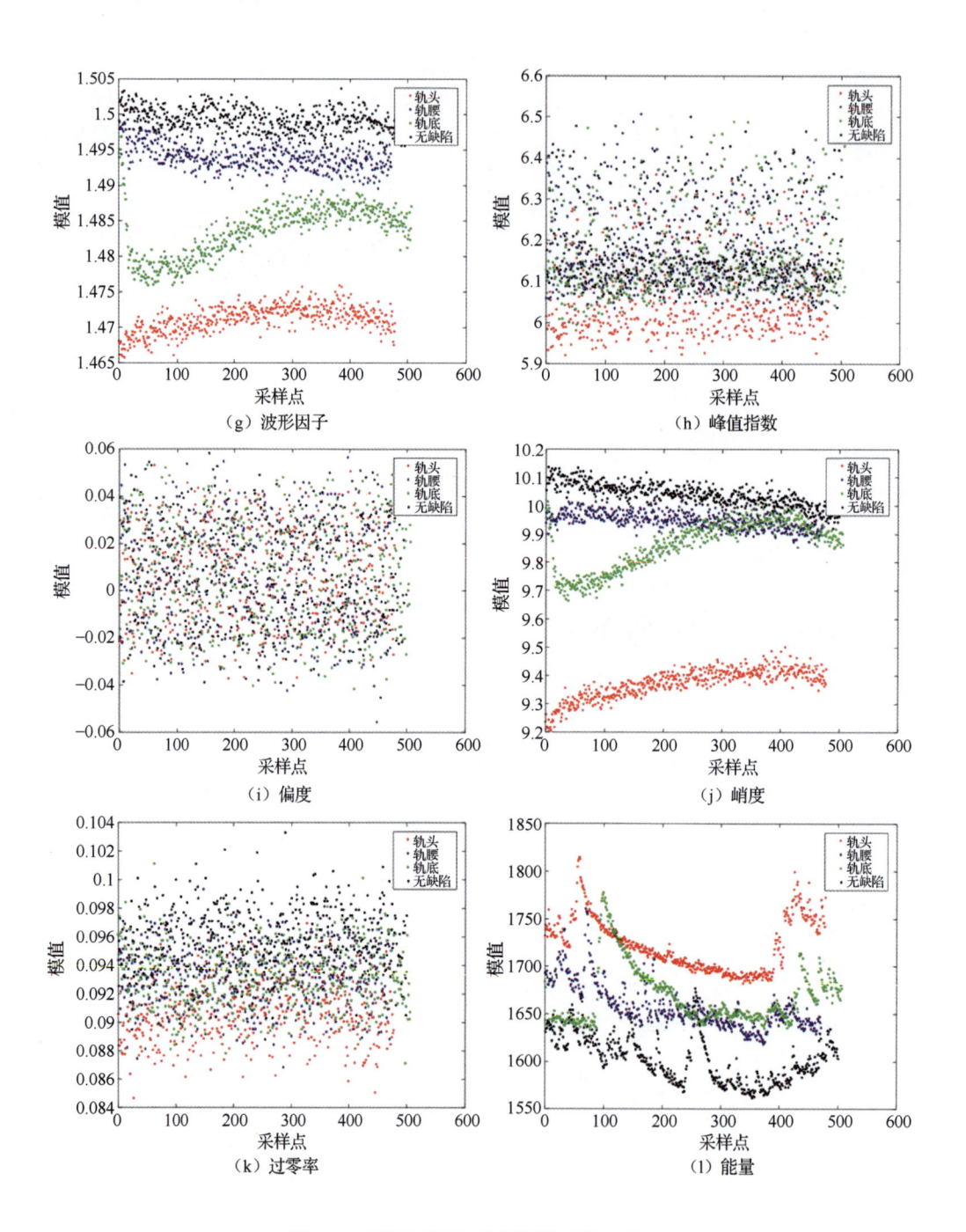

(h) 峰值指数

(i) 偏度

(j) 峭度

(k) 过零率

(l) 能量

图 6-1　不同时域特征参数的对比（续）

6.2 机器学习分类结果

选用支持向量机（SVM）、逻辑回归、决策树、随机森林（RF）和朴素贝叶斯等经典机器学习分类算法进行实验对比。通过系统性的性能评估，重点考察各算法在道岔尖轨缺陷信号分类任务中的表现差异，从而确定最适合此类问题的分类方法。实验结果表明，这些算法在特征提取和分类精度方面展现出不同的适用性。

以位置 2 处的数据为例，将其时域特征数据随机打乱后构建包含 1958 个样本的均衡数据集。将该数据集输入支持向量机等分类模型进行测试，各模型均采用经多次实验优化后的最佳参数配置。不同分类模型对单组缺陷数据的缺陷识别准确率详见表 6-2。表 6-2 反映了各算法在最优参数下的实际表现。

表 6-2 不同分类模型对单组缺陷数据的缺陷识别准确率

算法类别	参数设置	缺陷识别准确率/%
Liner SVM[①]	$C=1$	84.43
RBF SVM[②]	$C=8$，$\gamma=1$	76.12
Nu SVM[③]	kernel='linear'，Nu=0.5	72.82
逻辑回归	$C=4$	79.42
决策树	random_state=100	98.42
随机森林	estimators=100，min_samples_split=2，min_samples_leaf=1	98.94
朴素贝叶斯	Model=GaussianNB	96.04

实验结果表明，针对单组数据集，多数传统机器学习分类算法均能有效完成缺陷分类任务。其中，决策树、随机森林和朴素贝叶斯表现突出，缺陷识别准确率均超过 95%。特别是随机森林展现出最优性能，其分类准确率达到 98.94%，显

---

① Liner SVM：线性支持向量机。
② RBF SVM：径向基核支持向量机。
③ Nu-SVM：v-支持向量机。

著优于其他对比算法。这一结果验证了集成学习方法在道岔尖轨缺陷识别任务中的优势。

为进一步验证模型性能，将位置 2 和位置 3 处的数据混合后随机打乱，构建包含 3916 个样本的训练集。不同分类模型对多组数据的缺陷识别准确率如表 6-3 所示。

表 6-3 不同分类模型对多组数据的缺陷识别准确率

算法类别	参数设置	缺陷识别准确率/%
Liner SVM	$C=0.2$	59.44
RBF SVM	$C=10$，$\gamma=1.1$	51.67
Nu SVM	kernel='rbf'，Nu=0.5	53.02
逻辑回归	$C=4$	36.04
决策树	random_state=180	63.47
随机森林	estimators=170，min_samples_split=2，min_samples_leaf=1	64.23
朴素贝叶斯	Model=GaussianNB	63.75

实验结果显示，当使用两组归一化后的混合数据进行训练时，各算法的分类准确率均出现明显下降。从参数优化过程来看，此时算法需要采用更复杂的结构并放宽约束条件，同时各算法的训练耗时也显著增加。这一现象表明，基于时域特征的传统机器学习方法难以对本研究采集的全量数据实现有效分类，需要进一步探索更适合的算法方案。

6.3 基于 CNN+LSTM 的道岔尖轨缺陷检测方法

传统机器学习方法虽然在道岔尖轨缺陷识别任务中取得了一定效果，但其识别精度和泛化能力在面对复杂多变的实际工况时仍存在明显不足。为突破这一局限，本节研究重点转向深度学习领域，着重探索融合卷积神经网络（CNN）与长短期记忆网络（LSTM）的混合模型架构，以期获得更优的缺陷识别性能。

6.3.1 信号预处理

在构建和优化模型之前,对信号进行适当的预处理是提升模型性能的关键环节。有效的预处理既能降低数据噪声干扰,又能增强对缺陷识别有益的特征表达,从而为深度学习模型提供更纯净且更具判别性的输入数据。

在将数据输入卷积神经网络之前,实施标准化处理是机器学习和深度学习的常规预处理步骤,这一操作能有效提升模型训练的稳定性并加速收敛过程。基于此,本研究在预处理阶段对所有采集信号进行了统一的标准化处理。

针对采集到的非平稳超声导波信号,在此采用分段处理方法,将连续信号分割为若干短时段进行分析,这种方法能有效凸显信号的局部动态特征。为确定最佳分段长度,通过计算交叉相关系数来评估预处理效果,并定义差异度量指标 DM 作为评价标准。

$$\text{DM} = 1 - \text{CC}(S_{\text{无缺陷}}, S_{\text{有缺陷}}) \tag{6-1}$$

式中,$\text{CC}(S_{\text{无缺陷}}, S_{\text{有缺陷}})$ 表示无缺陷信号与有缺陷信号的交叉相关系数。

轨头缺陷、轨腰缺陷、轨底缺陷的采集信号与无缺陷信号的交叉相关系数如下。

$$\text{CC}(X,Y) = \frac{\sum_{i=1}^{n}(X_i - \bar{X})(Y_i - \bar{Y})}{\sqrt{\sum_{i=1}^{n}(X_i - \bar{X})^2}\sqrt{\sum_{i=1}^{n}(Y_i - \bar{Y})^2}} \tag{6-2}$$

式(6-2)直接反映了预处理前后信号的相似度变化。如果预处理有效地增强了信号的目标特征,那么,预处理后的信号 DM 值会明显增大。

在信号分段处理过程中,建议优先选用 2 的幂次方作为分段长度(如 512、1024 或 2048 个采样点)。这样能充分发挥 GPU(图形处理器)等并行计算硬件的优势:一方面,可以避免边界条件的额外处理开销;另一方面,能够实现计算任务在多线程间的均衡分配,从而显著提升数据处理效率。这种分段策略既符合计算机系统的底层运算特性,又能确保深度学习模型获得最佳的计算性能。

信号分段处理需要权衡多方面因素：减少分段数量会增大每段的数据长度，虽然有助于模型获取更丰富的上下文信息并捕捉复杂模式，但会增加模型的复杂度和计算负担；增加分段数量虽然能降低模型的复杂度、减少内存消耗和过拟合风险，但会限制模型的长期依赖学习能力。经反复实验验证，本研究最终采用10等分方案，即每段长度设为1024个采样点，段间设置26个采样点的重叠区域，末段不足部分以零填充补齐。图6-2展示了该分段方案下的DM指标变化情况。结果表明，该设置较好地平衡了模型性能与计算效率。

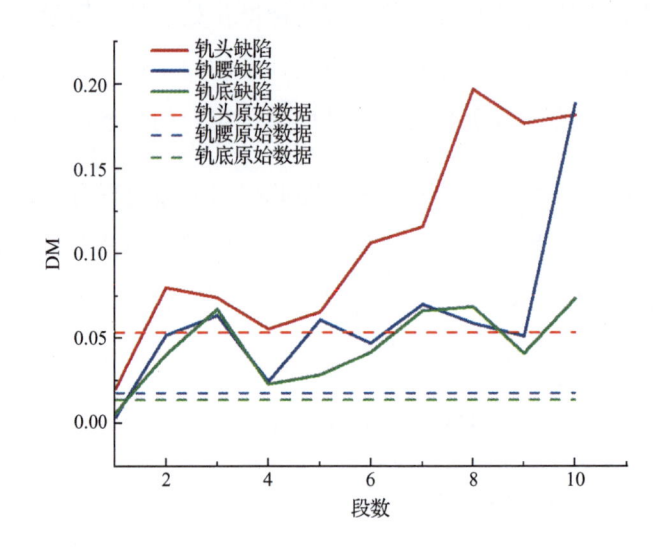

图 6-2　DM 指标变化情况

分析结果表明，除首段数据受头波主导影响外，其余各分段数据的差异性指标较原始未分段数据均有显著提升。这一现象证实了分段处理方法在增强信号特征区分度方面的有效性，为后续深度学习模型的特征提取提供了更优质的数据基础。具体而言，分段处理使原本隐含在长序列中的局部特征得以凸显，从而提高了缺陷特征的辨识度。

6.3.2　1D-CNN-LSTM 道岔尖轨缺陷识别模型

卷积神经网络具有自动提取数据层次化特征的能力，其中，一维卷积神经网络（1D-CNN）作为其特殊形式，特别适合处理序列数据。长短期记忆网络擅长捕捉时间序列中的长期依赖关系。1D-CNN 与 LSTM 结合形成的混合模型，既能学习包含局部特征的层次化表示，又能建模长期时序依赖，这种优势使其在一维信号处理与识别任务中表现出色。该架构通过卷积神经网络模块提取信号的局部特征，再经由长短期记忆网络模块建模特征间的时序关系，最终实现对一维信号的全面表征。

1D-CNN-LSTM 网络模型如图 6-3 所示。其中，特征学习模块（Feature Learning Block，FLB）为特征学习块，以卷积神经网络为核心，每个 FLB 由 1 个卷积层、1 个层归一化（LN）层、1 个指数线性单元（ELU）层、1 个最大池化层和 1 个 Dropout 层组成。

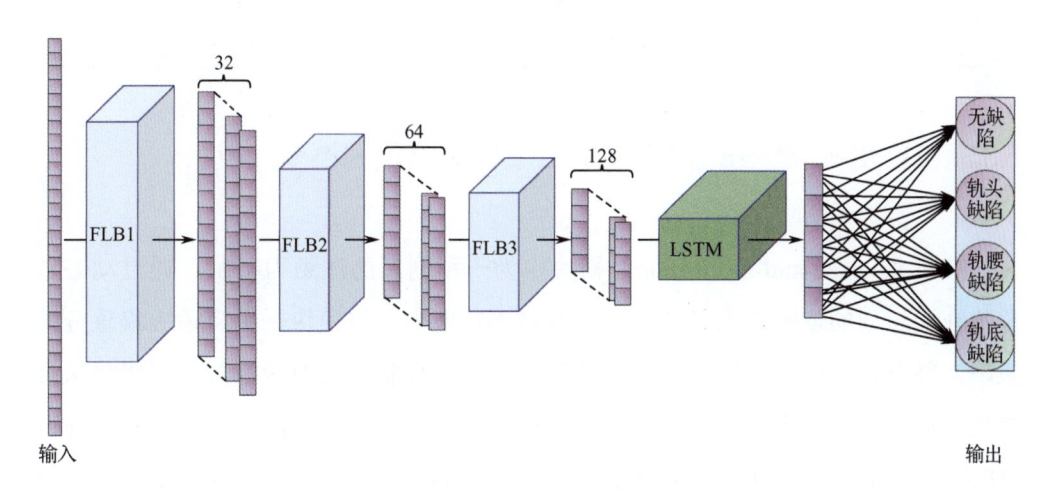

图 6-3　1D-CNN-LSTM 网络模型

网络处理的输入是由一维向量表示的超声导波信号。首先，前端特征学习模块（FLB）负责提取信号的局部特征，这些特征经过维度重整后输入 LSTM 层，用于学习特征间的时序依赖关系。其次，学习到的特征被传递至全连接层进行高阶特征整合。最后，通过单神经元输出层生成缺陷预测结果。这种层级式架构实现了从局部特征提取到时序建模，再到综合判别的完整处理流程。

CNN-LSTM 网络参数设置如表 6-4 所示。CNN-LSTM 网络由 1 个输入层、3 个 FLB 层、2 个 LSTM 层、1 个自注意力（Self-Attention）层和 1 个全连接（Dense）层组合而成。其中，LSTM1 在自注意力层前端，为自注意力层提供处理后的数据；

LSTM2 在自注意力层后端,接收来自注意力层的数据,以便做进一步的处理。

表 6-4　CNN-LSTM 网络参数设置

网 络 层	参 数 设 置	输出维度
输入层	—	(None, 1024, 32)
FLB1	卷积核:32,卷积核尺寸:3,Elu	(None, 512, 32)
FLB2	卷积核:64,卷积核尺寸:3,Elu	(None, 128, 64)
FLB3	卷积核:128,卷积核尺寸:3,Elu	(None, 64, 128)
LSTM1	卷积核:64,return_sequences=True	(None, 64, 64)
Self-Attention	tanh	(None, None, 64)
LSTM2	卷积核:64,return_sequences= False	(None, 64)
Dense	(4,1),softmax	(None, 4)

6.3.3　1D-ResNet-SE-LSTM 道岔尖轨缺陷识别模型

SE(Squeeze-and-Excitation)模块作为一种创新的注意力机制,通过动态调整特征通道间的依赖关系显著提升了网络表征能力。该模块采用自适应权重分配策略,能够自动增强关键特征通道的响应,同时抑制非重要特征,从而优化信息处理效率。将 SE 模块集成到 1D-ResNet 架构中可充分发挥二者的协同优势:1D-ResNet 通过残差连接有效缓解了深层网络的梯度消失问题,保障了模型训练的稳定性;而 SE 模块则通过特征通道的精细化调控,进一步提升了网络对道岔尖轨缺陷特征的辨识能力。这种组合架构特别适用于处理具有高度非线性特性的识别任务,在保持模型泛化能力的同时显著提高了缺陷识别精度。

在道岔尖轨缺陷检测任务中,经 SE 模块增强的 1D-ResNet 模型展现出卓越的缺陷识别能力。该模型通过以下机制实现精准检测:一方面,其深度卷积结构可有效捕捉超声导波信号中的细微特征变化;另一方面,SE 模块的通道重校准机制能动态评估各特征通道的重要性,自动聚焦于对缺陷判定中最具判别性的特征维度。这种智能化的特征选择策略使模型能够准确识别微小的缺陷特征,显著提升了检测系统的可靠性和精确度,特别适用于铁路轨道这类对安全性要求极高的应用场景。

本节构建的深度学习模型采用 3 层 1D-ResNet-SE 模块级联结构,通过多尺度特征提取实现信号深度分析。每个模块分别配置 32、64 和 128 个卷积核，对应卷积核尺寸分别为 3、5 和 7，采用单位步长且不进行填充处理。前两个模块后接 4 倍下采样的最大池化层，以压缩特征维度；第 3 个模块后接全局平均池化层（GAP），以实现特征整合。该模型引入 50%概率的 Dropout 层以增强泛化性能。1D-ResNet-SE-LSTM 模型如图 6-4 所示。该模型通过 1D-ResNet-SE 模块实现了层次化特征提取，结合池化操作构建了高效的特征学习框架，既保留了信号的细节特征，又强化了关键信息的表征能力。

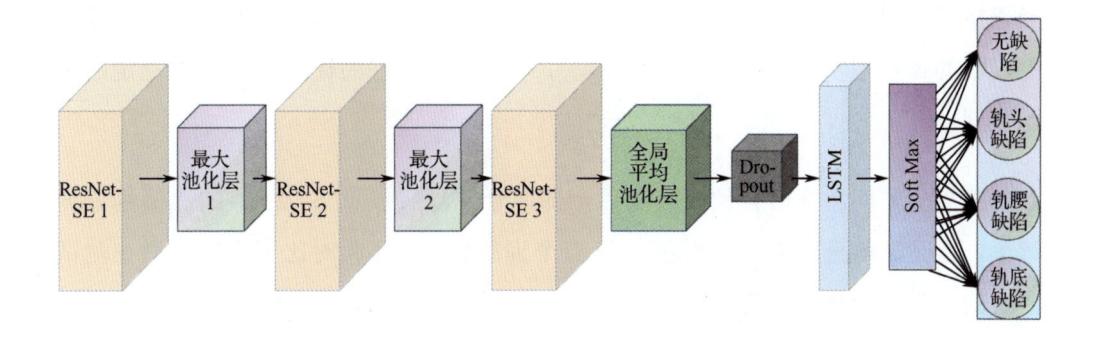

图 6-4　1D-ResNet-SE-LSTM 模型

1D-ResNet-SE-LSTM 模型参数设置如表 6-5 所示。

表 6-5　1D-ResNet-SE-LSTM 模型参数设置

网　络　层	参　数　设　置
输入层	（1,1024,1）
ResNet-SE 1	number of filter:32，kernel size:3，stride:1
最大池化层 1	pool_size=4，strides=4，padding='same'
ResNet-SE 2	number of filter:64，kernel size:5，stride:1
最大池化层 2	pool_size=4，strides=4，padding='same'
ResNet-SE 3	number of filter:128，kernel size:7，stride:1
全局平均池化层	keepdims=True
Dropout 层	0.5
LSTM	number of units:64
Dense	（4，1）

6.3.4　实验结果对比

为了全面评估参数配置对该模型性能的影响，每一组实验都在相同的数据集上训练，均采用 Adam 优化器和交叉熵损失函数。采用卷积核数量和卷积核大小随网络深度的增加而逐步增大的策略，有助于该模型捕捉到更广泛的上下文信息，理解时间序列数据中的长期依赖。学习率的设置采用 Reduce LR On Plateau 策略，当该指标在设定的连续若干训练周期内未见改善时，自动降低学习率。这种策略可以帮助该模型从局部最小值中"逃脱"，可能导致更好的模型性能和更稳定的训练过程。

在实验前期，将所有数据分段后全部混合打乱后按照 6:2:2 的比例划分训练集、验证集和测试集，共有超过 12 万个训练数据。实验对比了不同模型在测试集上的表现。全部数据混合打乱后的缺陷识别准确率如表 6-6 所示。

表 6-6　全部数据混合打乱后的缺陷识别准确率

算法类别	整体表现			类别表现（F1 得分）			
	精确率	召回率	F1 得分	无缺陷	轨头缺陷	轨腰缺陷	轨底缺陷
ResNet-SE-LSTM	100%	100%	100%	100%	100%	100%	100%
LSTM	42.323%	42%	42%	50%	45%	24%	48%
CNN-LSTM-Self-Attention	99.976%	100%	100%	100%	100%	100%	100%
CNN	91.813%	92.086%	91.813%	94.004%	94.153%	86.302%	93.885%
CNN-LSTM	99.907%	100%	100%	100%	100%	100%	100%

进一步实验发现，使用全部数据打乱混合并划分数据集的方法，会导致模型在缺陷位置信息特征上出现过拟合现象。如果使用数据集中没有出现过的位置的数据进行测试，该模型无法很好地判断数据中是否包含缺陷信息。然而，在实际应用场景中，缺陷的位置是随机出现的，这要求模型不仅能够识别出缺陷的存在，而且需要对缺陷的位置具有鲁棒性，因此，采取了一种新的数据划分方法来训练模型。具体而言，选择了使用位置 1～位置 4、位置 7 和位置 8 处的数据打乱混合作为训练集，位置 5 处的数据作为验证集，位置 6 处的数据作为测试集。这种方

法可以模拟现实情况下模型遇到未曾训练过的位置缺陷时的表现,从而验证模型的泛化能力。

通过将模型训练集限定在特定的距离范围内,同时保留一部分距离数据不参与训练过程,能够强制模型学习到更为通用的缺陷识别特征,有助于减少模型对于训练数据距离分布的过拟合,进而提升模型对于未见过的缺陷距离的预测准确性。

使用混淆矩阵来观察模型在每种类别上的表现,其中,每一行对应真实的缺陷类别标签,每一列对应预测的缺陷类别标签;对角线元素表示正确分类的实例,而非对角线元素表示错误分类的实例。1D-CNN-LSTM 模型和 1D-ResNet-SE-LSTM 模型混淆矩阵如图 6-5 所示,其损失函数和缺陷识别准确率曲线分别如图 6-6 和图 6-7 所示。

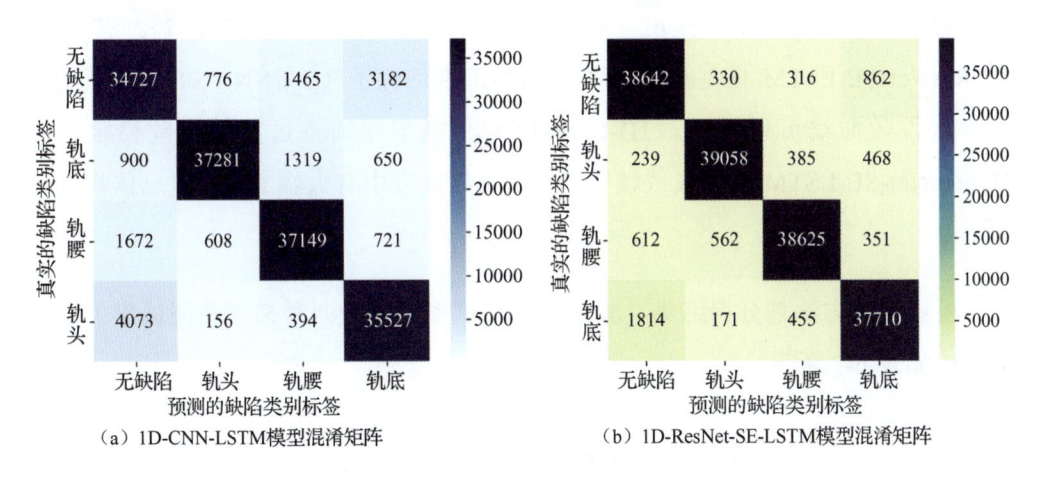

图 6-5　1D-CNN-LSTM 模型混淆矩阵和 1D-ResNet-SE-LSTM 模型混淆矩阵

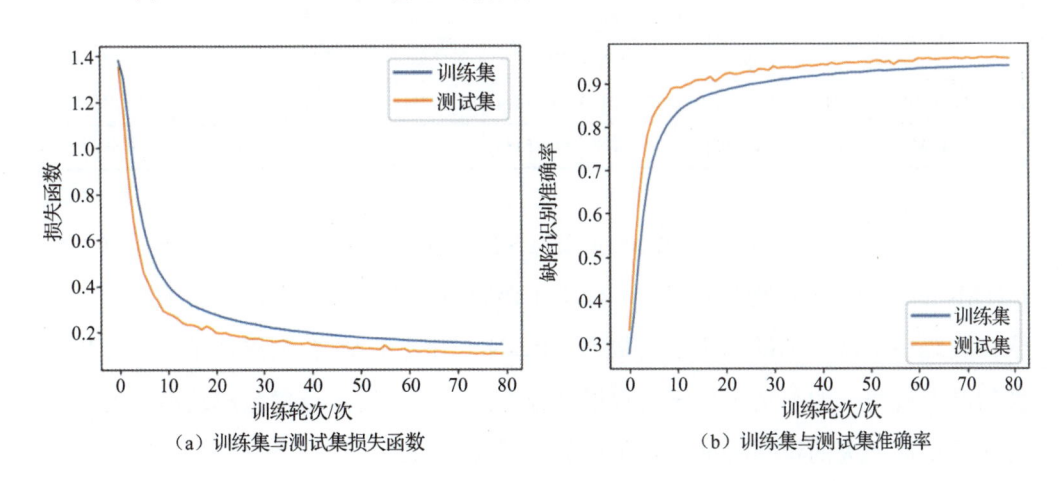

图 6-6　1D-CNN-LSTM 模型损失函数和缺陷识别准确率曲线

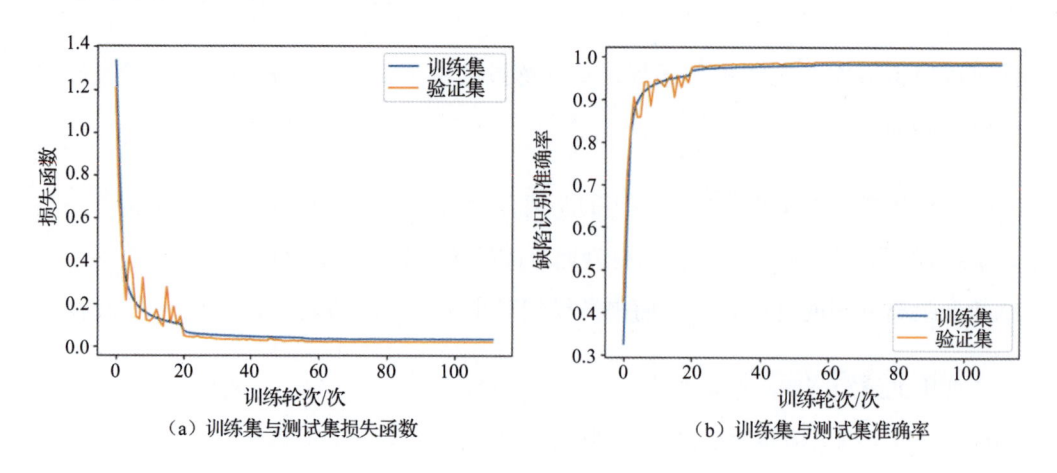

(a) 训练集与测试集损失函数　　　　　(b) 训练集与测试集准确率

图 6-7　1D-ResNet-SE-LSTM 模型损失函数和准确率曲线

从混淆矩阵中可以看出，两种模型均表现出较高的准确率。其中，1D-ResNet-SE-LSTM 模型在 4 种类别的准确率均优于 1D-CNN-LSTM 模型的表现。从收敛曲线可以看出，1D-CNN-LSTM 模型在训练过程中收敛稳定，而 1D-ResNet-SE-LSTM 虽然收敛较快，但在收敛过程中有大幅波动，但总体收敛效果更好。

根据前述方法划分训练集、验证集和测试集后比较两种模型在测试集上的得分对比如表 6-7 所示。

表 6-7　两种算法在测试集上的得分对比

算法类别	整体表现			类别表现（F1 得分）			
	精确率	召回率	F1 得分	无缺陷	轨头缺陷	轨腰缺陷	轨底缺陷
ResNet-SE-LSTM	95.931%	95.912%	95.914%	94.877%	97.315%	96.645%	94.819%
CNN-LSTM-Self-Attention	90.689%	90.125%	90.251%	85.153%	93.658%	92.685%	89.698%

从表 6-7 中可以看出，ResNet-SE-LSTM 模型的各方面表现均优于 CNN-LSTM-Self-Attention 模型的表现，证实了该方法的有效性。在测试集上，即对于未在训练中出现过的缺陷距离的数据，ResNet-SE-LSTM 模型展现了与训练集相似的高准确率，明显优于传统的数据划分方法。这表明，该模型成功地学习到了与缺陷距离无关的识别特征，具备更强的泛化能力。

本章小结

本章通过对比实验，验证了传统机器学习算法在简单场景下的有效性（最高准确率为 98.94%）及其在复杂数据下的局限性；提出的 1D-ResNet-SE-LSTM 深度学习模型展现了优异的特征提取能力，通过按缺陷位置划分数据集的策略，将缺陷识别准确率提升至 94.8%，显著改善了模型泛化性能。研究结果表明，超声导波与深度学习技术的融合可有效提升道岔尖轨缺陷检测的准确率和工程适用性。

第 7 章　基于主导模态的道岔尖轨缺陷检测

变截面道岔尖轨无法采用常规的钢轨探伤车检测内部损伤。在基于超声导波的结构健康监测中,传统的基线作差法虽然可以获取缺陷回波特征,但易受现场温度和噪声干扰而产生误报。深度学习技术可用于道岔尖轨缺陷检测,但需要大量样本数据,而有缺陷的道岔尖轨导波信号数据难以获取。为此,本章研究基于主导模态的道岔尖轨缺陷检测方法,通过激励幅值显著高于其他模态的主导模态,实现近似单一模态的缺陷检测。先根据道岔尖轨横截面尺寸选取 8 个典型截面,采用半解析有限元法求解道岔尖轨中导波频散曲线和波结构矩阵,运用 3σ 准则在节点振动数据集中识别离群值,从而选取节点振幅显著突出的主导模态。在该模态最大振幅位置施加激励信号后,成功激发出主导模态。仿真结果和实验结果表明,主导模态在缺陷处的反射波清晰可辨,结合超声无损检测的脉冲反射法,可实现道岔尖轨轨底缺陷检测,且定位误差控制在 10cm 以内。

7.1　基于基线法的道岔尖轨缺陷检测方法

本节研究了温度变化对基线法检测道岔尖轨裂纹的影响。实验采用完整道岔尖轨的超声导波信号作为基线信号,通过对比现场实测数据与基线信号的差值,并运用时域分析和数学统计方法进行信号处理,从而判断道岔尖轨是否存在裂纹。实验分别在室内环境(恒温 26℃)和室外环境(26~46℃)下进行,使用质量块模拟裂纹缺陷(如图 7-1 所示)。实验共采集了不同工况和温度条件下的 7 组数据,每组包含 20 包信号数据。实验设置示意如图 7-2 所示,实验数据说明如表 7-1 所示。

第 7 章 基于主导模态的道岔尖轨缺陷检测

图 7-1 质量块模拟裂纹缺陷

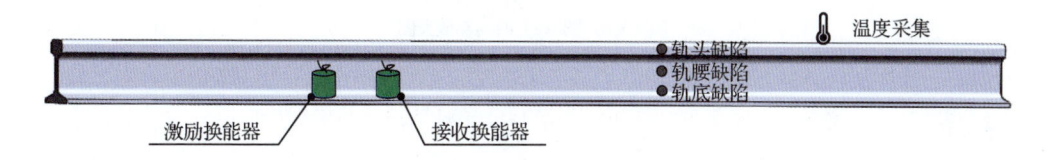

图 7-2 实验设置示意

表 7-1 实验数据说明

数据组序号	数据包	实验设置	温度
1	1~20	完整轨	26℃
2	21~40	预置轨头缺陷	26℃
3	41~60	预置轨腰缺陷	26℃
4	61~80	预置轨底缺陷	26℃
5	81~100	完整轨	36℃
6	101~120	完整轨	41℃
7	121~140	完整轨	46℃

图 7-3（a）是完整轨信号和轨底缺陷信号时域图，图 7-3（b）是其局部放大图，二者在时域方面并无很大差异。完整轨信号分别和预置轨头缺陷、轨腰缺陷、轨底缺陷作差后的信号如图 7-4 所示。36℃、41℃、46℃温度下的完整轨信号分别与 26℃温度下的完整轨信号作差结果如图 7-5 所示。

(a) 完整轨信号和轨底缺陷信号

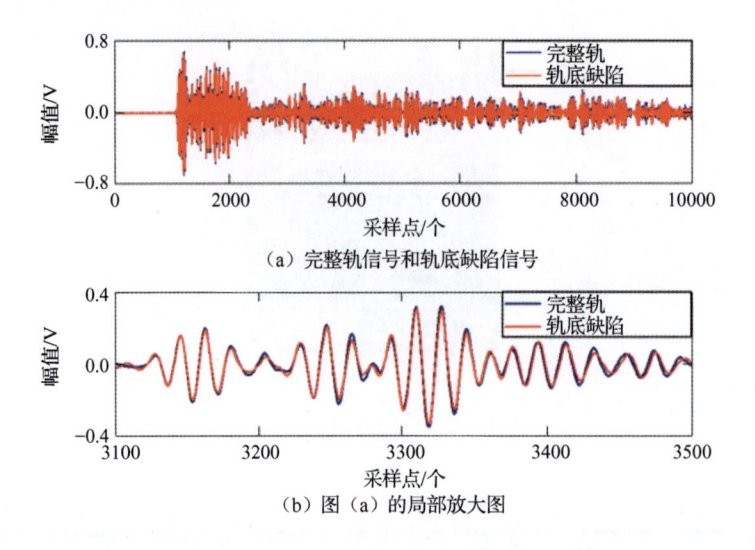

(b) 图(a) 的局部放大图

图 7-3 完整轨信号和轨底缺陷信号时域图及其局部放大图

(a) 完整轨和轨头缺陷信号作差结果

(b) 完整轨和轨腰缺陷信号作差结果

(c) 完整轨和轨底缺陷信号作差结果

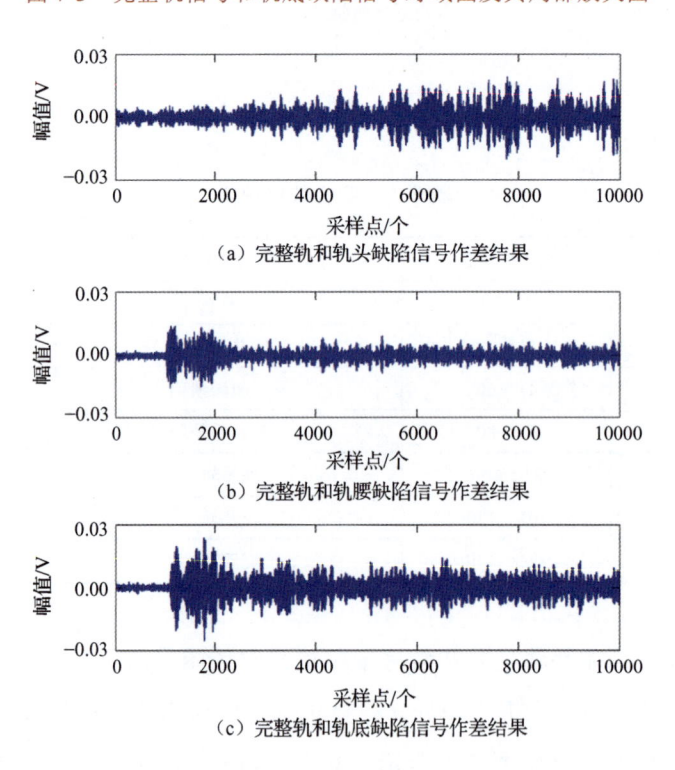

图 7-4 完整轨信号分别和轨头缺陷、轨腰缺陷、轨底缺陷信号作差结果

第 7 章　基于主导模态的道岔尖轨缺陷检测

（a）36℃温度下的完整轨信号与26℃温度下的完整轨信号作差结果

（b）41℃温度下的完整轨信号与26℃温度下的完整轨信号作差结果

（c）46℃温度下的完整轨信号与26℃温度下的完整轨信号作差结果

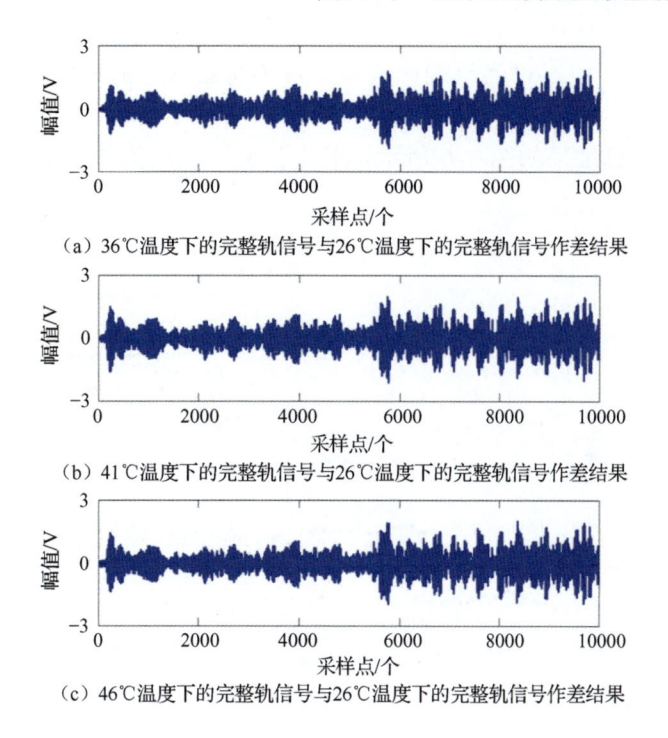

图 7-5　36℃、41℃、46℃温度下的完整轨信号和26℃温度下的完整轨信号作差结果

由于耦合剂状态、环境噪声及道岔尖轨内部结构复杂性等因素的干扰，通过简单差分处理（作差）获得的缺陷信号往往难以有效识别缺陷回波特征。为此，采用时域统计分析方法对超声导波信号进行缺陷检测。在实际工程应用中，超声导波信号质量易受多重因素影响，包括探头耦合状况、轨道扣件约束作用及现场环境噪声等，这些因素均可能导致检测结果出现偏差。为提高检测可靠性，需对原始超声导波数据进行归一化预处理，其数学表达式为

$$x'_i = \frac{x_i - x_{\min}}{x_{\max} - x_{\min}} \tag{7-1}$$

式中，x'_i 为归一化后的超声导波数据；x_i 为归一化前的超声导波数据；$x_{\min}$ 和 $x_{\max}$ 分别为超声导波数据的最小值和最大值。

以位置 1 数据的第 1 包无缺陷信号作为基线信号，其他 139 条信号为待统计信号。将能量算子（Energy Operator）定义为

$$S_n = \sum_{i=1}^{m} \left| x_i^1 - x_i^n \right| \tag{7-2}$$

式中，x_i^1 为基准信号；x_i^n 为待统计信号；m 为每条信号的采样点。

能量算子计算结果如图 7-6 所示。其中，蓝色点线为缺陷影响，红色点线为温度影响。

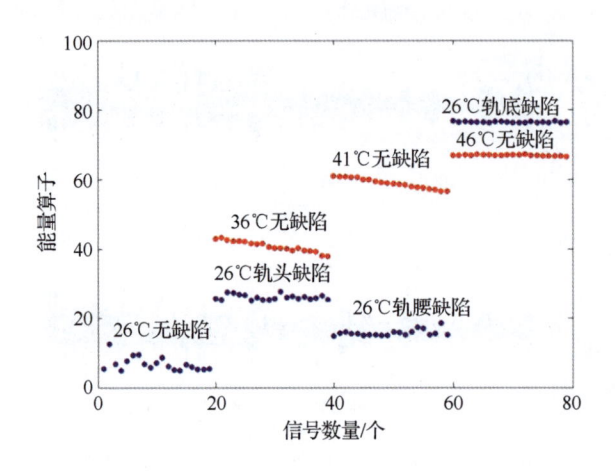

图 7-6　能量算子计算结果

从图 7-6 可以看出，对于道岔尖轨不同位置的缺陷，能量算子不同，且都比无缺陷时的能量算子高。

随着环境温度升高，超声导波信号的能量算子呈现明显的增长趋势。实验数据表明，当温度变化超过 10℃时，温度效应对能量算子的影响甚至可能超过实际缺陷所产生的影响。本实验虽然通过预设缺陷条件和温度梯度获得了可控数据，但在实际工程应用中，当道岔尖轨服役状态和环境温度均未知时，仅凭能量算子的数值变化难以区分信号异常是源自温度波动还是真实缺陷。这一现象凸显了温度补偿在超声导波检测中的重要性，也说明需要建立更完善的特征提取和模式识别方法来解决温度干扰问题。

实验研究表明，当缺陷回波信号信噪比较低时，传统基线法的检测性能会显著受到环境温度和噪声干扰，导致漏检率和误检率升高。为解决这一问题，亟须开发能够有效增强缺陷回波信号占比的新型检测方法。因此，通过深入分析道岔尖轨结构中超声导波的传播特性，从中选取具有显著振幅优势的主导超声导波模态进行缺陷检测。该方法利用主导模态的能量集中特性，结合脉冲反射技术，可有效提升缺陷识别的灵敏度,同时显著降低温度和噪声等因素对检测结果的干扰。

7.2 超声导波传播特性分析

7.2.1 频散曲线求解

在开展超声导波检测道岔尖轨缺陷研究时,首要任务是分析超声导波在道岔尖轨结构中的传播特性。频散曲线作为关键的理论工具,能够准确反映不同频率谐波在介质中的传播规律,包括各模态超声导波的波速变化和振动特性等重要参数。基于频散曲线的分析结果,研究人员可以科学地筛选出最适合用于缺陷检测的超声导波模态。在此采用半解析有限元法对道岔尖轨各截面进行频散特性计算,具体研究对象为道岔尖轨,其总长度为 12480mm。道岔尖轨三维模型如图 7-7 所示。通过这种方法,可以系统性地获取道岔尖轨的超声导波传播特征,为后续的模态选择和缺陷检测奠定基础。

图 7-7 道岔尖轨三维模型

根据道岔尖轨的几何特征,其横截面尺寸在 7 个关键位置发生显著变化,据此将全长 12480mm 的道岔尖轨划分为 8 个特征区段。为准确表征超声导波传播特性,研究选取了 8 个具有代表性的典型截面进行频散曲线计算,具体位置分布:尖端起始处(距离尖端 0mm),以及距离尖端 397mm、1589mm、2781mm、3972mm、5641mm、6663mm 和 11880mm 处,依次编号为截面①至截面⑧。值得注意的是,截面⑦至截面⑧之间为等截面,其余区段均为渐变截面。各截面几何特征如图 7-8 所示。这种分区方法既考虑了道岔尖轨的尺寸突变特征,又保证了各特征区段的完整表征。

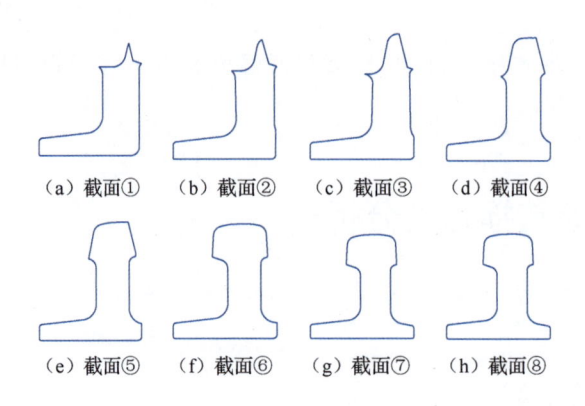

(a) 截面①　(b) 截面②　(c) 截面③　(d) 截面④

(e) 截面⑤　(f) 截面⑥　(g) 截面⑦　(h) 截面⑧

图 7-8　各截面几何特征

半解析有限元法假设超声导波以简谐波形式沿波导介质传播，该方法只需在波导截面上划分有限元网格，而在传播方向上采用简谐振动表达式描述波的传播特性，因此，半解析有限元法计算效率高于传统有限元法。对于道岔尖轨这种变截面波导结构，由于各截面几何形状不同，其频散曲线存在明显差异，且各截面的模态振型数量也不一致。利用半解析有限元法，可以准确计算出道岔尖轨任意截面的频散特性曲线，如图 7-9 所示。

定义道岔尖轨的横截面为 x-y 平面，波传播方向为 z 轴方向。

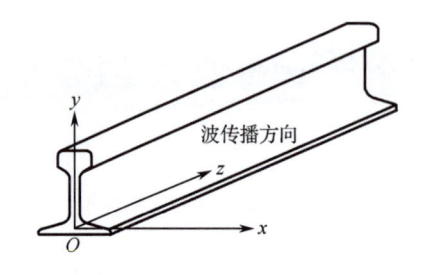

图 7-9　波传播的半解析有限元法模型

利用 MATLAB 软件的 PDE 工具箱对道岔尖轨截面进行离散化处理，通过系统推导，最终建立了描述道岔尖轨中超声导波传播特性的均质波动方程。

$$[K_1 + \mathrm{i}\xi K_2 + \xi^2 K_3 - \omega^2 M]U = 0 \quad (7\text{-}3)$$

式中，K_1、K_2、K_3 为刚度矩阵；M 为质量矩阵。

第 7 章 基于主导模态的道岔尖轨缺陷检测

通过求解方程（7-3）可获得波数 ξ 和频率 ω 的数值解，进而建立道岔尖轨中超声导波各模态成分的频率与相速度关系。为分析截面变化对超声导波特性的影响，选取截面①、截面④和截面⑦作为典型代表，绘制了这 3 个截面的相速度频散曲线和群速度频散曲线（见图 7-10）。其中，蓝色曲线对应截面①，红色曲线对应截面②，典色曲线对应截面③。

(a) 截面①、截面④和截面⑦的相速度频散曲线

(b) 截面①、截面④和截面⑦的群速度频散曲线

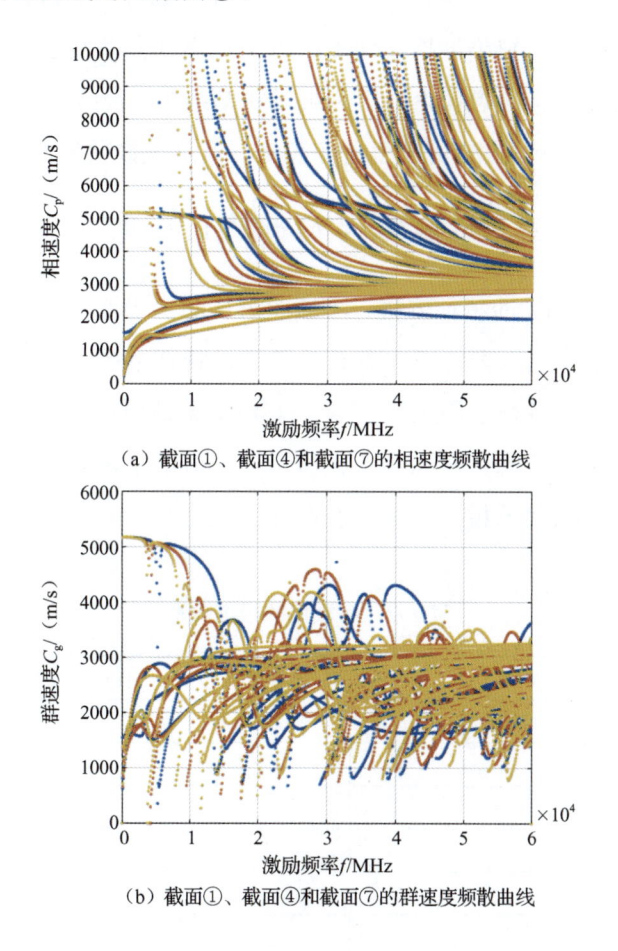

图 7-10 截面①、截面④和截面⑦的相速度和群速度频散曲线

相速度频散曲线分析结果表明，在给定频率条件下，超声导波会同时激发多个传播模态，各模态表现出不同的相速度特性。具体而言，在低频区域仅存在少量可传播的模态，而随着激励频率的升高，可传播的模态数量呈现显著增加的趋势。这一现象与波导结构中多模态传播的理论特性相符。

7.2.2 振型求解

在开展振型分析前，需要先确定适用于道岔尖轨缺陷检测的超声导波激励频率。根据无损检测原理，可检出缺陷的最小尺寸约为超声导波波长的 1/2。激励频率过低会导致小尺寸缺陷漏检，而激励频率过高则会激发过多模态，增加信号分析的复杂度。经综合考虑理论分析和现场实测结果，最终选定 35kHz 作为最优激励频率。对式（7-3）的波动方程进行简化，消除虚数项后得到

$$[\boldsymbol{K}_1 + \xi\hat{\boldsymbol{K}}_2 + \xi^2\hat{\boldsymbol{K}}_3 - \omega^2\boldsymbol{M}]_M \hat{\boldsymbol{U}} = 0 \tag{7-4}$$

通过求解式（7-4）的特征方程，可获得表征超声导波特性的特征参数，包括波数 ξ、频率 ω 及模态振型特征向量 $\hat{\boldsymbol{U}}$。其中，特征值揭示了超声导波的频散特性，特征向量则对应各模态的振型。基于 35kHz 激励频率，对 8 个特征截面进行模态分析，各截面的模态数量如表 7-2 所示。分析结果表明，由于截面几何形状的差异，不同位置截面的模态数量存在明显变化。

表 7-2　各截面的模态数量

截 面 序 号	模态数量/个
①	14
②	14
③	16
④	16
⑤	17
⑥	19
⑦	20
⑧	20

基于特征向量 $\hat{\boldsymbol{U}}$ 的分析结果，从截面①～截面⑧中各选取了 4 个典型模态进行振型可视化。选取标准：在轨头、轨腰、轨底和整个截面具有显著振动幅值的模态。这些模态按相速度大小排序后，其对应的振型分布如图 7-11～图 7-18 所示。图 7-11～图 7-18 清晰地展示了不同截面位置超声导波模态的振动特征及其传播特性。

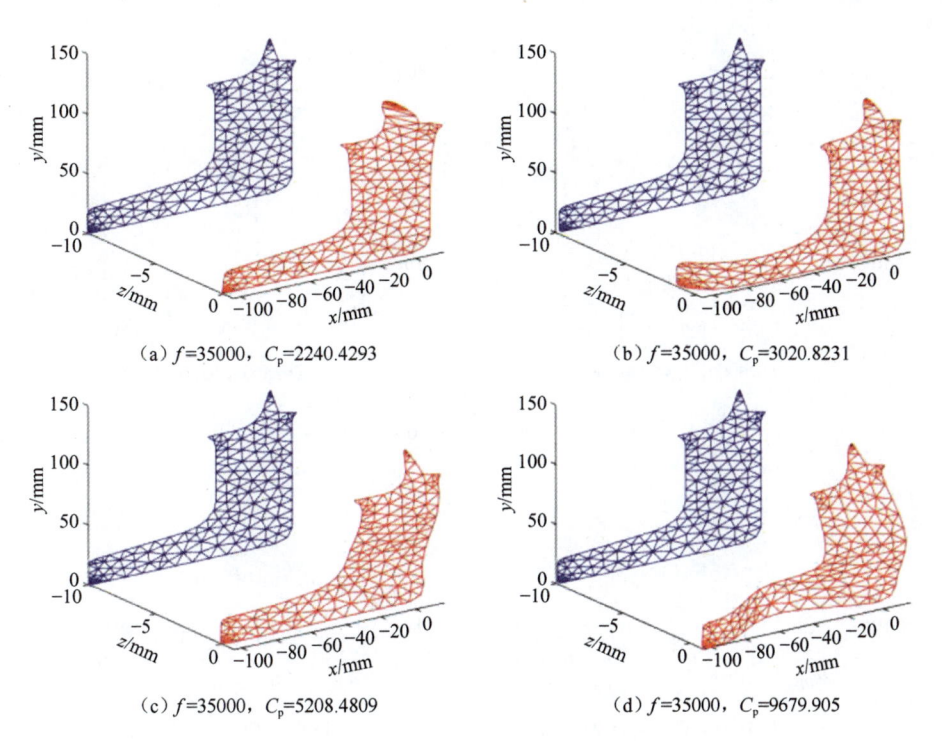

(a) $f=35000$, $C_p=2240.4293$

(b) $f=35000$, $C_p=3020.8231$

(c) $f=35000$, $C_p=5208.4809$

(d) $f=35000$, $C_p=9679.905$

图 7-11 截面①处的振型分布

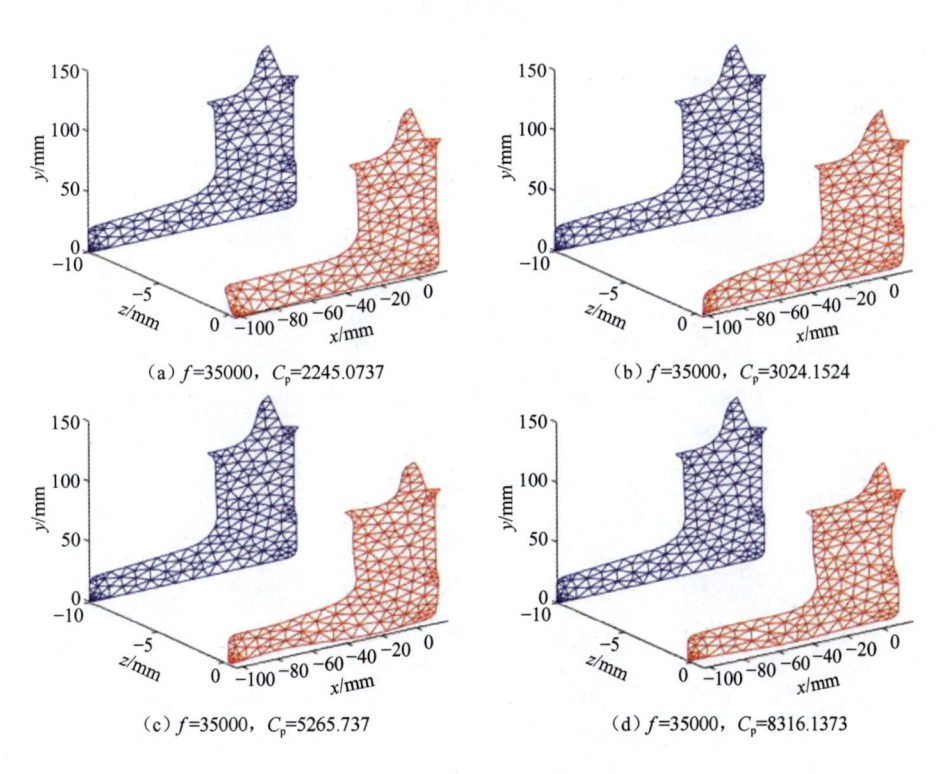

(a) $f=35000$, $C_p=2245.0737$

(b) $f=35000$, $C_p=3024.1524$

(c) $f=35000$, $C_p=5265.737$

(d) $f=35000$, $C_p=8316.1373$

图 7-12 截面②处的振型分布

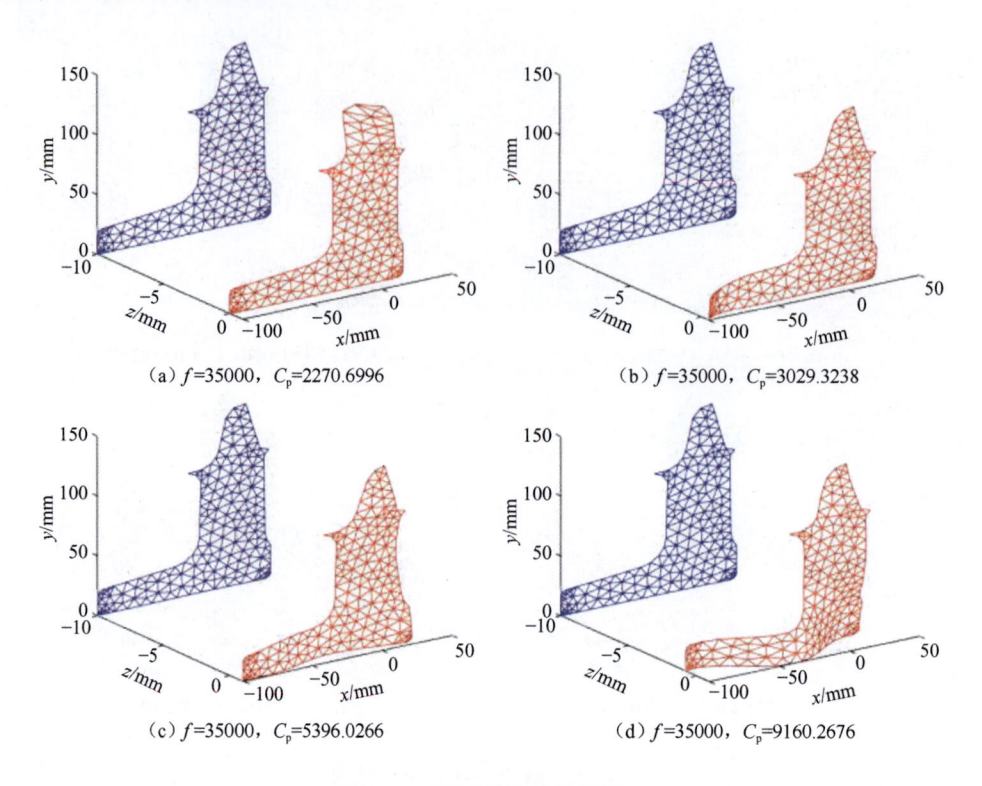

(a) $f=35000$,$C_p=2270.6996$　　　　(b) $f=35000$,$C_p=3029.3238$

(c) $f=35000$,$C_p=5396.0266$　　　　(d) $f=35000$,$C_p=9160.2676$

图 7-13　截面③处的振型分布

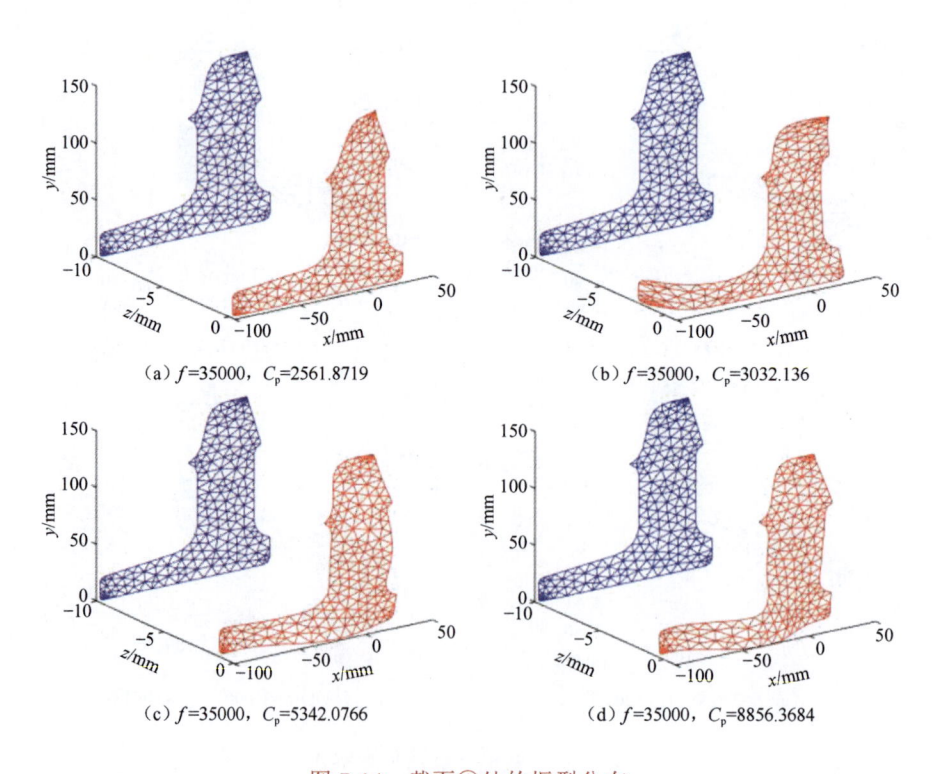

(a) $f=35000$,$C_p=2561.8719$　　　　(b) $f=35000$,$C_p=3032.136$

(c) $f=35000$,$C_p=5342.0766$　　　　(d) $f=35000$,$C_p=8856.3684$

图 7-14　截面④处的振型分布

第 7 章 基于主导模态的道岔尖轨缺陷检测

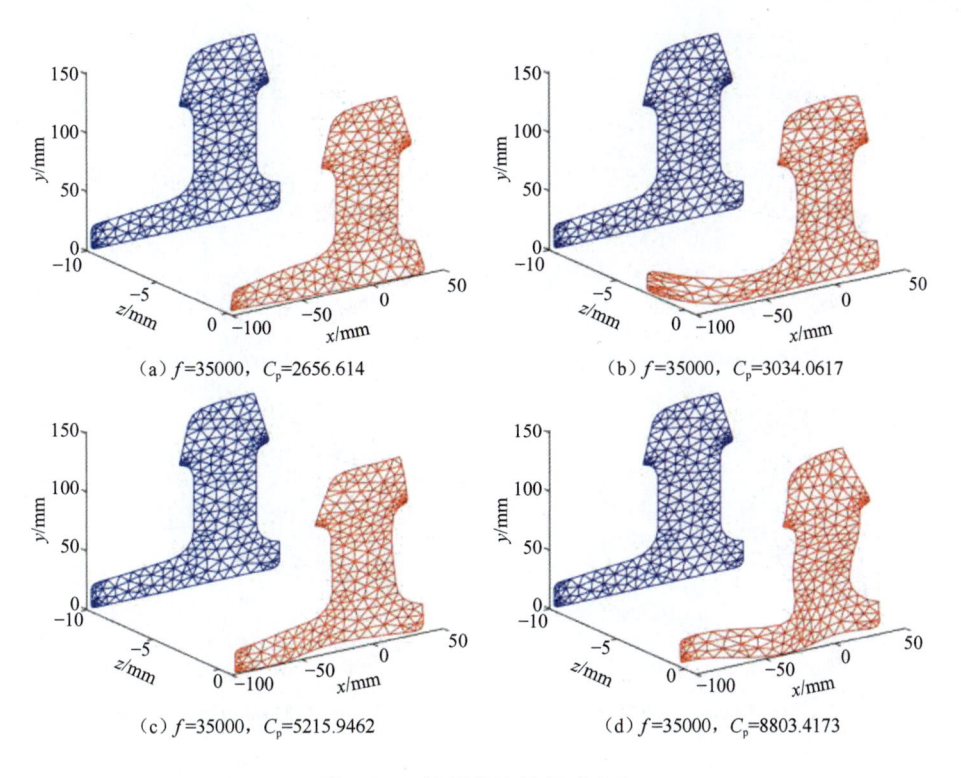

(a) $f=35000$,$C_p=2656.614$

(b) $f=35000$,$C_p=3034.0617$

(c) $f=35000$,$C_p=5215.9462$

(d) $f=35000$,$C_p=8803.4173$

图 7-15 截面⑤处的振型分布

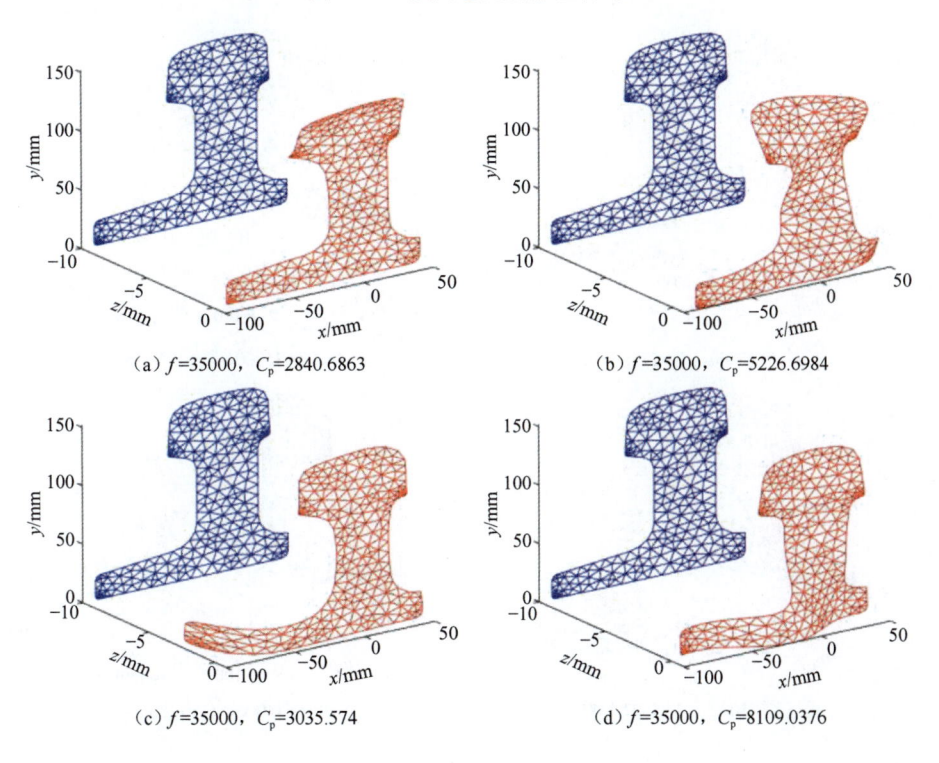

(a) $f=35000$,$C_p=2840.6863$

(b) $f=35000$,$C_p=5226.6984$

(c) $f=35000$,$C_p=3035.574$

(d) $f=35000$,$C_p=8109.0376$

图 7-16 截面⑥处的振型分布

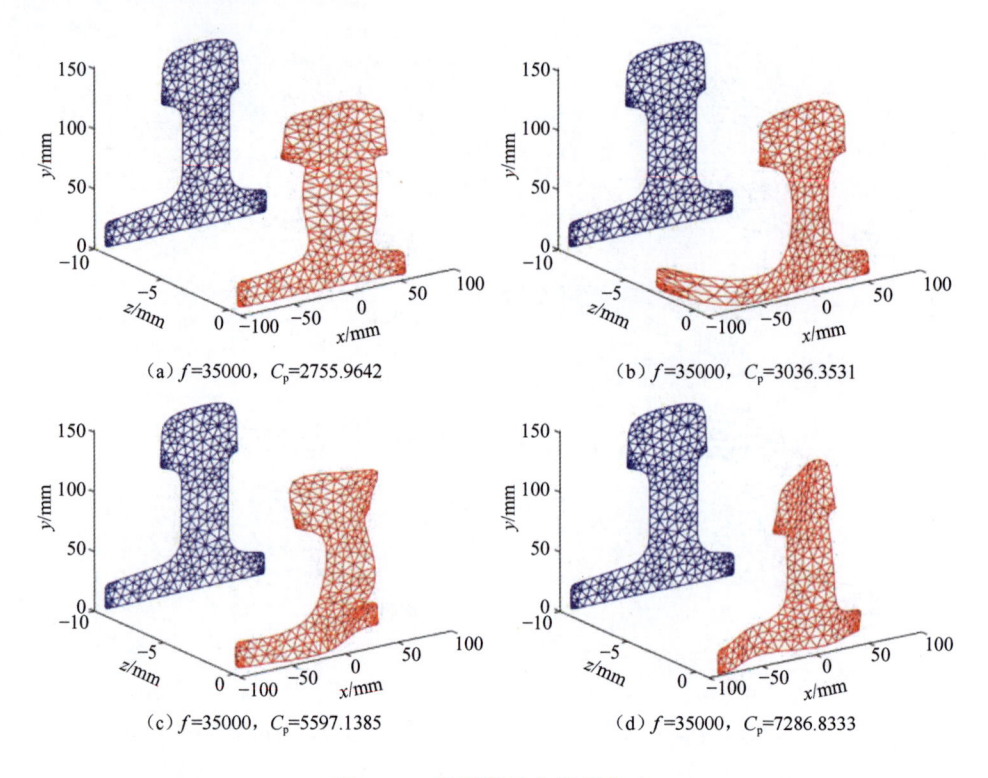

(a) $f=35000$, $C_p=2755.9642$

(b) $f=35000$, $C_p=3036.3531$

(c) $f=35000$, $C_p=5597.1385$

(d) $f=35000$, $C_p=7286.8333$

图 7-17　截面⑦处的振型分布

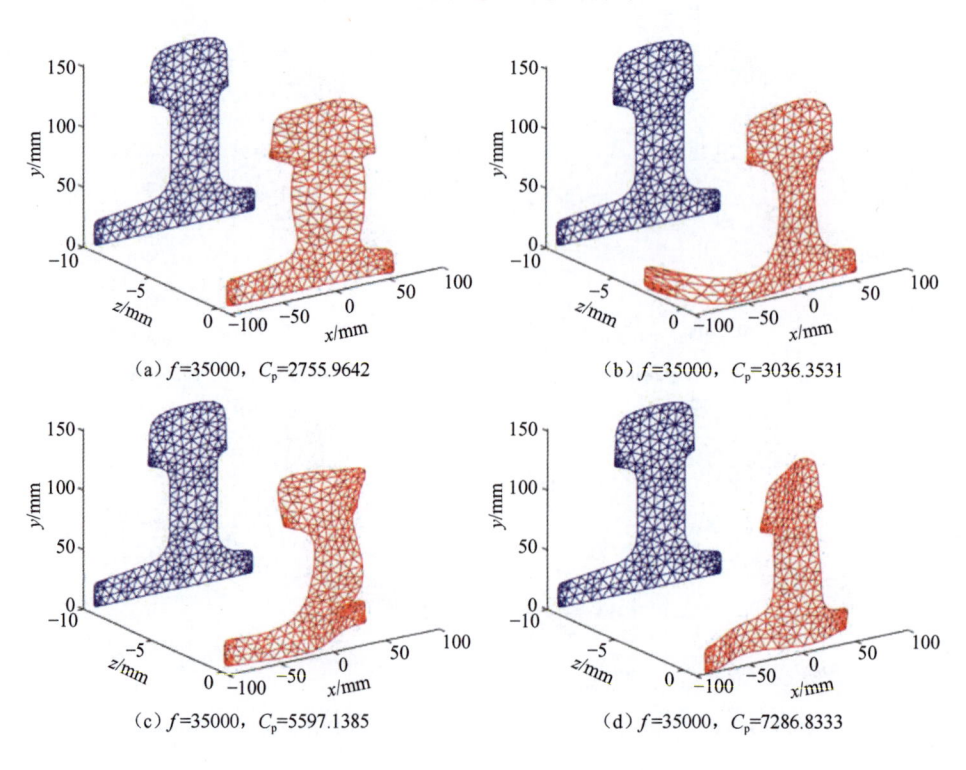

(a) $f=35000$, $C_p=2755.9642$

(b) $f=35000$, $C_p=3036.3531$

(c) $f=35000$, $C_p=5597.1385$

(d) $f=35000$, $C_p=7286.8333$

图 7-18　截面⑧处的振型分布

第 7 章 基于主导模态的道岔尖轨缺陷检测

模态表征结构系统的固有振动特性,其特征向量 $\hat{U}$ 完整描述了各有限元节点在不同模态下的位移响应。通过系统分析节点振动数据集,重点开展以下工作:

(1) 采用统计方法识别振动位移中的离群值。

(2) 考察是否存在特定模态下某些节点的振动幅值显著高于其他模态的情况,以确定主导模态的存在性及其分布特征。

截面⑦与截面⑧之间的等截面长度占道岔尖轨总长度的 42%,是道岔尖轨几何结构的重要特征区域。先针对截面⑦各模态的节点振动特性展开分析。为优化计算效率,选取横截面⑦最外侧节点作为研究对象,其振动数据具有典型代表性。图 7-19 展示了节点序号及空间分布示意,该简化方法既保证了分析的有效性,又显著降低了计算复杂度。

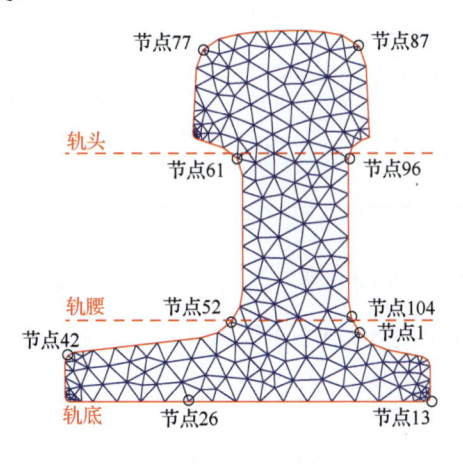

图 7-19 节点序号及空间分布示意

在统计特性分析中,均值和标准差是描述数据分布特征的关键指标。其中,均值反映振动位移的集中趋势;而标准差则表征数据离散程度,其数值大小直接体现各模态间振动幅值的差异程度。当标准差较大时,表明存在某些模态的振动幅值显著偏离平均值,这往往预示着主导模态的出现。针对截面⑦的 20 个传播模态和 104 个边缘节点,分别计算了每个节点在不同模态下的位移均值和标准差,具体计算公式见式(7-5)和式(7-6)。

$$\bar{x}_j = \frac{\sum_{i=1}^{20} x_{ij}}{20} \tag{7-5}$$

$$\sigma_j = \sqrt{\frac{\sum_{i=1}^{20}(x_{ij}-\bar{x}_{ij})^2}{20}} \qquad (7\text{-}6)$$

式中,下角标 i 表示模态序号($i=1,2,\cdots,20$);下角标 j 表示节点编号($j=1,2,\cdots,104$)。通过系统计算,获得了各节点的位移统计特征,截面⑦各节点的均值和方差如表 7-3 所示。表 7-3 清晰地呈现了不同节点在各模态下的振动特性差异。

表 7-3 截面⑦各节点的均值和方差

j	模态 1 x_{1j}	...	模态 20 x_{20j}	均值 $\bar{x}_j$	方差 σ_j	$\bar{x}_j + 3\sigma_j$
1	0.012	...	0.115	0.449	0.295	1.334
2	0.015	...	0.310	0.532	0.334	1.534
3	0.020	...	0.514	0.571	0.415	1.762
...	...	...	...	...	...	...
102	0.006	...	0.103	0.452	0.321	1.415
103	0.008	...	0.073	0.405	0.269	1.212
104	0.010	...	0.075	0.391	0.273	1.210

3σ 准则(三倍标准差准则)是一种经典的离群值检测方法。该方法基于正态分布假设,认为当观测值超出均值±3 倍标准差范围时,即可判定为离群值。具体而言,对于任一节点的位移 x_{ij},若满足以下条件:

$$x_{ij} \geq \bar{x}_{ij} + 3\sigma_{ij} \qquad (7\text{-}7)$$

根据 3σ 准则的判定结果分析,在截面⑦的 20 个模态中,模态 7 的节点 26~节点 50 振动位移显著异常,其幅值均满足式(7-7)的条件。具体数据如表 7-4 所示。

表 7-4 截面⑦模态 7 的节点 26~节点 50 振动位移

节 点 序 号	模态 7 x_{7j}	$\bar{x}_{7j} + 3\sigma_{7j}$	节 点 序 号	模态 7 x_{7j}	$\bar{x}_{7j} + 3\sigma_{7j}$
26	1.971	1.759	30	5.012	3.931
27	2.697	2.212	31	5.288	4.179
28	3.528	2.789	32	5.457	4.332
29	4.334	3.357	33	0.000	0.000

续表

节点序号	模态 7 x_{7j}	$\bar{x}_{7j} + 3\sigma_{7j}$	节点序号	模态 7 x_{7j}	$\bar{x}_{7j} + 3\sigma_{7j}$
34	5.793	4.607	43	4.790	3.919
35	5.813	4.610	44	4.505	3.661
36	5.775	4.574	45	4.286	3.449
37	5.734	4.538	46	3.842	3.055
38	5.647	4.469	47	3.380	2.686
39	5.489	4.357	48	2.873	2.294
40	5.373	4.287	49	2.286	1.868
41	0.000	0	50	1.616	1.525
42	5.078	4.132	—	—	—

为直观展示各模态的振动特性，采用节点展开法进行可视化分析，即以轨底-轨腰交界处为起始节点（节点1），沿道岔尖轨外边缘依次展开轨底、轨腰、轨头区域的节点。基于图 7-19 所示的节点序号，绘制了截面⑦各模态的外边缘节点振动位移分布（见图 7-20），其中，横坐标表示节点序号，纵坐标表示振动位移。该可视化方法有效揭示了超声导波在道岔尖轨截面边缘的模态振动特征及其空间分布规律。

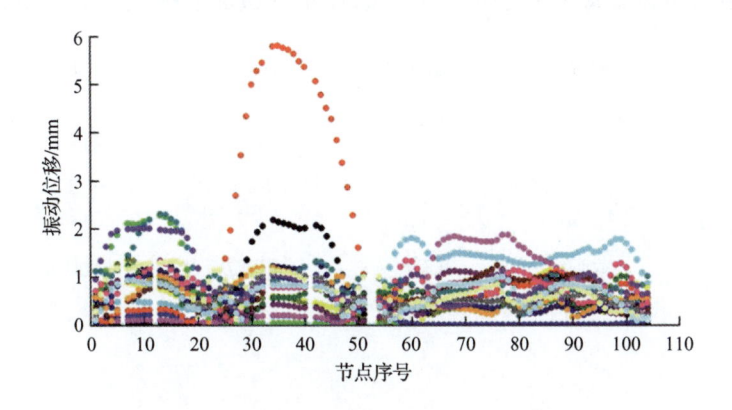

图 7-20　截面⑦各模态边缘节点振动位移分布

图 7-20 的分析结果表明，红色曲线所对应的特征模态在轨底区域呈现显著增强的振动响应，其振动位移明显高于其他模态的振动位移。基于此振动特性，若选用该特征模态作为检测道岔尖轨缺陷的基准模态，可显著提升对道岔尖轨轨底区域缺陷的检测灵敏度。

通过对图 7-20 中截面⑦的 20 个模态进行分析，发现模态 7 在轨底区域表现出最大振动幅值，其特征参数：相速度为 3036.4m/s，群速度为 3042.8m/s。为研究该模态在其他截面的传播特性，基于频散曲线匹配原理，在各截面中筛选出与上述相速度最接近的超声导波模态，具体匹配结果详见表 7-5。

表 7-5　具体匹配结果

截面序号	截面位置/mm	模态序号	相速度/（m/s）
①	0	6	3020.8
②	397	6	3034.2
③	1589	7	3029.3
④	2781	6	3032.1
⑤	3972	7	3034.1
⑥	5641	8	3035.6
⑦	6663	7	3036.4
⑧	11880	7	3036.4

绘制表 7-5 中第 3 列中 8 个截面的模态振型，如图 7-21 所示。图 7-21 直观展示了具有相似相速度特征的超声导波模态在不同截面的振动形态演变规律。

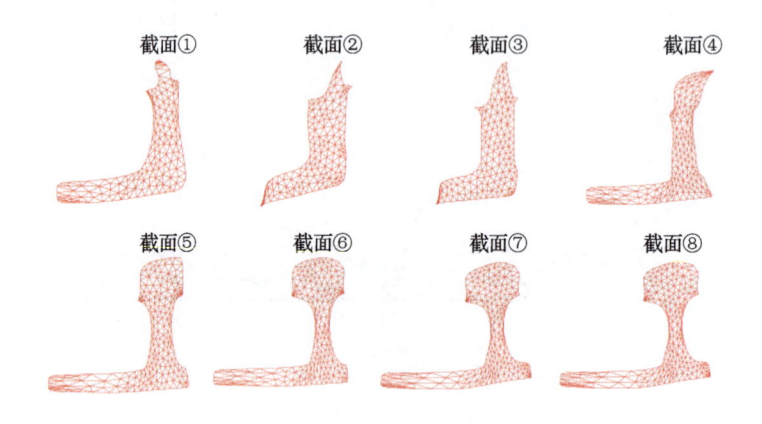

图 7-21　8 个截面的模态振型

分析表 7-5 和图 7-21 的数据可知，8 个特征截面的匹配模态具有显著的共性特征：相速度均稳定在 3030m/s 附近，且振型高度一致，均在轨底节点区域呈现显著振幅。这一规律验证了通过 3σ 准则在截面⑦筛选的模态 7 具有跨截面的稳定性。该特征模态在轨底区域表现出的强振动特性表明，其传播过程中能量主要集中于轨底部位，这种特性使其对轨底缺陷具有特殊的敏感性，即当遇到缺陷时会产生较强的散射回波，因此，截面⑦的模态 7 特别适合作为检测道岔尖轨轨底缺陷的特征模态。

基于上述分析，选取截面⑦的模态 7 作为特征主导模态，重点研究其激励方法的优化设计。通过建立数值仿真模型并结合实验验证，系统考察该模态对道岔尖轨轨底缺陷的检测灵敏度与可靠性。

7.2.3　基于振动位移的最佳激励节点选取

首先确定所选取模态的最佳激励节点，基于现场工程约束条件，换能器安装位置限定于轨底长边的特定区域。道岔尖轨横截面及轨底长边节点如图 7-22 所示。

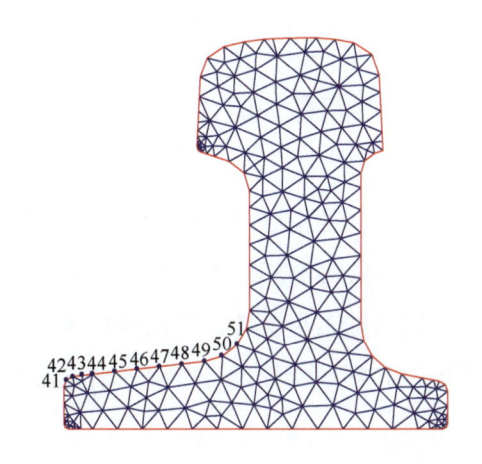

图 7-22　道岔尖轨横截面及轨底长边节点

通过对轨底长边 11 个预选边缘节点的振动位移（见图 7-23）进行定量分析，可以发现，振动位移呈现明显的空间分布特征：随着节点位置向轨底边缘靠近，其振动位移值呈现递增趋势。这一规律表明，在轨底边缘区域（节点 41 处）施加激励，能够获得最大的能量转换效率。基于该分析结果，最终确定节点 41 为最优激励节点，其振动位移达到峰值，较其他节点的振动位移提高约 35%，这将显著提升缺陷检测信号的信噪比。

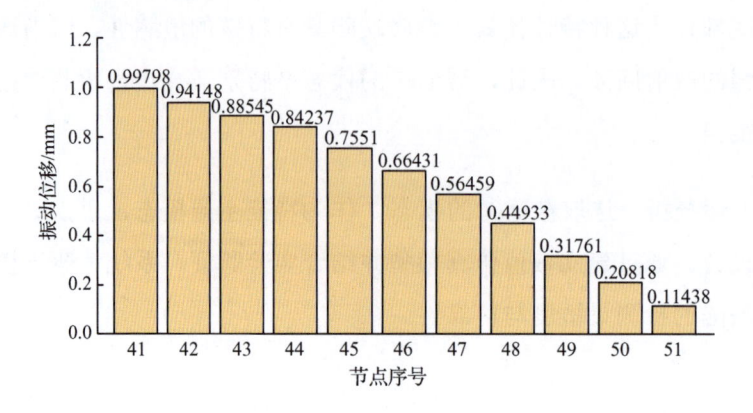

图 7-23 轨底边缘节点的振动位移

7.3 仿真分析

7.3.1 基于有限元仿真的模态存在验证

为验证激励方案的有效性，采用 ANSYS 软件建立三维仿真模型。在节点 41 处施加与模态 7 激励频率（35kHz）相匹配的谐波激励，通过瞬态动力学分析观察结构响应。仿真设置复现实际工况参数，包括材料属性、边界条件及阻尼特性等。通过分析输出位移场及其频域特征，可准确评估该激励方案对目标模态的激发效率。

先用 SolidWorks 软件完成道岔尖轨三维模型的建立，将建立好的三维模型导入 HyperMesh 软件进行网格划分，网格大小应满足

$$L_e \leq \frac{\lambda_{min}}{10} \tag{7-8}$$

式中，λ_{min} 为波导介质中传播的超声导波的最小波长。

前文求得 35kHz 激励频率下所有模态的最低相速度均大于 2000m/s，依据波长计算公式：

$$\lambda = \frac{C_p}{f} \tag{7-9}$$

根据式（7-8）和式（7-9）的计算结果，在 35kHz 激励频率下超声导波波长为 57.1mm。为确保计算精度，采用 1/10 波长准则确定网格尺寸，将最大单元尺寸设定为 5mm。材料参数设置如下：密度 ρ=7800kg/m³，弹性模量 E=210GPa，泊松比 v=0.25。完成材料参数设置后，对道岔尖轨三维模型进行结构化网格划分，并导出为 cdb 格式文件供 ANSYS 软件分析使用。图 7-24 展示了道岔尖轨有限元模型，其中，$R1 \sim R8$ 分别对应 8 个特征截面的信号接收节点。

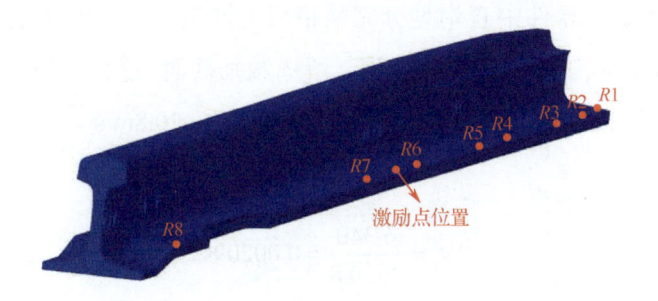

图 7-24 道岔尖轨有限元模型

采用汉宁窗调制的 5 周期正弦波作为激励信号，通过 ANSYS 软件中的 Transient 模块进行完全瞬态动力学仿真。激励信号的表达式为

$$x(t)=0.5[1-\cos(2\pi ft/5)] \cdot \sin(2\pi ft) \tag{7-10}$$

式中，f 为激励频率，f=35kHz；t 为持续时间，t=142.8μs。（对应 5 个周期）。这种参数设置确保了瞬态仿真既能准确再现超声导波传播物理过程，又具有较高的计算效率。

在瞬态分析中，时间参数的设置至关重要：仿真总时长需确保完整捕捉超声导波传播过程，而时间步长直接影响计算精度与效率。如果步长过长，将不能保证仿真计算的准确性；如果步长过短，将会消耗大量的仿真时间与运算资源。因此，需要根据具体情况进行合理的时间参数设置，以保证仿真计算的准确性和效率。一般根据 Moser 准则，选择一个合适的时间步长，既节省时间又能保证计算精度，时间步长需满足：

$$\Delta t \leqslant \frac{1}{20 f_{\max}} \quad (7\text{-}11)$$

式中，$f_{\max}$ 为所激励模态中的最大频率。

当激励频率为 35kHz 时，由式（7-11）可知，时间步长需满足 $\Delta t \leqslant 1.43 \times 10^{-6}$s，为了使仿真数据更加贴近实际，在此选取时间步长 $\Delta t = 8 \times 10^{-7}$s，共进行 10625 步，总仿真时间 $t = 8.5 \times 10^{-3}$s。仿真参数设置完成、求解运算完成之后，可在 ANSYS 软件中提取单一节点的仿真位移数据或者用命令行批量提取节点数据。

在 HyperMesh 软件中查询划分完网格后道岔尖轨任意节点的节点序号，在 ANSYS 软件中提取该节点的位移数据。所选激励截面为距尖端 6340mm 的截面，激励节点序号为 224138，截面①的模态相速度 $v = 3020.8$m/s，计算直达波到达截面①的时间为

$$t_1 = \frac{6.340}{3020.8} \approx 0.00209 \text{s} \quad (7\text{-}12)$$

时间步长 $\Delta t = 8 \times 10^{-7}$s，则共需要步数计算如下。

$$n_1 = \frac{t_1}{\Delta t} \approx 2623 \quad (7\text{-}13)$$

在仿真的第 2623 步，是激励信号直达波到达截面①的时间；根据上述方法将其他 7 个典型截面的边缘节点的仿真位移数据逐一提取，并计算直达波到达的时间和仿真步数（见表 7-6）。

表 7-6 截面①～截面⑧直达波到达的时间和仿真步数

截面序号	截面位置/mm	模态序号	相速度/（m/s）	直达波到达时间/s	仿真步数/步
①	0	6	3020.8	0.00209	2623
②	397	6	3034.2	0.00196	2448
③	1589	7	3029.3	0.00156	1960
④	2781	6	3032.1	0.00117	1467

续表

截面序号	截面位置/mm	模态序号	相速度/(m/s)	直达波到达时间/s	仿真步数/步
⑤	3972	7	3034.1	0.00078	976
⑥	5641	8	3035.6	0.00023	288
⑦	6663	7	3036.4	0.00011	132
⑧	11880	7	3036.4	0.00182	2280

根据表 7-6 中的数据得到截面①～截面⑧的仿真位移，如图 7-25 所示。

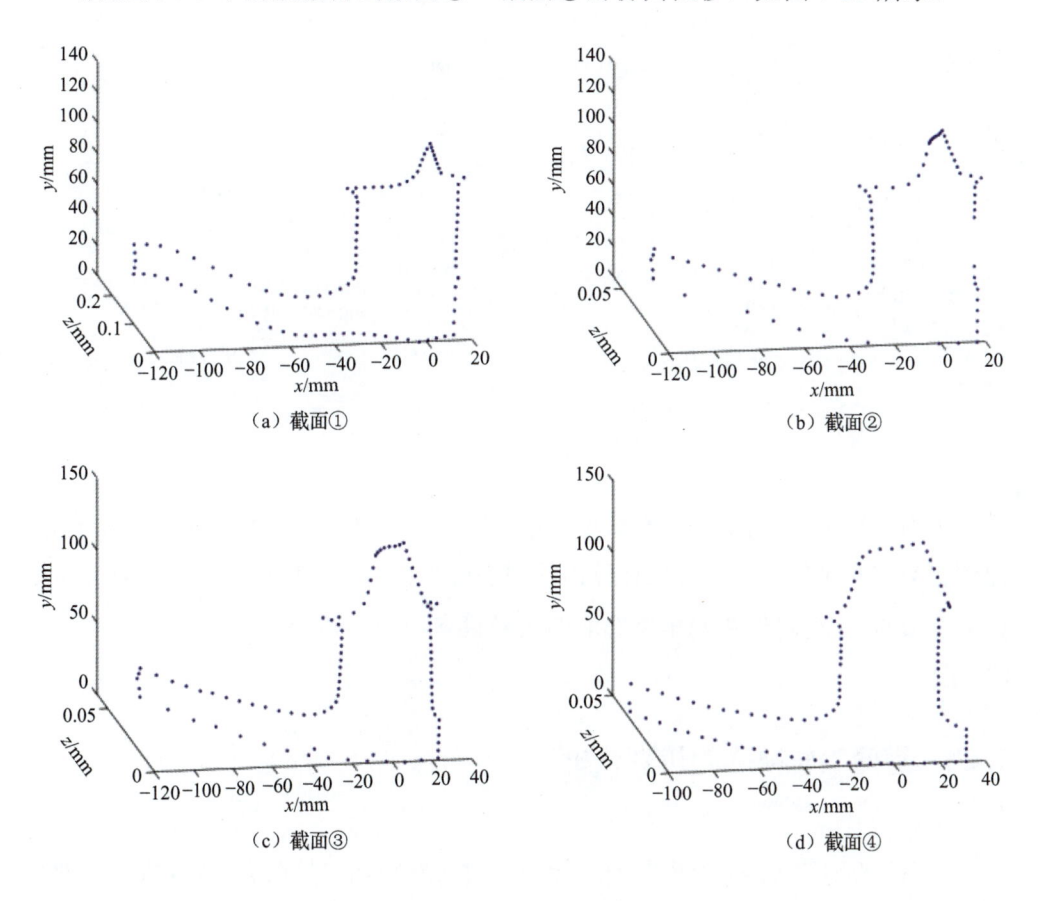

(a) 截面①

(b) 截面②

(c) 截面③

(d) 截面④

图 7-25　8 个截面的仿真位移

(e) 截面⑤　　　　　　　　　　　　(f) 截面⑥

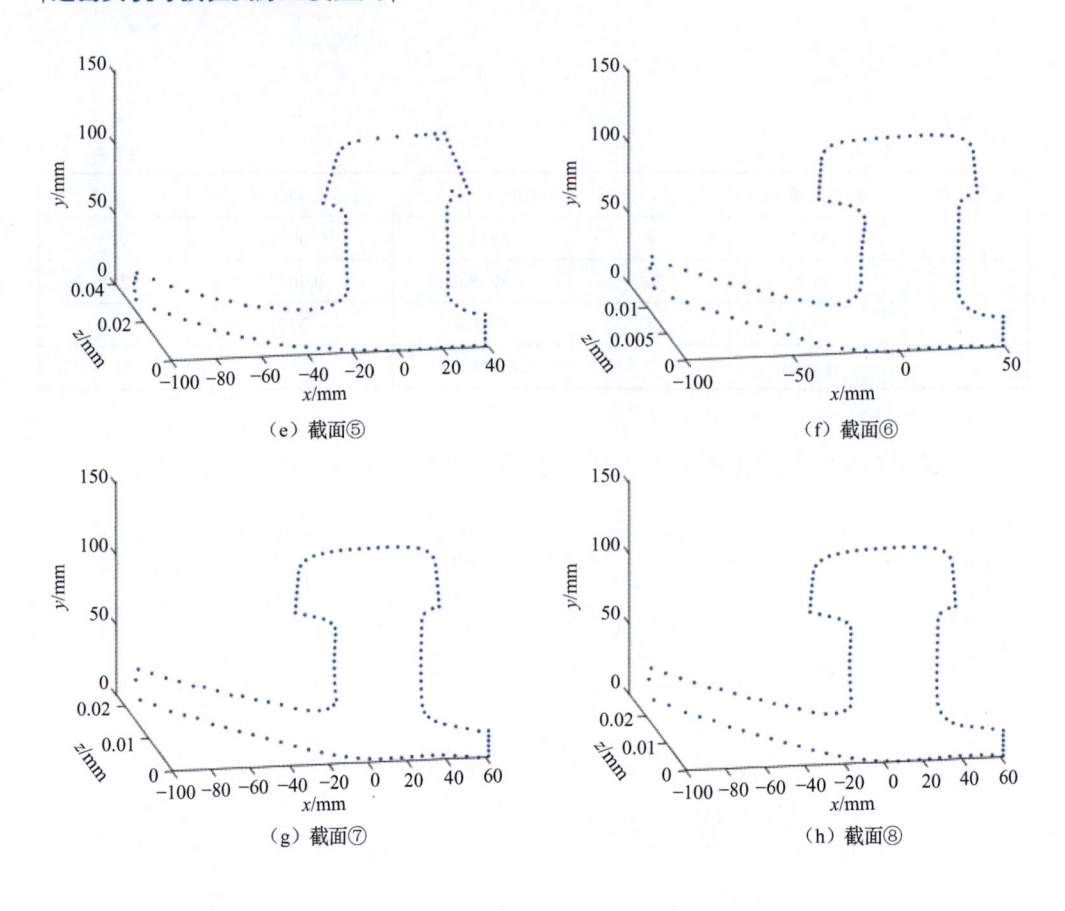

(g) 截面⑦　　　　　　　　　　　　(h) 截面⑧

图 7-25　8 个截面的仿真位移

从图 7-18 可以看出，8 个截面的仿真位移与图 7-21 的模态振型集合基本吻合，即仿真数据和半解析有限元法计算出的模态阵形具有高度的一致性，仿真分析验证了在节点 41 处可以激发出所选取的主导模态。

7.3.2　道岔尖轨缺陷的仿真分析

为系统验证节点 41 处激发的主导模态对轨底缺陷的检测有效性，设计了对比仿真实验，仿真条件设置如表 7-7 所示。设置两种仿真工况：工况 1 为完整道岔尖轨（完整轨）三维模型（无缺陷状态），工况 2 为轨底预设人工缺陷模型（缺陷尺寸为 40mm×10mm×5mm）。

两次仿真均采用相同的激励参数：激励频率为 35kHz、激励位置为节点 41，以及采用汉宁窗调制 5 周期正弦信号。通过对比分析两种工况下接收节点的信号特征差异,可定量评估该模态对轨底缺陷的检测灵敏度。

表 7-7 仿真条件设置

序 号	仿真条件	缺陷位置	缺陷大小
1	完整轨	—	—
2	轨底缺陷	距离尖端 2520mm 处	40mm×10mm×5mm

激励节点 T 设置在距尖端 6340mm 的截面轨底位置,激励节点序号为 224138,第一次为仿真完整道岔尖轨,第二次在距离尖端 2520mm 处切割一部分网格单元模拟缺陷。模拟缺陷如图 7-26 所示。缺陷与激励节点之间的距离为 3820mm。

图 7-26 模拟缺陷

仿真完成后,将距离尖端 6140mm 的截面、225662 号节点 R 设为数据接收节点,接收节点 R 距离缺陷 3620mm。仿真示意如图 7-27 所示。

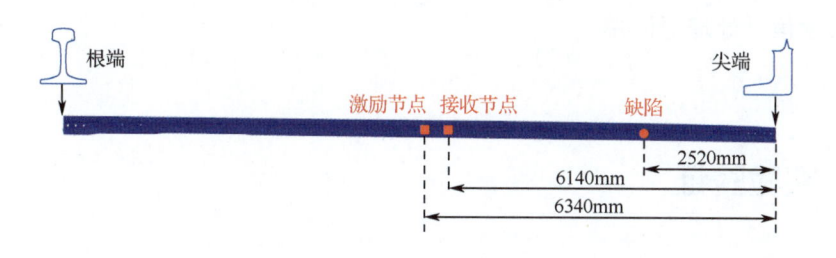

图 7-27 仿真示意

在接收节点提取两次仿真的结果数据,其仿真波形如图 7-28 所示。

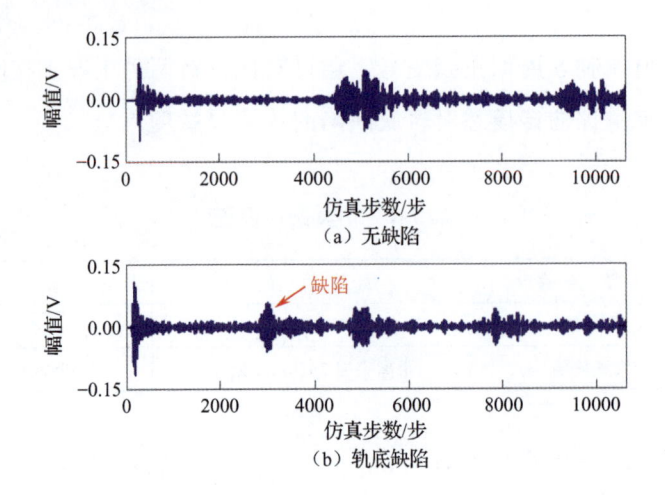

图 7-28 仿真波形

图 7-28（a）是未设置缺陷（完整轨）的仿真波形，图 7-28（b）为设置缺陷（轨底缺陷）的仿真波形。在图 7-28（b）中，头波波包的峰值点是接收节点 R 第一次接收到激励信号的时刻，在仿真的第 54 步。之后，超声导波信号继续传播，遇到裂纹缺陷，反射回接收节点的波包峰值点为第 3000 步。每步仿真时间 $\Delta t = 8 \times 10^{-7}$s，超声导波群速度 3042.8m/s，通过计算可以得到，从超声导波第一次到达接收节点 R 开始，到遇到缺陷再返回接收节点 R 的总距离：$(3000-54) \times 8 \times 10^{-7} \times 3042.8 = 7.17$m。

仿真计算得到的接收节点 R 和裂纹缺陷之间的距离：7.17/2=3.585m。仿真设置接收节点和裂纹缺陷之间的距离为 3.620m。计算误差为 0.035m。通过仿真验证了该主导模态可以用于道岔尖轨轨底的缺陷检测，由图 7-28（b）可以看出，相比基线法而言，基于主导模态脉冲反射的方法，可以清晰看到裂纹反射波的信号，后续信号处理更简单。

7.4 实验验证

为全面验证主导模态的检测道岔尖轨缺陷的性能，在此开展实际道岔尖轨检测实验，重点考察以下两个关键因素：主导模态对轨底缺陷的实际检测效果，以及激励位置变化对检测灵敏度的影响。

第 7 章 基于主导模态的道岔尖轨缺陷检测

实验布置示意如图 7-29 所示,具体配置如下:激励传感器安装于距道岔尖轨根端 6000mm 处,接收传感器与激励传感器保持 200mm 间距。为模拟实际缺陷工况,在距根端 7600mm 处粘贴质量块,该位置处于道岔尖轨等截面区域的中部。这种布置方式可有效评估主导模态在长距离传播后的缺陷检测能力,同时保证实验条件与现场检测工况的一致性。通过对比有无质量块时的信号特征差异,可准确验证检测方法的有效性。

实验采用激励频率为 35kHz 的压电换能器作为激励传感器和接收传感器。激励信号由函数发生器产生,为汉宁窗调制的 5 周期正弦波信号,经高压放大器放大后驱动激励传感器。接收端信号通过数字示波器采集,设置采样频率为 1MHz,采样点数为 10000 个,以确保完整记录超声导波信号。

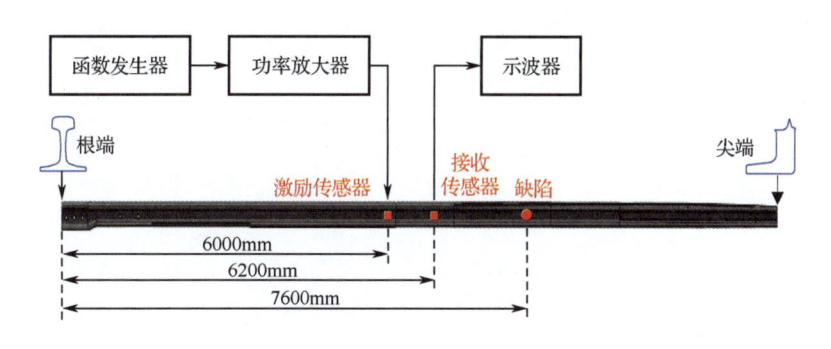

图 7-29 实验布置示意

图 7-30 展示了实验设备系统布置,设备自上而下依次为函数发生器(输出激励信号)、示波器(采集接收信号)、高压放大器(放大信号)。该配置保证了信号激励、传播和采集的同步性与精确性。

图 7-30 实验设备系统布置

本研究设计了三组对比实验,通过系统改变压电换能器的安装位置来评估激励节点位置对检测效果的影响。

第一组实验(位置①):换能器安装于轨底边缘节点 41 处附近,与仿真模型激励位置完全对应。

第二组实验(位置②):在位置①的基础上向道岔尖轨内侧偏移 15mm。

第三组实验(位置③):在位置①的基础上向道岔尖轨内侧偏移 30mm。

这种渐进式的空间位置变量化设计可定量分析激励节点偏离最优位置时,对轨底缺陷检测灵敏度的影响程度,为实际工程应用中的换能器安装提供精确的位置容差指导。每组实验均保持其他参数一致,以确保实验结果的可靠性。压电换能器安装示意如图 7-31 所示。

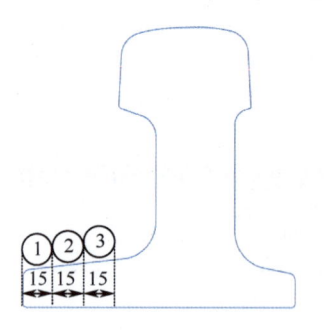

图 7-31 压电换能器安装示意(单位:mm)

实验先在最优激励位置(位置①)开展检测验证。示波器同步采集了两种状态(无缺陷状态和质量块模拟缺陷状态)的时域信号。图 7-32 为位置①处无缺陷状态和质量块模拟缺陷状态的波形。通过时域波形的幅值变化和特征回波分析,可以清晰识别出缺陷引起的信号畸变,验证了该激励位置下主导模态对轨底缺陷的检测有效性。

在图 7-32(c)中,头波峰值点是超声导波峰值第一次到达接收换能器的时刻,其横坐标位于第 1019 个采样点位置。超声导波继续传播,遇到缺陷反射返回接收节点的峰值时刻在第 1993 个采样点位置。采样点之间间隔为 1μs,超声导波群速度为 3042.8m/s,计算缺陷距离接收换能器的距离: $[(1993-1019) \times 1 \times 10^{-6} \times 3042.8]/2 = 1.482$m。

第 7 章 基于主导模态的道岔尖轨缺陷检测

(a) 发射波形

(b) 无缺陷状态的波形

(c) 质量块模拟缺陷状态的波形

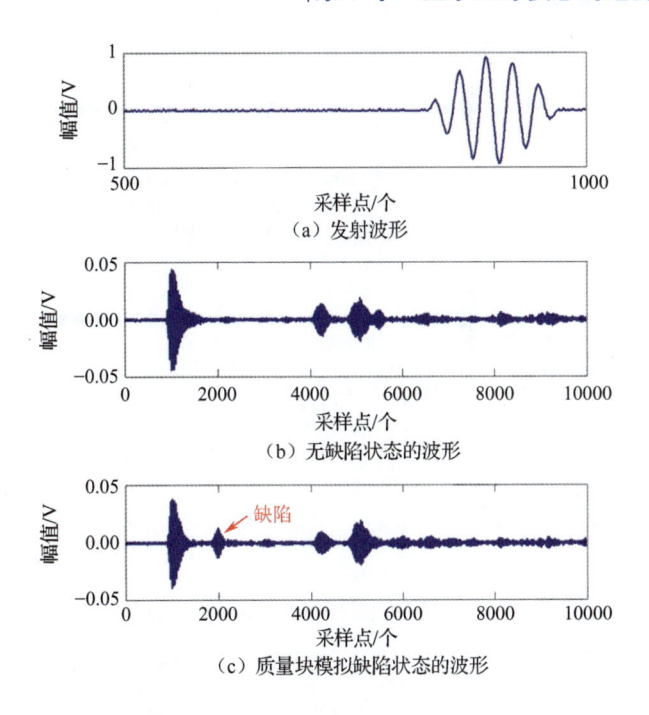

图 7-32 位置①处无缺陷状态和质量块模拟缺陷状态的波形

实际缺陷和接收传感器的距离为 1.4m，计算误差为 0.082m。在位置②和位置③处，分析改变激励节点位置对检测缺陷的影响。将激励换能器和接收换能器沿道岔尖轨内侧分别偏移 15mm 和 30mm，安装位置如图 7-31 中②和③所示。在位置②和位置③处采集道岔尖轨无缺陷状态和质量块模拟缺陷状态时的波形，如图 7-33 所示。

(a) 位置②处无缺陷状态的波形

(b) 位置②处质量块模拟缺陷状态的波形

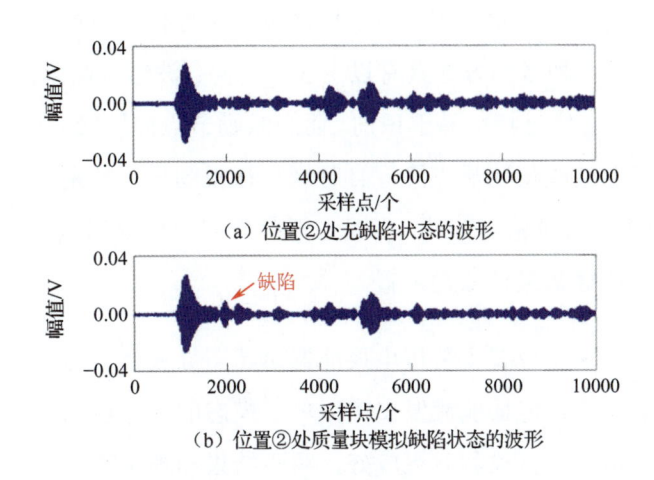

图 7-33 位置②和位置③处无缺陷状态和质量块模拟缺陷状态的波形

(c) 位置③处无缺陷状态的波形

(d) 位置③处质量块模拟缺陷状态的波形

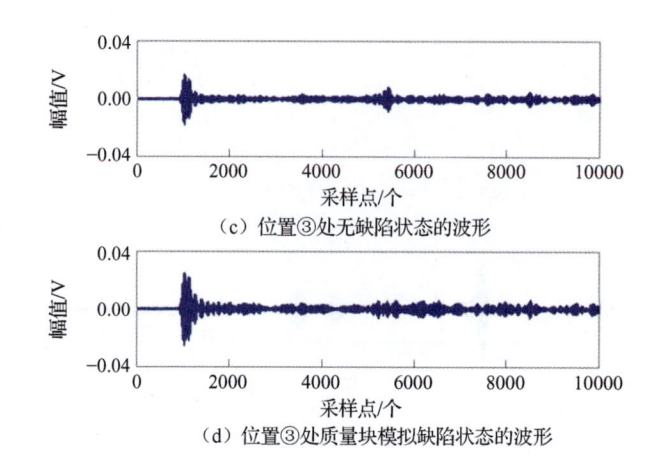

图 7-33　位置②和位置③处无缺陷状态和质量块模拟缺陷状态的波形（续）

当超声换能器沿道岔尖轨内侧偏移 15mm 时，对比图 7-33（a）和图 7-33（b）的波形可知，在图 7-33（b）中，横坐标为 2000 的位置能看到一个波包，其峰值略高于杂波的平均值，为缺陷回波。由于压电换能器位置的改变，缺陷回波不再清晰可见，给后续分析和查找缺陷带来一定的困难。

当超声换能器沿道岔尖轨内侧偏移 30mm 时，对比图 7-33（c）和图 7-33（d）的波形，无缺陷和质量块模拟缺陷时的接收信号在时域基本一致，二者都没有明显的缺陷回波或其他缺陷特征，很容易出现缺陷漏检现象。

实验结果表明，激励位置对超声导波模态的纯度有决定性影响。当压电换能器安装于轨底边缘区域（位置①）时，所激发的主导模态占比高，形成近似单一模态的传播特性。这种激励方式具有以下 3 个优势：波结构简单，模态转换率低；缺陷回波信噪比高；信号特征易于识别。而当激励节点向轨腰方向移动 15mm（位置②）后，缺陷回波幅值明显下降，且时域特征模糊化。特别是当激励节点移至轨底-轨腰的过渡区（位置③）时，多模态混叠效应会使缺陷识别准确率降低。这充分验证了轨底边缘是最佳激励位置。

通过对比轨底 3 个位置安装压电换能器对超声导波信号的影响，最终验证了在轨底边缘安装超声换能器能激发出类似单一模态的主导模态，此模态可以用于尖轨轨底缺陷的检测，且检测效果较好，实验结果和理论结果相符。

第 7 章　基于主导模态的道岔尖轨缺陷检测

本章小结

针对道岔尖轨这类变截面波导介质的缺陷检测，本章主要进行了 3 个方面的研究工作，取得的主要成果如下。

（1）采用基线法进行道岔尖轨缺陷检测，并系统分析了温度因素对检测结果的影响。在 26℃基准温度下采集无缺陷道岔尖轨的超声导波信号并以其作为基准，分别与同温度下轨头缺陷、轨腰缺陷、轨底缺陷信号，以及 36℃、41℃、46℃温度下的无缺陷信号进行对比分析。实验结果表明，在温差较小的条件下，基线法能有效识别道岔尖轨各部位的缺陷；但在温度变化情况下，无缺陷道岔尖轨的温度漂移信号会超过报警阈值而导致误报，影响测量结果的准确性。

（2）通过典型截面分析揭示了道岔尖轨中超声导波的传播特性。基于半解析有限元法计算得到频散曲线和模态振型，运用 3σ 准则筛选出适用于轨底缺陷检测的特征主导模态。该模态在轨底区域表现出显著的振动增强效应。根据模态振动位移的空间分布特征，确定了位于轨底边缘的最佳激励节点位置，为实际检测提供了理论依据。

（3）通过数值仿真和实验测试的双重验证，证实了在最佳激励节点位置能够有效激发目标主导模态。该模态在轨底传播过程中表现出近似单一模态的特性，使传统的超声脉冲反射法可直接应用于轨底缺陷检测。数值仿真和实验测试的时域波形均显示，缺陷引起的特征回波信号清晰可辨。这一研究成果的创新性在于：无须依赖复杂的温度补偿算法即可实现可靠检测，为超声导波技术在复杂截面波导结构中的工程应用提供了一种信号处理简化的新方法，显著提升了检测效率和实用性。

第 8 章 道岔尖轨缺陷检测实验与应用

对比小波基线法、机器学习方法和主导模态脉冲反射法这 3 种道岔尖轨缺陷检测方法，其各有特点。小波基线法通过将采集数据与基线进行小波变换后作差，依据差值大小判断缺陷，但该方法易受温度影响而导致误判；机器学习方法虽有一定效果，但需要大量训练样本且模型缺乏可解释性；主导模态脉冲反射法则通过激励振幅显著高于其他模态的主导模态，利用主导模态在缺陷处的回波进行检测，该方法不仅不受温度影响，而且无须大量训练样本，基于传统信号处理方法即可实现，便于移植到嵌入式系统实现产品化。因此，本章采用主导模态脉冲反射法开展道岔尖轨缺陷检测实验，并介绍其现场应用情况。

8.1 缺陷检测算法

图 8-1 展示了缺陷检测算法的处理流程。该流程详细描述了从信号采集到缺陷判定的各关键步骤，包括信号预处理、特征提取、缺陷识别和阈值设置等核心环节，为缺陷检测提供了系统化的实现方案。

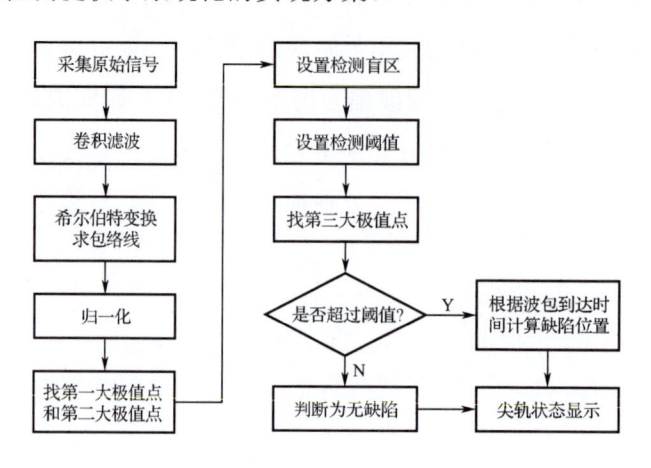

图 8-1 缺陷检测算法的处理流程

缺陷检测算法具体实现步骤如下：

（1）信号预处理。采集超声导波原始信号，对采集到的原始信号与激励信号进行卷积滤波，滤除干扰杂波。

（2）特征提取。对希尔伯特变换后的包络线进行归一化处理，求包络线的第一大极大值点和第二大极大值点，以及其所对应的位置 x_1、x_2，分别为头波波包和端面回波波包。

（3）缺陷识别。在头波波包和端面回波波包前后设置检测盲区 Δx，根据实验经验，当缺陷位于距尖端 6663mm 截面位置时，距离接收换能器最近，头波波包和缺陷波包到达时间相差 1.25×10^{-4}s，其间距为 0.7637m，因此，设置检测盲区 $\Delta x = 0.38$m。在 $(x_1 + \Delta x, x_2 - \Delta x)$ 区间寻找第三大极大值点。

（4）阈值设置。若第三大极大值点超过阈值，则判断道岔尖轨存在缺陷，根据头波和缺陷波包的到达时刻，即可定位缺陷的位置。

8.2 实验室测试

利用实验室现有的道岔尖轨开展测试实验，质量块（轨底缺陷）、激励传感器、接收传感器分别位于距离尖端 4m、6.33m、6.53m 处截面的轨底位置。实验示意如图 8-2 所示。

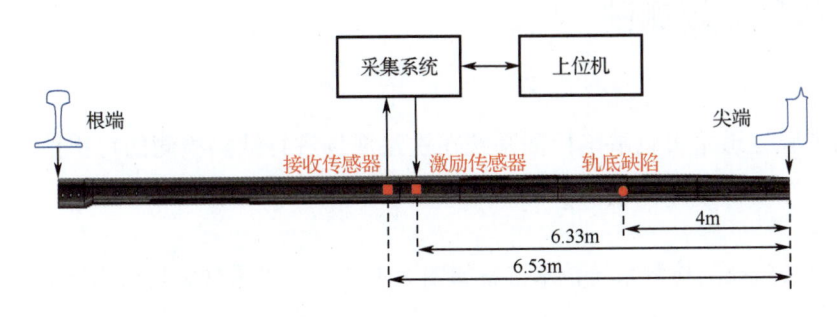

图 8-2　实验示意

道岔尖轨缺陷检测系统激励信号并采集信号。人机交互界面如图 8-3 所示。

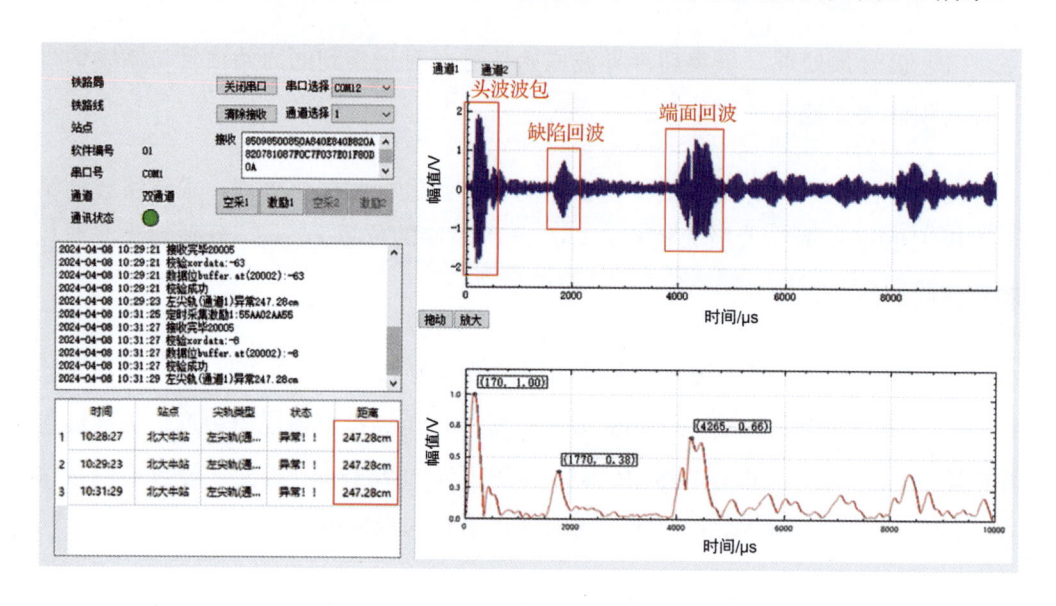

图 8-3　人机交互界面

通过时域波形分析可清晰识别 3 个特征：头波波包、缺陷回波和端面回波。基于脉冲回波法计算得到的缺陷位置与接收换能器间距为 2.47m，与实测间距 2.53m 的绝对误差为 0.06m，相对误差为 2.37%。该误差范围在超声导波检测的合理容差范围内，验证了该检测系统对轨底缺陷定位的可靠性。实验结果表明，缺陷检测算法能够有效实现轨底缺陷的检测与定位。

8.3　铁路现场测试

为了验证道岔尖轨缺陷检测系统在铁路现场进行缺陷检测的可行性，在重载铁路进行了实际现场测试。

道岔尖轨缺陷检测系统技术方案如图 8-4 所示。当道岔尖轨缺陷检测系统接收到上位机经过串口发送的采集指令后，设备通过激励传感器发出汉宁窗调制的正弦波信号，同时采集接收传感器信号，完成信号采集后，将采集到的信号通过串口回传至上位机，上位机的检测算法评估出道岔尖轨的健康状态，最终通过网络通信模

第 8 章 道岔尖轨缺陷检测实验与应用

块将采集到的原始超声导波数据和道岔尖轨健康状态传输至监控中心服务器。

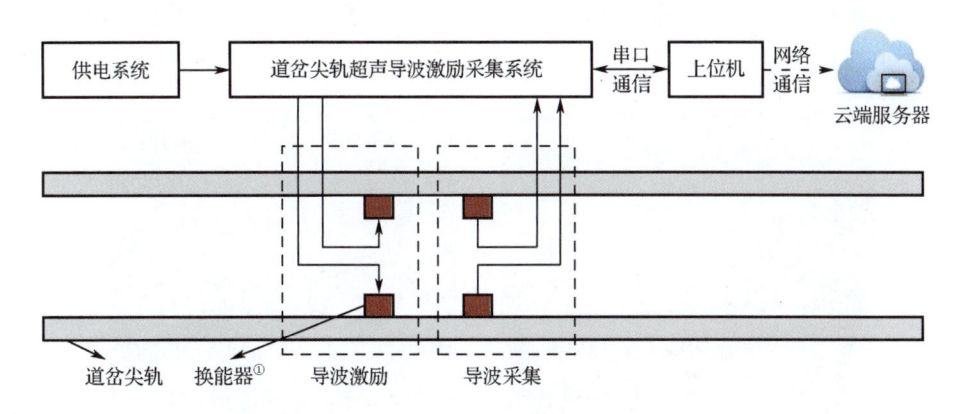

图 8-4 道岔尖轨缺陷检测系统技术方案①

基于前述研究确定的优化位置，将换能器安装在轨底区域。采用 SolidWorks 设计专用安装夹具，通过环氧树脂黏接结合机械固定的双重方式，以确保换能器与轨底可靠耦合。为消除机械振动影响，在夹具与换能器间设置橡胶缓冲层，既提供防护又能有效抑制列车运行导致的松动风险，安装示意如图 8-5（a）所示。在现场实施时，采用防护等级为 IP67 的塑胶软管对 BNC（基本网络卡）连接线进行全段防护，并埋设于道砟层中，避免由于外部机械损伤导致的设备故障，实际安装效果如图 8-5（b）所示。该安装方案充分考虑了铁路现场的恶劣工况，确保了检测系统的长期稳定性。

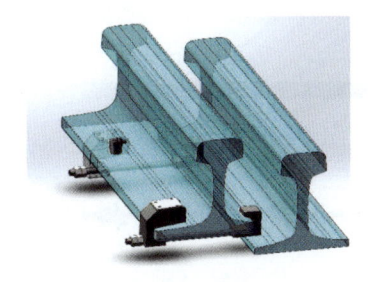

（a）安装示意　　　　（b）实际安装效果

图 8-5 换能器安装位置图

---

① 图 8-4 中 4 个红色矩形都表示换能器，利用的是正、反压电效应。本节中在铁路现场使用的换能器是同一个型号，既能接收信号（接收传感器），又能激励超声导波（激励传感器）。

道岔尖轨缺陷检测系统安装在轨旁栏杆处机柜中，主要包括信号激励采集设备、功率放大器、工控机等，如图8-6（a）所示。换能器安装位置和检测设备安装位置见图8-6（b）。

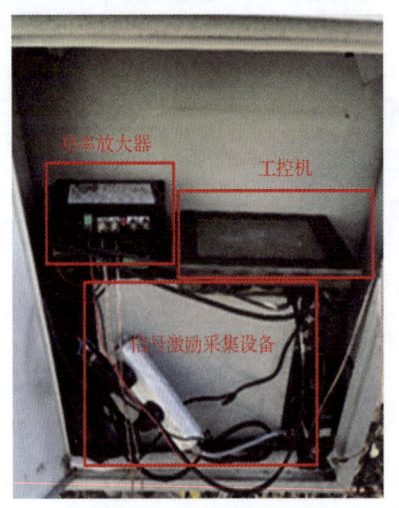

（a）道岔尖轨缺陷检测系统　　　　（b）安装现场示意

图8-6　换能器和检测设备安装位置

图8-7展示了人机交互系统的操作界面。人机交互系统运行状态显示正常，当前检测结果表明，道岔尖轨未发现任何缺陷特征。人机交互系统的操作界面设计直观清晰，可实时显示超声导波信号波形和诊断结果，便于现场操作人员快速掌握设备状态和检测结论。该系统运行参数均处于正常范围，各功能模块工作稳定，满足现场检测需求。

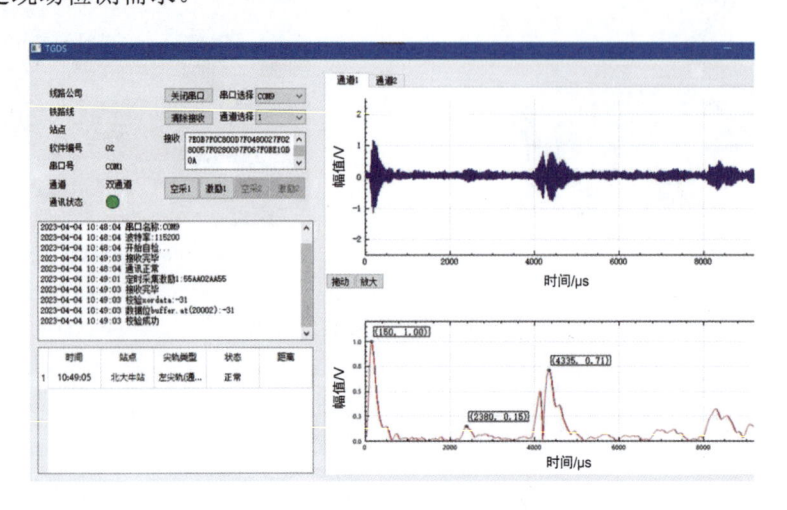

图8-7　人机交互系统的操作界面

本章小结

本章将主导模态脉冲反射法移植到嵌入式系统，设计了 FPGA 激励与接收程序，并开发了配套的上位机软件，对采集到的超声导波信号进行卷积滤波和希尔伯特变换处理，最终通过包络线波形分析实现缺陷判断。通过在实验室测试和铁路现场测试结果表明，该系统能够有效检测道岔尖轨轨底缺陷，具有较高的缺陷识别准确率和较小的测量误差，可满足铁路道岔尖轨实时在线监测的需求。

参考文献

[1] 卢耀荣. 无缝线路研究与应用[M]. 北京：中国铁道出版社，2004.

[2] Bartoli I, Marzani A, Scalea F L D, et al. Modeling wave propagation in damped waveguides of arbitrary cross-section[J]. *Journal of Sound and Vibration*, 2006, 295: 685-707.

[3] Philip W L. Modeling and measurement of piezoelectric ultrasonic transducers for transmitting guided waves in rails[C]. *IEEE International Ultrasonics Symposium Proceedings*, 2008: 410-413.

[4] Xu Xining, Liu Wei. Method for detecting defects in switch rails based on the wavelet baseline[J]. *IEEE Sensors Journal*, 2025,25(4): 6836-6849.

[5] Xu Xining, Li Zhuo, Yu Zujun, el al. Research on detection of switch rail defects based on pulse reflection method of the dominant mode[J]. *Journal of Sound and Vibration*, 2024(586): 118492.

[6] Xu X N, Su C M, Yu Z J, et al. A guided wave approach to defect detection in switch rail[J]. *Advanced Engineering Materials*, 2023, 25: 2300125.

[7] Xing Bo, Yu Zujun, Xu Xining, et al. Mode selection model for rail crack detection based on ultrasonic guided waves[J]. *Shock and Vibration*, 2020, 8045626: 1-19.

[8] 许西宁, 余祖俊, 邢博, 等. 板中兰姆波激励响应计算方法[J]. 振动、测试与诊断, 2019, 39(5): 1061-1067.

[9] 朱力强, 许西宁, 余祖俊, 等. 基于超声导波的钢轨完整性检测方法研究

[J]. 仪器仪表学报，2016, 37(7).

[10] 邢博. 基于超声导波的钢轨裂纹检测方法研究[D]. 北京：北京交通大学，2020.

[11] 余祖俊，许西宁，史红梅，等. 钢轨中超声导波激励响应计算方法研究[J]. 仪器仪表学报，2015, 36(9): 2068-2075.

[12] 许西宁，郭保青，余祖俊，等. 半解析有限元法求解钢轨中超声导波频散曲线[J]. 仪器仪表学报，2014, 35(10): 2392-2398.

[13] 许西宁. 基于超声导波的无缝线路钢轨应力在线监测技术应用基础研究[D]. 北京：北京交通大学，2013.

[14] 范振中. 铁路道岔尖轨及长心轨导波检测技术研究[D]. 北京：中国铁道科学研究院，2016.

[15] 邢博，余祖俊，许西宁，等. 基于激光多普勒频移的钢轨缺陷监测[J]. 中国光学，2018, 11(6): 991-1000.

[16] 何存富，刘青青，焦敬品，等. 基于振动模态分析的钢轨中超声导波传播特性数值计算方法[J]. 振动与冲击，2014, 33(3): 9-13.

[17] 温子谕. 基于CNN--LSTM的道岔尖轨缺陷检测研究[D]. 北京：北京交通大学，2024.

[18] 周正干，冯占英，高翌飞，等. 时频域分析在超声导波信号分析中的应用[J]. 北京航空航天大学学报，2008, 34(7): 833-837.

[19] 冯占英. 铝蒙皮蜂窝板粘接质量的超声导波检测技术基础研究[D]. 北京：北京航空航天大学，2016.

[20] 王宏禹. 非平稳随机信号分析与处理[M]. 北京：国防工业出版社，1999.

[21] 李卓. 基于超声导波的道岔尖轨检测系统研究[D]. 北京：北京交通大学，2024.

[22] 焦敬品，吴斌，何存富，等. 基于模态声发射和小波变换的薄板中导波传播特性的实验研究[J]. 中国机械工程，2004(13): 51-54.

[23] 刘增华，颉小东，吴斌，等. 基于连续小波变换的厚壁管道周向导波扫描成像实验研究[J]. 机械工程学报，2013, 49(2): 14-19.

[24] Loveday P W, Long C S. Laser vibrometer measurement of guided wave modes in rail track [J]. *Ultrasonics*, 2015, 57: 209-217.

[25] 高文. 基于超声导波的重载铁路道岔尖轨裂纹监测系统研究[D]. 北京：北京交通大学，2022.

[26] Kazys R, Mudge P J, Sanderson R. Development of ultrasonic guided wave techniques for examination of non-cylindrical components[J]. *Physics Procedia*, 2010.

[27] Li P, Shan S, Wen F, et al. A fully-coupled dynamic model for the fundamental shear horizontal wave generation in a PZT activated SHM system[J]. *Mechanical Systems and Signal Processing*, 2019, 116: 916-932.

[28] Bartoli I, Scalea F L, Fateh M, et al. Modeling guided wave propagation with application to the long-range defect detection in railroad tracks[J]. *NDT and E International*, 2005(38): 325-334.

[29] Tang Zhifeng, Ma Junwang, Liu Weixu, et al. Sliding window dynamic time-series warping-based ultrasonic guided wave temperature compensation and defect monitoring method for turnout rail foot[J]. *IEEE Transactions on Ultrasonics Ferroelectrics and Fequency control*, 2022, 69(9): 2681-2695.

[30] Demma A, Cawley P, Lowe M, et al. The reflection of guided waves from notches in pipes: a guide for interpreting corrosion measurements[J]. *NDT and E International*, 2004, 37: 167-180.

[31] Rose J L, Avioli M J, Mudge P, et al. Guided wave inspection potential of defects in rail[J]. *NDT and E International*, 2004, 37: 153-161.

[32] Liu Weixu, Tang Zhifeng, Lv Fuzai, et al. Multi-feature integration and machine learning for guided wave structural health monitoring: Application to switch rail foot[J]. *Structural Health Monitoring*, 2021, 20(4): 2013-2034.

[33] Zhang Bin, Hong Xiaobin, Liu Yan. Distribution adaptation deep transfer learning method for cross-structure health monitoring using guided waves[J]. *Structural Health Monitoring*, 2022, 21(3): 853-871.